大学问

始于问而终于明

守望学术的视界

【中国女性史研究系列】001

游鉴明 著

BEYOND
GENDERED
BODIES

Women's Sports
in Modern Eastern China
1895-1937

近代江南的女子体育
1895—1937

运动场内外

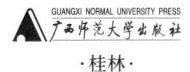

GUANGXI NORMAL UNIVERSITY PRESS
广西师范大学出版社
·桂林·

运动场内外：近代江南的女子体育（1895—1937）
YUNDONGCHANG NEIWAI: JINDAI JIANGNAN DE NÜZI TIYU（1895—1937）

图书在版编目（CIP）数据

运动场内外：近代江南的女子体育：1895—1937 / 游鉴明著. -- 桂林：广西师范大学出版社，2025.1. （中国女性史研究系列）. -- ISBN 978-7-5598-7184-8

Ⅰ.D442.9；G812.9

中国国家版本馆 CIP 数据核字第 2024VU4809 号

广西师范大学出版社出版发行

（广西桂林市五里店路 9 号　邮政编码：541004）
网址：http://www.bbtpress.com

出版人：黄轩庄
全国新华书店经销
广西广大印务有限责任公司印刷
（桂林市临桂区秧塘工业园西城大道北侧广西师范大学出版社集团有限公司创意产业园内　邮政编码：541199）
开本：880 mm×1 240 mm　1/32
印张：14.625　　　　　字数：326 千
2025 年 1 月第 1 版　　2025 年 1 月第 1 次印刷
印数：0 001~5 000 册　定价：89.00 元

如发现印装质量问题，影响阅读，请与出版社发行部门联系调换。

简体版总序

《跃动的身影：近代中国女子的运动图像》（以下简称《跃》书）首次发行是在2008年8月，由台北博雅书屋出版繁体版，书名为《近代中国女子的运动图像——1937年前的历史照片和漫画》；2012年7月在五南出版社再版时，更名为《跃动的女性身影：近代中国女子的运动图像》。诚如《跃》书繁体版序和导言所说，1995年，我启动"近代中国女子体育史"研究计划时，除了搜集的文字史料，在各类书籍、报刊里看到的许多女子运动图像资料也让我进入当时的女子运动世界，提醒我应搜集并利用这批珍贵图像，去与文字史料对话。严格来说，《跃》书是一本近代中国女子体育史的入门书，适合雅俗共赏，而这本书正与我的下一部书互为呼应。

《跃》书出版后一年（2009年），《运动场内外：近代华东地区的女子体育（1895—1937）》由台湾"中研院"近代史研究所发行，2012年2月，北京大学出版社出版《超越性别身体：近代华东地区的女子体育（1895—1937）》简体版。无论繁体版还是简体版都受到国内外学界肯定。① 15年后，广西师范大学出版社以《运动场内外：近代江南的女子体育（1895—1937）》（以下简称《运》书）为名再度出版简体版。《运》书采文字和非文字史料，从性别视角，审视女子体育与国家、社会文化的关系，跳脱国家观的体育史窠臼，试图给近代中国的体育史一个性别角度的诠释，借此丰富我们对近代中国女性历史的认识，也让体育史、妇女史和近代中国史得以互证互补。

16年前，这两本书的繁体版先后在台湾出版，而大陆的读者仅能阅读到《运》书；今天这两本书的简体版能以套书形式问世，我极为兴奋，也对这套书能顺利发行深表感激。首先特别感谢上海华东师范大学历史系王锐教授的穿针引线，使这套简体版书得以在广西师范大学出版社出版。经北京大学历史系邓小南教授洽询，北大出版的《超越性别身体》可授权广西师大出版社出版。这期间，广西师大出版社社科分社社长刘隆进、社科分社政史编辑室主任王佳睿先后与我联络，充分呈现出版的诚意。由于《跃》书可由我自行授权出版，于是我向王主任表达发行该书简体版的意愿，获得广西师大出版社同意后，这两本书可结集成套书在大陆问世。

尽管这套书是16年前的著作，但其历史脉络、逻辑推理、组织架构、文字润饰、征引书目等都曾经过缜密编审，因此我仅做微幅修正和补充。本次简体版，我主要着眼于图像的处理。在《跃》书

---

① 上海交通大学历史系贾钦涵、天津南开大学历史系侯杰、美国加州理工大学历史系毛岸俊（Andrew Morris）、美国路易斯维尔大学的马育新（Yuxin Ma）、伊利诺伊州立大学的何其亮（Qiliang He）、日本京都产业大学须藤瑞代先后为拙书写书评。吕芳上、王奇生、罗苏文、李贞德则为北京大学出版社发行的简体版写了推荐序。

的原序中，我提到，"年代久远，不是每一张照片或漫画都清晰可辨"，虽然当时我们已力求图像清楚，但总是不够完美。这次在助理坠如敏、沛立亚（Prea Esposo Singh）的协助下，我们对这套书的276张图像（其中重复者有38张）重新翻拍、补强，我由衷感激。此外，广西师大出版社王主任不惮其烦地回复我的问题，化解我的疑虑和不安，我更铭记在心，特别是技术问题上的克服，令我叹为观止。至于责任编辑原野菁和排版老师在文字处理上的严谨，在影像部分的积极突破，以及责任技编伍先林在装帧上的用心，我一概致谢。

大家都希望在生命中留下意义，《跃动的身影：近代中国女子的运动图像》和《运动场内外：近代江南的女子体育（1895—1937）》简体版套书的发行，若能继续激发学者对近代中国女子体育史研究的兴趣，便算是我的生命没有留白。

游鉴明　谨序

新北市汐止环翠

2023 年 10 月 6 日

自　序

　　这辈子，我没有上过一次体育课，同学到操场上体育课时，我负责看管她们的书包和衣物，是教室的守护人；但我不曾错过运动会和球赛。小时候，父亲为了让我能和其他小朋友一样，参加学校的年度盛事，曾背着我到学校看运动会，那是我第一次接触运动；而我最难忘的是，在中学教书时，校长指定我担任运动会的播报员，对完全没有上过体育课的我来说，这是不小的挑战。因为运动会是全校师生的活动，每个老师都被安排工作，我也不能豁免，于是我硬着头皮接下这份"特殊"的任务。记得我透过麦克风开始播报的那一刻，台下、场边的观众全都看着我。起先我非常紧张，对着运动会秩序表生硬地播报着，渐渐地我也和观众一起融入热闹的氛围中，我在台上喊"加油！"，观众也跟着"加油！"不断，最后，我还管起场边秩序。这次播报的经验不但让我弄懂了什么是田赛，什么是径赛，也让我体验到运动会场上的形形色色；更没料到，当时对运动会的观察，竟成为我铺陈这本书的部分主轴。

自 序

之所以会写这本书，是因为两段谈话。有次和母亲闲聊她早年的读书情形，她居然告诉我，在杭州市女中念书时，她打过乒乓球，当时我有点讶异，很难把贤淑柔弱的母亲，和拿着球拍跑跳的少女联想在一道。又有一回，张玉法先生指导我论文时，突然提到，台湾的女运动选手曾在1948年到上海参加全国运动会，并问我是否了解这段历史。坦白说，我的硕士论文只处理了日本殖民统治时期台湾女学生的体育活动，对战后的体育或中国大陆女学生的体育，我的了解是一片空白；而这两段谈话，激发了我很大的好奇。1995年完成博士论文后，我决定把近代中国女子体育史列为我下一阶段的研究内容，也因此展开长达14年的书写过程。

在这漫长的岁月里，我写了四篇论文和一本小书，但这些论著并不能串成专书，必须重新组合，才能形成完整的专书，于是我继续不断地搜集资料和修改书稿，导致成书的时间一再延宕。由于从清末到1945年间出版的体育史资料，绝大多数不在台湾地区，再加上虽然女子体育在近代中国受到各界重视，相关体育评论、体育消息、体育报道或运动图像相当丰富，但这些资料散见在当时的各种出版品中，因此在资料搜集上，我花费了相当长的时间。从1995年6月开始，只要有外出机会，我就到当地图书馆尽量搜集，斯坦福大学胡佛图书馆、哈佛大学图书馆、东京大学图书馆、京都大学图书馆、北京图书馆、中国社会科学院经济研究所图书馆、天津图书馆、中国第二历史档案馆、南京图书馆、南京大学图书馆、苏州大学图书馆、苏州图书馆、苏州档案馆、上海市档案馆、上海图书馆、上海师范大学图书馆、上海辞书出版社、浙江省图书馆古籍部、杭州市档案局、浙江省档案局、杭州大学(现已并入浙江大学)体育史资料室,都是我"挖宝"的地方。

随着两岸学术交流日渐频繁,以及中国大陆对民国史史料的开放、出版,典藏在中国大陆的体育史史料,已经不像过去那样取得不易。然而回顾在中国大陆搜集资料的那段日子,我真是满心感激,因为在阅读制度、硬件设备都不健全的时代,面对我这位远道而来、行动欠便的麻烦人物,几乎每一个机构都得为我提供特别照顾。当时许多单位中午不开放阅读,午休时间又很长,我却享有"特权",南京图书馆、苏州图书馆、苏州档案馆、上海师范大学图书馆、上海辞书出版社、杭州大学体育史资料室破例让我全天阅读。此外,管理人员的浓厚人情味,更让我铭记在心。记得在上海辞书出版社查资料时,因为不方便外出午餐,我决定当天中午不进食。但到了午餐时间,一位五六十岁的女员工发现我还在埋头苦干,就问我"怎么不吃午饭",我只好推说"早餐吃很多,不饿的",她立刻说"这不行!我去帮你买两个粽子,只要两块钱",然后转身就去买粽子。买回粽子后,在她的"监视"下,我把这两颗粽子吃完,虽然粽子是冷的,我的内心却满是温暖。

在外地查阅资料期间,这样的故事不时发生在我身上。不但工作人员协助我,我的同仁和朋友也纷纷援助我,许佩琴女士派遣司机接送我来回上海图书馆,张力、秦玲子、岸本美绪、张季琳、洪郁如、定宜庄、罗苏文、程郁教授,以及夏冰、朱大海先生亲自陪同我调档、访问或帮我推轮椅,金普森、侯杰、朱宝琴、程郁教授请研究生帮助我调阅资料或复印资料,我都铭记于心。其中,冯筱才教授从他读博士起,就不断帮助我,陪着我走过杭州、上海、苏州的藏书机构,并为我复印了不少重要史料,直到现在,他如果无法亲自帮我,也一定会找研究生支援。他的恩情,诚非笔墨能表达,谨此致上万万分感激。

撰书期间,我痛失两位挚爱的亲人——母亲和弟弟,自己也动了大手术,感谢我的同仁许雪姬、赖惠敏、罗久蓉、李宇平、洪秋芬教授和江淑玲女士,在我最脆弱时,给了我最大的支持和慰藉。此外,对吕美颐、徐元民、许雪姬、张瑞德、谢国兴、罗苏文、毛岸俊、费侠莉(Charlotte Furth)、季家珍(Joan Judge)教授和季维龙先生的惠赐、资料指引,陈三井、吕芳上、张启雄、黄自进、翟志成、余敏玲、华玮、巫仁恕、李东华教授的督促、勉励,陈慈玉、杨翠华、黄克武、潘光哲、雷祥麟、洪德先、张淑卿等诸位教授,以及沈怀玉女士和我分担"走过半个世纪——台北荣民总医院回顾口述访问计划",让我能有充裕时间完成书稿,特此一并申谢。

这本书能够顺利出版,必须特别感谢三位匿名审查人费心阅读、提供宝贵建议,以及恩师张玉法教授对初稿的字斟句酌、陈永发所长修正导论、沙培德(Peter Zarrow)教授英译书名。对大陆研究生姜良芹、周泓、戚良艳、李净昉、宋佳女、徐迟女士,台湾"近史所"助理宋怡慧、廖懿姿、何淑宜、陈千惠、孔令芝、陈莹芝、柯小菁、卢诗婷、吴信慧、陈湘涵女士和林家豪先生的资料搜集、复印,林效全先生的图像翻拍,我深致谢忱。付梓前,张珍琳女士细腻校阅、检视版面,林明宜女士拨冗阅读、校正,林淑静女士耐心排版,王诗颖女士和林效全、林家豪、林杰民先生复查史料、协助校对,我对此至表感激。至于父亲对我疏于晨昏定省的包容,姐姐鉴青和侄女子宜在家务上的分劳解忧,更令我无限感谢。

14年来,面对人生的无常,我深深感觉应该在无常中留点什么。我无法向曾经帮助过我和关爱我的所有人逐一致谢,包括为我提供良好研究环境的"近史所"、补助我研究经费的"国科会",谨以这本小书作为我诚挚的献礼。

游鉴明谨序

2009年6月25日

目 录

导言 *1*

第一部 舆论、体育政策与校园文化

第一章 众声喧哗的女子体育观 *23*
　　第一节 以国家民族为中心的女子体育观 *24*
　　第二节 从健康美出发的女子体育观 *44*
　　第三节 就性别差异看女子体育 *58*
　　小结 *77*

第二章 学校政策与女子体育 *79*
　　第一节 各自为政的体育教学 *80*
　　第二节 求同存异的体育教学 *95*
　　第三节 培养专业人才的体育学校 *115*
　　小结 *135*

第三章　女学生的体育生活　*137*

　　第一节　体育运动走入学生生活　*138*

　　第二节　体育运动走向校外　*156*

　　第三节　从运动看女学生的反应　*175*

　　小结　*193*

第二部　媒体、社会大众与女子运动竞赛

第四章　新闻媒体与女子运动竞赛　*197*

　　第一节　运动场上的形形色色　*198*

　　第二节　运动场外的花花絮絮　*215*

　　第三节　侧写明星女运动员　*226*

　　第四节　直击观众百态　*241*

　　小结　*252*

第五章　广告与艺术文化中的女子运动　*255*

　　第一节　广告运动/运动广告　*255*

　　第二节　漫画女子运动/女子运动漫画　*270*

　　第三节　电影、歌曲与女子运动　*294*

　　小结　*314*

第六章　社会大众品评下的女子运动竞赛　*316*

　　第一节　女性参与运动竞赛的意义　*317*

　　第二节　运动员产生的问题　*326*

　　第三节　运动员的待遇、品德和形象　*336*

　　第四节　对观众的批判　*353*

　　第五节　拟男运动与男女共同运动的论辩　*360*

　　小结　*372*

结论　*375*

征引书目　*400*
图片来源　*428*
索引　*433*

图片目录

图1　1927年上海"五卅"纪念日游行示威的女学生　*38*

图2　实行健美运动者　*48*

图3　在游泳池里　*53*

图4　连小马夹都不穿了　*68*

图5　镇江女塾学生游玩图　*85*

图6　1913年苏州竹荫女学校的兵式体操　*87*

图7　1913年苏州竹荫女学校的棍棒体操　*87*

图8　1913年江苏武进女子师范附属小学初等三年级生表演徒手操　*89*

图9　1915年杭州女子师范附属小学表演器械操　*89*

图10　1920年上海务本女中学生持网球拍的各种样貌　*91*

图11　1921年上海女青年会女子体育师范学校毕业表演　*122*

图12　1934年爱国女中体育科学生表演叠罗汉　*124*

图片目录

图 13　1919 年上海丽则女校的球会会员　144

图 14　1931 年上海清心女校学生表演叠罗汉　146

图 15　1933 年苏州东吴大学男女生的课外体育表演　148

图 16　冲（盛履谦摄）　154

图 17　1928 年上海各学校联合运动会女子五十米赛跑终点　159

图 18　1934 年上海市第三届中学联合运动会五十米决赛起点　160

图 19　1926 年华东运动会的女子赛球　160

图 20　1933 年第五届全国运动会女子掷铅球的姿势　161

图 21　参加 1923 年第六届远东运动会的中国女选手　163

图 22　1923 年第六届远东运动会中女子队球（排球）比赛（背对镜头的是中国队）　164

图 23　1931 年 5 月两江女子体专篮球队摄于平壤，左起第一人为领队陆礼华　166

图 24　1935 年上海两江女子体专篮球队南征回上海　174

图 25　1931 年海星、务本女排球队交战情形　204

图 26　1935 年第六届全运会女排上海对广东决赛　204

图 27　1933 年第五届全国运动会女子篮球比赛情形　205

图 28　1935 年第六届全运会山东对河北女子垒球决赛　205

图 29　1933 年第五届全国运动会开幕典礼　209

图 30　1933 年第五届全国运动会选手绕场游行　212

图 31　女运动员穿鞋子的一幕　219

图 32　1934 年东南女子体专摄制运动表演影片　222

图 33　女球员梁丽芳　223

5

图 34 《女运动员》上的陈荣明 228

图 35 《女运动员》上的陈聚才 228

图 36 花间独坐的邵锦英 229

图 37 参加 1933 年第五届全运会时的孙桂云 231

图 38 1933 年全运会女子总分第一的钱行素 232

图 39 1933 年第五届全国运动会女子八十米跳栏（图中是钱行素） 234

图 40 1935 年第六届全运会李森起跑姿势 234

图 41 1936 年代表我国出席世运游泳比赛的杨秀琼 236

图 42 1935 年第六届全运会游泳冠军杨秀琼 237

图 43 1934 年陈荣明在《玲珑》上的签名照 239

图 44 1934 年颜秀容在《玲珑》上的签名照 240

图 45 1934 年马骥在《玲珑》上的签名照 240

图 46 陈荣棠为 1935 年 10 月 16 日的《时报》题词 241

图 47 1931 年天津女师与上海两江举行篮球比赛 247

图 48 1935 年第六届全运会游泳池全貌 248

图 49 体育书籍广告 257

图 50 "桂格麦片"广告 259

图 51 "威古龙丸"广告 259

图 52 "月月红"和"女界宝"广告 260

图 53 "明星花露香水"广告 262

图 54 "旁氏白玉霜"广告 264

图 55 "扁瓶霜"广告 265

图 56 "冷蝶霜"广告　*265*

图 57 "双妹嚜超等牙膏""双妹嚜白鞋帽粉"广告　*267*

图 58 "矮克发"干片软片　*268*

图 59 开会志盛　*272*

图 60 中国女子体操学校开运动会　*273*

图 61 中国女子体操学校举行毕业汇演　*273*

图 62 尚武精神　*274*

图 63 争球的一幕　*275*

图 64 女子体格将来的进化　*276*

图 65 她入场之前　*277*

图 66 他入场之前　*277*

图 67 体育馆前的女选手与鹄候在女宿舍门房内的男宾朋　*278*

图 68 上操时马华女选手的阵容　*279*

图 69 马华女选手服装三部曲　*279*

图 70 篮球场女选手的活跃　*280*

图 71 中国世运选手争光归国图　*281*

图 72 江苏南汇清华女学校运动会　*282*

图 73 网球赛　*283*

图 74 观众的目光　*284*

图 75 上海小姐:游泳　*285*

图 76 上海小姐:打考尔夫　*285*

图 77 上海社会之现象:妇女亦乘脚踏车之敏捷　*287*

图 78 自行车将来大兴　*288*

图 79　女界特别现象　289

图 80　自由车驾自由人　290

图 81　跑冰场　291

图 82　妇人研究体操　292

图 83　明眸皓腕　292

图 84　手持网球拍的妇女　293

图 85　春之姿态美　294

图 86　《健美的女性》电影广告　296

图 87　《健美运动》(Search for Beauty)电影广告　297

图 88　《健美运动》(上海有声影片公司出产)影片广告　300

图 89　《体育皇后》电影广告　302

图 90　《体育皇后》的片段　304

图 91　《小玩意》的片段　304

图 92　黎莉莉(中坐者)与光华女中学生合照　305

图 93　1933年上海市第二届中学联合运动会　323

图 94　1931年上海市第二届运动会中女运动员跳栏和起跑的场景　324

图 95　1932年上海高桥海滨浴场民众戏水的一幕　368

导　言

近代西方体育传入中国之后,体育和国家之间的关系盘根错节。主要是清中叶以降到1937年,中国迭遭外力入侵,这一时期的知识分子纷纷发出各种挽救国家的呼吁,强调国家民族的兴衰存亡和人民的生活环环相扣,也因此,有关近代中国民族主义或国族主义的研究,广受中外学者关注,论著也多得不可胜数。① 近年来,更有不少学者以建构、想象或神话这些观念,去检视国族概念产生

---

① 罗志田:《民族主义与近代中国思想》,台北:东大图书公司,1998,第60—108、169—177页;罗志田:《乱世潜流:民族主义与民国政治》,上海:上海古籍出版社,2001,第93—192页;翟志成:《冯友兰学思生命前传(1895—1945)》,台北:"中研院"近代史研究所,2007,第15—56页。

的原因,或是探究国家与国民关系的建立。① 有的学者,特别是研究性别史的学者,把焦点放在国家和女性上,尤其注意当时流行的"女国民""国民之母"这些话语。② 这揭示了在那半世纪的中国,无论男女都得承载拯救中国的重任。

由于体育在当时被认为是"强国强种"的利器,也是去除"东亚病夫"③污名的良药,所以研究近代中国体育史或身体史的不少学者,掌握了这些言论,不是着眼于体育和民族主义的宣导,便是强

---

① 其中,沈松侨对这方面的研究最为丰富,论著有《我以我血荐轩辕——黄帝神话与晚清的国族建构》,《台湾社会研究》,第28期(1997年12月),第1—77页;《振大汉之天声——民族英雄系谱与晚清的国族想象》,《"中研院"近代史研究所集刊》,第33期(2000年6月),第77—158页;《国权与民权:晚清的"国民"论述,1895—1911》,《"中研院"历史语言研究所集刊》,第73本第4分(2002年12月),第685—734页;《近代中国民族主义的发展——论民族主义的两个问题》,《政治与社会哲学评论》,第3期(2002年12月),第49—119页;《召唤沉默的亡者:我们需要怎样的国族历史?》,《台湾社会研究》,第57期(2005年3月),第241—246页;《江山如此多娇——1930年代的西北旅行书写与国族想象》,《台大历史学报》,第37期(2006年6月),第145—216页。另外有,村田雄二郎:《近代中国"国民"的诞生》,收入林振江等主编:《全球化与中国、日本》,北京:新华出版社,2000,第80—98页;坂元ひろ子:《中国民族主义の神话——人种・身体・ジェンダー》,东京:岩波书店,2004。
② Joan Judge, *The Precious Raft of History: The Past, the West, and the Woman Question in China* (Stanford: Stanford University Press, 2008), pp. 107-138;郑永福、吕美颐:《关于近代中国"女国民"观念的历史考察》,《山西师大学报(社会科学版)》,第32卷第4期(2005年7月),第58—63页;须藤瑞代:《中国"女权"概念の变容:清末民初の人权とジェンダー》,东京:研文出版,2007,第74—83页。
③ 通过研究"东亚病夫"这个名词在中国历史上的演进过程,杨瑞松发现,其中充斥着太多认知上的谬误和不必要的情绪操弄。杨瑞松:《想象民族耻辱:近代中国思想文化史上的"东亚病夫"》,《台湾政治大学历史学报》,第23期(2005年5月),第1—44页。

调近代中国人的身体是受国家操弄的。① 而从性别角度从事体育史研究的我,在撰写《近代中国女子体育观初探》时,也发现鼓吹女子体育的言论深受国族主义影响,但撰写这篇论文的同时,我也看到女子体育的言论,并不完全偏重国族论述,来自西方的"健美"(healthy and beauty)观,超越了泛政治化的语言,把女子运动带入女性的生活世界;到撰写《近代中国女子健美的论述(1920年代—1940年代)》时,我更加确定"国家"不是宣导运动的唯一目的。

在性别史这个领域,其实有不少学者和我一样,挑战泛国族主义。从晚清到抗日战争,都有学者进行类似研究,高彦颐(Dorothy

---

① 许义雄:《近代中国民族主义体育思想之特质》,戴伟谦:《民族精神教育之体育思想》,以上二文收入许义雄等:《中国近代体育思想》,台北:启英文化事业有限公司,1996,第1—36、575—614页;Andrew D. Morris, *Marrow of the Nation: A History of Sport and Physical Culture in Republican China* (Berkeley: University of California Press, 2004), pp. 77-140;黄金麟:《历史、身体、国家:近代中国的身体形成(1895—1937)》,台北:联经出版事业公司,2001,第58—80、97—107页;黄金麟:《政体与身体:苏维埃的革命与身体,1928—1937》,台北:联经出版事业公司,2005,第266—278页。

Ko)、杨念群的缠足①,季家珍的留日女学生②,彭小妍的女性情欲论述③,刘乃慈的女性小说④,罗久蓉的女间谍⑤分别从不同角度,处理性别和国家之间的复杂关系,并寻找女性的声音或女性的自主意识。严格来说,我们的研究并没有否定国族论述的存在。近

---

① 清末民初,反缠足的论述和国族主义结合成一股力量时,许多人认为女性缠足是国家的耻辱,有的男性甚至假借女性,认同这些看法。但高彦颐对这样的指控很不以为然,她强调应该从女性的自我看待,去了解小脚的问题。参见高彦颐(Dorothy Ko)《缠足:"金莲崇拜"盛极而衰的演变》(*Cinderella's Sister: A Revisionist History of Footbinding*),苗延威译,台北:左岸文化出版社,2007。杨念群也同样注重被缠足者的声音,参见杨念群《从科学话语到国家控制:对女子缠足由"美"变"丑"历史进程的多元分析》,收入汪民安主编:《身体的文化政治学》,开封:河南大学出版社,2004,第1—50页。

② 季家珍从中国留日女学生的活动及回国后的生活入手,对国族论述提出怀疑,参见 Joan Judge, "Beyond Nationalism: Gender and the Chinese Student Experience in Japan in the Early 20th Century," 收入罗久蓉、吕妙芬主编:《无声之声(Ⅲ):近代中国的妇女与文化(1600—1950)》,台北:"中研院"近代史研究所,2003,第359—393页。

③ 对清末到"五四"时期营造出的一种建构民族国家的"文化想象",彭小妍提出不同的见解,她认为尽管女权论述是其中一环,但这并不表示晚清以来的妇女问题就此沦为政治策略,失去本身诉求的自发性。她反而在"五四"时期女性情欲论述衍生的"新性道德"中,找到"女性中心说"的"文化想象",析理出女子的情欲自主、主导,如何转为"国事"主导。参见彭小妍《五四的"新性道德"——女性情欲论述与建构民族国家》,《近代中国妇女史研究》,第3期(1995年8月),第77—96页。

④ "五四"时期到1930、1940年代的女性小说中,不断出现性别与国家民族话语的交锋,即便是以国家民族为主轴的中日战争时期。刘乃慈特别举出,1940年代左翼女作家的自传体小说,显现在民族革命奋斗过程里,她们从未放弃性别差异,不愿抹杀女性自身的生活方式和性别特征,并且不曾放松她们对妇女解放的急迫关心。参见刘乃慈《第二/现代性:五四女性小说研究》,台北:台湾学生书局,2004,第253—263页。

⑤ 罗久蓉指出,应把历史人物纳入不同的叙事中,凸显性别因素在国族论述中的重要性。参见罗久蓉《历史叙事与文学再现:从一个女间谍之死看近代中国的性别与国族论述》,《近代中国妇女史研究》,第11期(2003年12月),第47—98页。

代中国面临各种内忧外患,是一个既定事实,而捍卫国家民族的意识也的确深入人心。但通过多元文本、不同论述或女性自述可以看出,"国家"这个概念不是处处主导着女性,每一个人的生命和生活,还有国家以外的考虑。何况口号虽然可以不断呐喊或复制,但和实践往往是两回事。就同新文化运动时期,许多男性知识分子把解放女性喊得震天价响,但到头来还是敌不过男权意识。① 因此,我们强调从不同主体去诠释历史,能让单一或少数主体的意识形态或说法,有较多的参照面。而本书的思维架构便是继续从性别视角,以及多元、复杂的面向,探讨近代中国的女子体育,跳脱被国家化的体育史和身体史研究。

事实上,除了较偏重国家和体育关系的讨论,近代体育史的研究还包括其他方面,其中以通史为题材的论著最多,凡是体育政策、体育思想、学校体育、体育人物、运动竞赛都被纳入讨论,但多偏重资料性叙述,较少有进一步分析;②近年来,有学者从社会文化、区域史和运动会发展角度进行研究,并注重析论,特别是毛岸

---

① 游鉴明:《是补充历史抑或改写历史? 近廿五年来台湾地区的近代中国与台湾妇女史研究》,《近代中国妇女史研究》,第13期(2005年12月),第76、78—83页。
② 吴文忠:《中国近百年体育史》,台北:台湾商务印书馆,1967;成都体育学院体育史研究室编:《中国近代体育史简编》,北京:人民体育出版社,1981;王振亚:《旧中国体育见闻》,北京:人民体育出版社,1987;国家体委体育文史工作委员会、中国体育史学会编:《中国近代体育史》,北京:北京体育学院出版社,1989;乔克勤、关文明:《中国体育思想史》,兰州:甘肃民族出版社,1993;苏竞存编:《中国近代学校体育史》,北京:人民教育出版社,1994;许义雄等:《中国近代体育思想》;崔乐泉:《中国近代体育史话》,北京:中华书局,1998;徐元民:《中国近代知识份子对体育思想之传播》,台北:师大书苑有限公司,1999。

俊的研究，令人耳目一新。① 可惜的是，上述论著对女子体育不是只字未提，便是着墨不多。

目前研究近代中国女子体育史的学者，有 Susan Brownell、樊红、董进霞、王惠姬、高云翔（Yunxiang Gao）、Denise Gimpel 和 Elizabeth A. Littell-Lamb。Susan Brownell 从身体文化的角度，研究 1949 年之后中国的身体训练，除了注意国家的体育训练，也留意中国老百姓对自我身体的看法和锻炼；樊红讨论 1840 到 1949 年，中国女子体育发展的进程，指出西方传教士的体育理念和中国共产党的体育政策，让女性在运动中得到自由；董进霞和 Susan Brownell 一样，关注当代中国大陆的女子体育，但偏重 1957 年之后的体育发展；王惠姬探讨 1900 到 1937 年间，中国女留学生攻读体育专业的过程和回国后的贡献；Denise Gimpel 根据清末民初的刊物，观察当时女性如何表达自己的女子体育观，认为这些论点呈现了现代性和自由意涵，她的另一篇论文则进一步透过近代女运动家的口述访谈等资料，说明女性如何借由运动，掌握自己的身体，再去贡献国家；高云翔以《玲珑》这份刊物为例，分析在中国面临日本侵略的 1930 年代，国家主义者和女性主义者如何论辩"健美"；Elizabeth A. Littell-Lamb 关注 1915—1925 年间，基督教女青年会设置女子体育

---

① 除毛岸俊的研究，还有徐元民、郎净、罗时铭等人的论著，其中，罗时铭的专书没有附注，殊为可惜。徐元民：《中国近代运动竞赛》，桃园：台湾体育学院，1996；Andrew D. Morris, *Marrow of the Nation: A History of Sport and Physical Culture in Republican China*；郎净：《近代体育在上海：1840—1937》，上海：上海社会科学院出版社，2006；罗时铭：《奥运来到中国》，北京：清华大学出版社，2007。

师范学校的过程和目的。① 至于我,从1996年以来,分别从女子体育观、江南地区的女子球赛、女子健美论述、媒体与女子体育及女子运动图像入手,分析近代中国女子体育的历史。②

前述学者和我的研究,虽然采用了不同的视角,但从中还是可以看到一些共同的关怀。例如,近代中国女性运动的目的何在?

---

① Susan Brownell, *Training the Body for China: Sports in the Moral Order of the People's Republic* (Chicago and London: University of Chicago Press, 1995); Fan Hong, *Footbinding, Feminist and Freedom: The Liberation of Women's Bodies in Modern China* (Portland: Frank Cass, 1997); Jinxia Dong, *Women, Sport and Society in Modern China: Holding up More than Half the Sky* (Portland: Frank Cass, 2003);王惠姬:《二十世纪前期女子留学生与中国体育的拓展(1900—1937)》,收入《走向近代》编辑小组编:《走向近代:国史发展与区域动向》,台北:东华书局,2004,第253—299页;Denise Gimpel, "Freeing the Mind Through the Body: Women's Thoughts on Physical Education in Late Qing and Early Republican China," *Nan Nü* 8 (September 2006), pp. 316-358; Denise Gimpel, "Exercising Women's Rights: Debates on Physical Culture since the Late Nineteenth Century," in Kai-wing Chow, ed. *Beyond the May Fourth Paradigm: In Search of Chinese Modernity* (Lanham: Lexington Books/Rowman & Littlefied, 2008), pp. 95-130; Yunxiang Gao, "Nationalist and Feminist Discourses on Jianmei (Robust Beauty) during China's 'National Crsis' in the 1930s," *Gender & History* 18:3 (November 2006), pp. 546-573; Elizabeth A. Littell-Lamb, "Gospel of the Body, Temple of the Nation: The YWCA Movement and Women's Physical Culture in China, 1915-1925,"《近代中国妇女史研究》,第16期(2008年12月),第167—207页。

② 有四篇论文和一本专书:《近代中国女子体育观初探》,《新史学》,第7卷第4期(1996年12月),第119—158页;《近代华东地区的女球员(1927—1937):以报刊杂志为主的讨论》,《"中研院"近代史研究所集刊》,第32期(1999年12月),第57—122页;《近代中国女子健美的论述(1920年代—1940年代)》,收入游鉴明主编:《无声之声(Ⅱ):近代中国的妇女与社会(1600—1950)》,台北:"中研院"近代史研究所, 2003,第141—172页;"Female Physical Education and the Media in Modern China," in Mechthild Leutner and Nicola Spakowski, eds., *Women in China: The Republican Period in Historical Perspective* (Münster: LIT Verlag, 2005), pp. 482-506;《近代中国女子的运动图像——1937年前的历史照片和漫画》,台北:博雅书屋有限公司,2008。

谁促使女性运动？女性的运动观是什么？而且多少都涉及女性和体育政策或舆论之间的关系。只不过，除此之外，社会大众（包括观众和体育评论者）、传媒（包括报刊、商业广告和艺术文化）乃至学校和学生，是怎么看女子体育或女子运动竞赛的，他们的声音在哪里，这些并没有受到较多关注。在撰写江南地区的女子球赛时，我开始注意到这个问题，此后也朝这一方向展开。进一步说，本书着眼于健美论述、性别关系、观众角色、学生反应及传媒力量，试图提出过去学者忽略的观察。

讨论本书之前，先对中国女性的体育史作一鸟瞰。一般认为，传统女性是不运动或很少运动的，其实通过出土文物、史册文献、诗词、小说或图像资料，可以看到传统女性荡秋千、放纸鸢和踢毽子，既娱乐自己，又锻炼了身体。① 即使是需要费体力的运动，像蹴鞠（中国式足球）、马球和步打球（持杖打球），甚至相扑（女飑）、拔河，其中也都有女性的身影。② 以蹴鞠为例，从两汉到元明，女子蹴鞠的活动一直不曾中断，直到清代，才被踢毽子取代。③ 至于会骑射、拳术或武术的女子，历代也不罕见，她们多半是受父兄训练，把

---

① 刘秉果：《中国古代体育史话》，北京：文物出版社，1987，第122—127、130—132页。
② 马球是唐、宋宫廷中宫女的一种娱乐活动，这项活动到清代就完全绝迹。步打球又称捶球，盛行于元、明时期，在明代的画中，可看到女性做步打游戏，但和蹴鞠、马球一样，步打球到清代就中断。至于相扑表演，三国时期的东吴，曾有宫女的相扑游戏，宋代出现的女子相扑，相当讲究技巧，相扑到清代还是受到重视。拔河比赛原本多是男子参加，唐中宗时，曾让数百名宫女在玄武门外进行拔河比赛，不过，这种大规模的活动，在其他朝代很少看到。刘秉果：《中国古代体育史话》，第35—37、46—51、120—122页；刘秉果：《插图本中国体育史》，上海：上海古籍出版社，2003，第128、134—135、217—220、224、271—272、282—285、320—332页。
③ 刘秉果：《中国古代体育史话》，第14—23页；刘秉果：《插图本中国体育史》，第92—116页。

这些活动当作娱乐或健身;①也有女性,借由这些技能来防敌或打仗。② 从前述看来,传统女子不乏体育运动,但如果和近代体育比较,除了球戏有较多人参与,传统运动多半是个人或少数几个人参与;同时,传统女性的运动,大多是为了消遣、娱乐或是健身,不像近代体育带有浓厚的竞赛动机。

无疑地,到了近代,中国女性的运动出现大的变化。一方面,近代的女子体育是被有目的地宣导、有计划地运作的,并通过学校教育,采循序渐进的集体训练方式,对女性进行身体锻炼;另一方面,运动的形态出现很大程度的改变,运动的内容也比过去丰富许多,最早是体操运动、舞蹈,接着有溜冰、骑自行车、游泳,以及各式球类运动、田径运动,体育因此迈入运动竞赛的时代。近代体育还有一个特色,也就是运动的对象没有性别限制,不管女子还是男子,都被要求运动;不过,这种情形在运动会上,却有了不同。男性在清末就可以参加运动竞赛,而同时期的女性仅以表演方式向大众展示运动成果;直到1920年代末期,区域运动会、全国运动会和国际性运动会陆续开放竞赛项目给女性,女性运动才出现重大突

---

① 宋代苏东坡的诗中,曾描写刺史刘乙新邀请朋友观赏他们儿女的骑射之战。骑士:《闲话妇女:女子体育与弓箭》,《方舟》,第36期(1937年5月),第71页。另外,1900年出生的冰心(原名谢婉莹),也提到童年时期,她父亲经常带她去骑马、打枪,让她有机会接触到与其他儿童不一样的户外活动。冰心:《童年杂忆》,收入范伯群编:《冰心研究资料》,北京:北京出版社,1984,第63页。
② 例如,殷商时期的女将妇好、南朝岭南的冼夫人、唐高祖的女儿平阳公主、南宋抗金名将韩世忠的夫人梁红玉、明末抗清女将秦良玉,都是大家耳熟能详的女中豪杰。华吾豪:《中国女子体育史略》,"特载",《中国女子体育专门学校二十周年纪念册》(1929),第48—61页,上海档案馆藏,档号:Q235-3-324。吴芳:《中华女英杰》,武昌:武汉大学出版社,1991,第2—6、42—45、118—121、143—147页。

破。但无论如何,从此以后,女性除了能进入原属于男性的表演空间,还能在运动场所与男性一较短长。最重要的是,在社会大众的眼中,只要能在运动竞赛中取胜,男女运动选手的地位,就同样重要。换句话说,近代女子体育让中国女性能发挥身体的潜能,也带给她们机会,去改变女性的历史。

前述具有近代意义的女子体育,来自欧美。研究者在追溯西方的体育训练方法时,会发现美国的体育,也是先学习德国体操和瑞典体操,再走向其他活泼的竞赛。① 对于运动场上的演出,西方也充满性别区隔和性别偏见。以近代的奥林匹克运动会(Olympic Games)为例,奥运会一开始是禁止女性参赛的,1900年的第二届奥运会,才有来自5个国家的19名女运动员参加了女子网球赛和女子高尔夫球赛。② 这以后,女性虽然不被禁止参加奥运,但比赛项目却与男子不同,一直到1924年,奥委会才正式通过议案,宣布女子可以参加较多的竞赛项目,1928年,女子田径赛也有了登场的机会;然而,仍有少数男子组的比赛项目,例如棒球、拳击、角力等项目,到现在还是与女性无缘。③ 除此之外,西方体育带来的体育精神、锦标主义、消费行为,还有"健康美"观念,也对近代中国的社会价值观和两性关系的改变起了不小的影响。

---

① 张咏:《社会情形与体育之发展》,《现代学生》,第3卷第1期(1933年10月),第2—5页。
② 在第二届奥运上,英国和美国的选手分别获得网球和高尔夫球金牌。参见汤铭新编译《奥运百周年发展史》,台北:中华台北奥林匹克委员会,1996,第53、61页;董进霞主编《女性与体育:历史的透视》,北京:北京体育大学出版社,2005,第31页。
③ 汤铭新编译,《奥运百周年发展史》,第162页;徐元民:《体育史》,台北:品度股份有限公司,2005,第237页。

针对中国女性在近代体育史上地位的大转变,本书提出五个问题:为何要女性运动?女性应该怎么运动?女学生和女运动选手如何看待运动?媒体和社会大众又以何种眼光看待女子体育和女运动员?女子的运动竞赛是否符合宣导女子体育的初衷?至于时间断限,集中在1895到1937年。之所以选择这段时期,是因为在此时中国女性的身体运动有很大的变化,中国也培养出不少具备运动长才的女运动员;没有延伸到抗日战争,是因为战争让运动选手星散四处,许多运动竞赛无法正常举行,热热闹闹的全国性运动会更不复存在。

必须一提的是,我过去发表的相关论著,和上述五个问题有紧密关系,因此,本书有一部分改写、取材自这四篇论文和一本专书。例如,第一章第二节和第三节的讨论,是根据《近代中国女子体育观初探》和《近代中国女子健美的论述(1920年代—1940年代)》这两篇论文加以延伸;第三章的第二节,有部分取材自《近代华东地区的女球员(1927—1937):以报刊杂志为主的讨论》和《近代中国女子的运动图像——1937年前的历史照片和漫画》;第六章的第五节,小部分引自《近代华东地区的女球员(1927—1937):以报刊杂志为主的讨论》。至于其他章节则是重新撰写。

为全方位地探究,本书采用"运动场内外"的视角,主要有两层意思:最直接的意思是,本书将探究女运动员在运动场上的演出,观察她们离场后的活动,也留意运动场边的众生相;另一层意思,则是透过"运动场"这个概念,分析没有进入运动场、不懂也不做运动和没有进入运动场却懂得运动的这两群人,如何鼓吹、利用、指导或评论运动,这群人包括知识分子、体育专家、女权运动家、学生、记者、画家、广告设计者、影评家、导演、编曲者。

　　至于本书所谓"江南",是指江苏、浙江两省和上海、南京两市。选择江南地区,除了欲以《近代华东地区的女球员(1927—1937):以报刊杂志为主的讨论》一文为基础,扩大研究,一方面,因为近代女学校多半集中在江南地区,女子体育又出自学校,这个地区学校的女子体育,正可作为了解近代中国女子体育的指向标;①同时,专门训练女子体育人才的学校,自清末到1937年,约计有15所,其中有11个学校和科系设在江南地区。② 另一方面,因为首次有女子表演项目的中华民国第三届全国运动会(1924年),是以地区为代表单位的,江南地区便是其中之一,虽然这之后的3届全运会以省、市为单位,运动会的地点却先后选在杭州、南京和上海;而江南

---

① 俞庆棠曾以1927和1928这两个年度为例,指出全国其他地区女子中学生的人数不多,尤其是比起江苏省更加为少;再根据《中国第一次教育年鉴》的统计,1930年度全国中等学校的女校计104所,其中江浙合计12所、上海20所、南京2所,江南地区就占了32.69%,若以女学生的人数为例,这个年度,江浙女学生合计14 800人,南京1345人、上海9146人,江南地区占27.98%,光是上海的女学生人数就位居全国第三,至于全国专科以上学校,以私立学校最多,而且多分布在上海和北平,由此可见,江南地区是全国女学生最密集的地区。俞庆棠:《三十五年来中国之女子教育》,收入庄俞等编:《最近三十五年之中国教育》,上海:商务印书馆,1931,第191—192页;《中国第一次教育年鉴》,收入教育部《中国教育年鉴》编纂委员会编:《中国教育年鉴》,台北:宗青图书出版公司,据第一次与第二次《中国教育年鉴》原刊本影印,1981,第2、105、138—139页。

② 这15所学校是中国女子体操学校、上海女子青年会体育师范学校、上海爱国女中体育科、广东女子体育学校、南京女子体育师范学校、上海东南女子体育专门学校、上海两江女子体育专门学校、上海东亚体育专科学校、上海中国女子体育学校、北京女子文理学院体育专修班、北京女子高等师范学校体育系、上海沪江女子体育学校、金陵女子大学体育系、苏州成烈体育专门学校、四川女子体育学校。以上参见吴文忠《中国近百年体育史》,第119—128页;苏竞存编《中国近代学校体育史》,第118—121、177—180页;罗时铭《奥运来到中国》,第164—167页。

地区发起的学校联合运动会早在清末就开始,到民国时期更不可胜数。以江苏省为例,1914 到 1931 年间,曾在江苏重要城市轮流举行 10 次的中等学校的运动会,第一次便有女学生的体操表演。① 在各类型运动中,球类比赛最是频繁,上海的球赛更居全国之冠。② 除此之外,国际性的运动会也集中在上海。例如,由中国、日本、菲律宾轮流主办的 10 届远东运动会,有 3 届是在上海召开的。所以,审视江南地区的女子体育,可以较清楚地看到近代中国女子体育发展的概况。

本书分成两部分,第一部分"舆论、体育政策与校园文化",把主轴放在有关女子体育言论的产生、学校体育政策的落实,以及体育如何进入女学生生活上。其中,第一章《众声喧哗的女子体育观》,就是透过 1895 到 1937 年间的舆论,观察社会各界对女子体育的目的和运动方式的各种看法。受纷至沓来的内忧外患冲击,从 19 世纪末开始,中国近代体育的目的就锁定在"救国"这个概念上,"强国强种"的运动观更被论者频繁地套用。第一节将阐释以国家民族为中心的女子体育观的形成背景与演变,并说明着眼于国家民族的运动观,如何与当时建构出的女性形象相结合。但女子体育的目的其实不限于救国,稍晚产生的广受重视的健美的女子体育观,并不在以国家民族为中心的女子体育观之下,因此,第二节不但探讨健美观的建立,也分析相关的论辩。不过,无论出于

---

① 袁宗泽:《江苏省运动会史略》,《体育研究与通讯》,第 1 卷第 2 期(1933 年 3 月),第 75—99 页。
② 在上海展开的女子篮、排球赛各式各样,有由中华全国体育协进会发起的上海万国女子篮球赛,上海青年会设置的女子组篮、排球赛,以及上海市体育协进会主办的"铁城杯篮球赛"女子组等。

国家民族还是健康美的体育观,都只是一种理想,面对社会习俗对女性身体的规范,以及女性身体的特质,女性应该如何运动?第三节将针对这一点,究明论者为女性提出何种运动方式,他们又以什么论证支持自己的说法。

舆论毕竟不等于实践,这种讲究集体训练的近代女子体育,需要有制度和系统的推动,新兴的女子学校正符合这项条件,于是在舆论和政策的两方激荡下,女子体育从学校教育出发,向社会各角落发展。第二章《学校政策与女子体育》的前两节,以1928年前后为分期,析论江南地区中等学校和大学的女子体育教育。之所以没有把小学列入,是因为中等以上学校的女子体育教育较完整,而且当时有机会参加大型运动竞赛的女运动员,主要来自中等以上学校。此外,这两节也列举了其他地区女子体育的发展。大体说来,清末到1937年,女子体育从模仿德国、瑞典的日式体育,转为美式体育,运动方式也由单一走向多元。不过,在1928年以前,多数学校在女子体育的运作上,碰到各种问题,第一节就是从不同学校的体育教学经验入手,析理这些现象;同时,也以文字和照片,进一步检视当体育成为女子教育的一环时,学校以何种教学方式响应当时沸沸扬扬的"强国强种"运动观。1928年之后,国民政府对体育政策的强化,以及不少学校在体育设施和师资上的改进,促使体育教学走向制度化,第二节将讨论这一时期各个学校的女子体育政策是否落实的问题。严格来说,一般学校只能造就运动通才,运动精英或体育师资的产生,必须仰赖体育专门学校的培训,当运动竞赛日渐蓬勃,这类学校便跟着水涨船高,江南地区体育学校所培养的运动选手,更受各界瞩目,第三节就是针对清末以降体育训练班和体育学校的设置和发展进行研究的。

无论是舆论还是学校政策,都以女学生作为实践的对象,那么,女学生怎么看待体育?体育是否成为她们生活的一部分?这些问题相当复杂,第三章《女学生的体育生活》试图从多元角度,探究江南地区女学生在校园内外的体育活动,还有她们以何种态度去面对体育和学校的新兴群体——女运动选手。第一节的焦点摆在校园内的体育活动,此处撇开学校主导的体育,专注女学生如何通过学生团体、组织球队、举办运动竞赛与争取运动设备;另外,在男女共学蔚为风尚的状况下,体育活动让男女学生的关系起了变化,这对女学生造成何种影响?第二节则转到女学生在校外的体育表演和运动竞赛,有机会参加这类活动的主要是学校的运动精英,因此,这一节将通过校际运动会、区域运动会、全国运动会、国际运动会和各种球类比赛,观察女运动选手的表现,以及她们如何挑战体力;同时,观察在参与运动比赛或表演的过程中,这些新群体得到何种历练。第三节则从另一个角度观察女学生和体育的关系,由于不是所有女学生都喜欢运动,她们对运动的态度各有不同,这一节除了利用专论、统计资料、学生自白,剖析学生对运动的反应,也将关注女学生和运动员的互动,因为有机会参加运动会的只是少数女学生,大多数女学生通过何种方式支援学校的选手,明星女选手在她们心中具何种分量,这些都是本节探究的重心。

本书的第二部分"媒体、社会大众与女子运动竞赛",将借由媒体和社会大众的不同声音,进一步诠释女子体育在近代中国的位置。体育是公开演出的活动,特别注重运动会和球赛,这些场合也被用来检验体育教学的成效,不仅体育界人士重视,媒体、社会大众都争相观赏。为了不和前面的讨论重复,此处仅就运动竞赛这方面,深入分析。

有关媒体和运动竞赛,摆在第四和第五章中讨论。第四章《新闻媒体与女子运动竞赛》,是经由新闻记者的眼和笔,观看运动场上和运动场外的种种现象。本章重点不在于呈现运动会的所有报道,而是从部分报道中,理解记者如何描写女子运动竞赛和女运动员。记者由于观察角度和取材的不同,又为了炒热新闻、增加销路,有辛辣、讽刺,更有揭私。有关运动场上的报道,记者注意到的不只是运动员的技术和形象,还包括非竞技的部分,第一节呈现的描绘手笔,便十分有弹性,读者可以同时读到运动场上的一些漏网消息。在这里,记者的摄影和文字记者的报道互为呼应。至于观众不能看到的场外活动,记者报道的手法千奇百怪,除了引领读者进入女运动员的世界,也有意满足读者偷窥的心态。第二节,讨论记者如何报道女运动员退场后,在公私领域的各种面向。第三节特别选择经常在报刊上出现的女运动明星,了解记者怎样建构她们的形象,又怎样为她们制造新闻。由于运动场不光属于运动员,还属于现场观众,他们的一举一动同样受到记者关切,第四节就是分析记者对他们的描述,并从中探讨观众对女子体育的认识,和舆论、政策究竟有何落差。

报刊之外,广告、漫画、电影和歌曲这类型的媒体,也经由各自管道把女子体育带入民众生活中,第五章《广告与艺术文化中的女子运动》就是以这四种传媒为文本,究明它们如何传扬女子体育。而广告或艺术文化的构思,主要来自女子体育的宣传或女子运动竞赛,因此,本章的不少铺陈是来自前面各章节的。第一节根据报刊上的运动广告,分析广告内容、广告设计和广告图像如何利用"女子体育"的概念或女性做运动的图案,推销商品;并进一步观察这些广告与女子运动的关系。由于广告必须推陈出新,刊载在报刊上的广告,更巧妙地和新闻或新潮流结合,其中运动广告的出现又通常是在运动会举办期间。虽然无法得知这类广告是否有助于女子体育的宣导,但透过这一节,至少可以理解女子体育是一种新趋势,连广告业都对此大加利用。第二节通过漫画认识画家如何形塑女子运动,因为画家对社会新闻的嗅觉,比广告设计者还要敏锐。他们用何种图景、线条去凸显女子运动的各种意境,包括运动会、观众和女子体育带来的有趣现象?在这节中,笔者将交织呈现运动漫画的写实与想象。第三节从与体育有关的电影和歌曲中,寻找女子体育被怎样复制和再创造。电影和广告一样,都是借女子体育招揽商机,因此,电影广告往往以夸大的字眼,大做宣传。不过,电影具有社会教育的性质,当时的体育电影是否达到这层效果?此处将从电影广告、剧情和影评逐一厘清。和前三种传媒相较,运动歌曲基本上是为宣导体育而创作的,本节将分别从一般运动歌曲和专为女性编写的运动歌曲,进行讨论。

前面五章,呈现女子体育如何受到来自各界的重视,包括舆论的宣导、政策的推动、女学生的回应,以及传媒的报道与宣传,但在鼓吹、宣扬中,也暴露出不少问题。等到女性参与体育表演或运动竞赛之后,赞美声浪固然不乏所闻,批评的言论更一一浮上台面。第六章《社会大众品评下的女子运动竞赛》,就是从运动竞赛前后的评论中,观察社会各界对女子运动的看法与检讨,正可与前五章的论述相互参照。第一节,探究在论者眼中、笔下,女性参加运动竞赛具有何种意义。论者是倾向于与国族概念结合的尚武运动，还是能彰显健康美的运动？此外，由于不少论文是从批评和检讨的角度出发的，第二到第五节，将针对这些议论进行剖析，但为避免芜蔓，只讨论较受重视的项目，同时，因为有的问题兼及男女，也一并阐述。为了争取荣誉，许多学校把运动竞赛当成和其他学校角力的场所，不是强迫学生运动，便是采少数精英训练，忽略体育大众化的要求，第二节着重探讨的便是这些问题。第三节则对运动选手产生或成名后面对的各种批判做进一步分析，包括运动选手在学校的待遇，社会大众对运动明星的看法，以及女运动选手的穿着打扮。第四节将把焦点转向观众，事实上，从媒体报道中，我们已经看到观众的百态，而这一节，将探究论者如何批评他们。除此之外，拟男的尚武运动或是男规女用的比赛方式，虽然被部分人提倡或支援，可一旦公开演出后，论者却有不同的声音，特别是男女共赛，引起不小争议，第五节从运动方法这个角度，观看社会大众的评断。

关于本书史料的运用，在妇女史的史料中，女子体育是最丰富的一种，因为近代女子体育传入中国之后，有关这方面的议论或报道十分普遍，而以女子体育或运动竞赛为题材的照片、漫画、广告、电影，也相当可观。因此，本书不仅采用文字史料，如档案、专书、报刊，以及学校刊物、口述史料、传记、自传、日记、书信、小说等，也采用照片、漫画、广告图案、电影镜头这些非文字史料。运用非文字史料，除了让我们有跨越时空的乐趣，更重要的是，这些史料多半反映自文字史料，可以与之相互对应，而且非文字史料有时还远比文字史料贴近实际。

在史料的分析上，本书虽以江南地区为研究焦点，但与女子体育有关的社会舆论，也是本书讨论的重点；此外，为了比较分析，本书也引用江南地区以外学校的女子体育教学和体育活动的资料。需要一提的是，书中采用许多发生在个人、学校或运动场内外的小故事或新闻报道，看起来有些琐细，不过，这些故事或报道能让我们掌握女性或社会大众对体育的各种反应，而不只是舆论的呼吁。

总之，本书欲以多元视角处理与女性身体改造有关的体育历史，因此，各章节虽然看似独立，但彼此贯通，除了讨论近代中国史中最受关注的国族问题，也呈现西方体育带来的新观念、新行为，如何在公众舆论、学校教育、学生生活、运动竞赛、观众反应、大众传媒和视觉文化等层面产生意义。进一步说，本书通过女子体育文化和性别视角，一方面跳脱过去国家观的体育史窠臼，重新审视国家与社会、文化的关系，同时，也试图为近代中国史贡献新的观察；另一方面发现，近代中国女性用运动的身体去改写女性历史时，充满着活力，而引发的社会现象和各种议论，让女子运动变得复杂与矛盾，其实，这也正是近代中国女性历史的一种特征。尽管近代江南的女子体育史只是近代中国女性史的一小部分，但跟着这段历史的轨迹，本书归纳出四个重要的女性议题，并与晚明及西方女性的历史略为比较，作为本书的结论，从中不但寻到部分共通经验，也丰富了我们对近代中国女性历史的认识。

第一部

舆论、体育政策与校园文化

第一章　众声喧哗的女子体育观

中国的近代体育是在清政府颁布新学制,并把体育列为学校课程之后,才广泛展开的。不过,倡导体育的言论却早在这之前就出现在报刊中,当时注意到体育教育的,主要是知识分子;此后,关心体育的人越来越多,除了知识分子,体育专家、政治精英更不曾在倡导体育的论域中缺席,因此,20世纪的上半叶,呼吁体育运动的声音几乎不曾停止过。主张体育的言论散见各处,又不断被重复引用,或作为宣传样本,让我们看到公共论述的力量铺天盖地地深入社会。本书所要讨论的女子体育,也在这时期成为舆论焦点,不只插足在体育论述中,还出现在与女性有关的各种传媒里,充分显现女子体育受到广泛的重视。1895年到1937年间,随着时代思潮和政治环境的变迁,鼓励女性运动的舆论相当多元,也变化多端,但分歧并不大,从中还是可以归纳出两大方向:一则是着眼于女子体育的目的论,另则是注重女子体育的实际面。根据这些论述,本章分成三节讨论。由于着眼体育目的的言论最为丰富,前两节将集中于这方面的分析,第三节则专重体育实际面的探究。本章的基本关怀是:社会大众在什么样的背景下宣扬女性运动?他们的观点何以不同?他们对女性运动的方式又有何种看法?可曾出现过论辩?

第一节 以国家民族为中心的女子体育观

从19世纪末期到1937年,中国一直处在内忧外患的政局中,连绵不断的战争,长期激荡着中国人的生活,为恢复国势、振作民心,民族主义成为时代的主流意识。① 虽然不是每一个生活在这时代的人都明白民族主义的意涵,但"解救中国""复兴民族"的口号许多人都能朗朗上口,只要能识字的人,眼目所及,都是这些字眼;一旦国家有难,报刊或街头巷尾张贴的大小字报,更以斗大的字体将其一再复制。有意思的是,"民族主义"成为一种标签,被贴在有形或无形的事物上,"体育"这个来自西方的身体教育,与"民族主义"的关系尤其紧密。

---

① 根据李国祁的研究,近代以来我国的历史发展有两大主流:一是民族主义思想的蓬勃,一是积极追求国家的现代化。参见李国祁《甲午战后至抗战以前我国民族主义的发展(1895—1936)》,收入《中华民国建国史讨论集》编辑委员会编:《中华民国建国史讨论集》,台北:本书讨论会编辑委员会,1981,第2册,第5页。

一、强国保种的女子体育观

19世纪中叶以后,中国人长期处在内忧外患的环境下,列强的不断入侵,以及清政府在军事、外交上的一连串挫败,让许多知识分子充满焦虑。甲午战败的事实更震动人心,因为中国面对的外患不再只是船坚炮利的西方国家,还加上了被视为"蕞尔小岛"的日本。在东西列强的夹击下,知识分子的忧患意识较以往强烈,纷纷提出救亡图存的药方,其中康有为、梁启超倡导的维新运动,得到不少响应。尽管维新变法没有成功,但力挽狂澜的救国工程,从义和团事件、八国联军侵华发生后,到清政府统治结束的这十年间,达到最高潮,不管改革派、革命派还是清政府本身,都在谋求变通。对不少知识分子来说,他们渴望打造新中国,让所有中国人都在"民族主义"这个旗帜下进行各种改造。由于新中国的形成是全中国人的责任,是超越种族、性别和阶级的,因此,所有人都应该被改造。至于改造的方向,则相当多元,从"人"这个角度来看,包括思想和身体的重建。因此,和身体有关的体育,也被当成建构过程中的一种途径。而向来处在边缘的女性,舆论如何认定她们,又提出何种改造她们的论调?

(一) 从"女子"到"女子国民"

1907年(光绪三十三年)2月,《中国新女界杂志》的创办人燕斌(笔名炼石),在创刊号中特别表明,该杂志社最崇拜的就是"女子国民"四个大字,无论该杂志"出多少期,办多少年,做多少文字,也只是翻覆解说这四个大字"①。令人好奇的是,已经使用数千年的"女子"到底有什么不好?"女子国民"又有多大的魅力,值得一本刊物为它大力"宣传"?相对于"女子国民",燕斌有有趣的隐喻:"女子"这两个字,被写着"奴隶世界"的大牌坊压制着,住在这里的女子,多半"钗裙粉黛,埋没一生,把社会上的资财,也消耗的〔得〕够了,何尝尽过半点儿国民义务呢?"她的目的,就是改变伏处在奴隶世界内的女子的地位,把女子提升成真正的女子国民。②

在晚清,有这样看法的,其实不只燕斌一人,许多男性或女性知识分子,都渴望女子能脱胎换骨,加入"国民"的行列,和男性一起建构新中国。这个观念的形成,要追溯到1899年(光绪二十五年)梁启超在《论近世国民竞争之大势及中国之前途》一文中,提出"国民"一词,从此之后,传统"臣民""庶民"等称谓,被转为具有现代意义的"国民"。③ 在梁启超的倡导下,"国民"成为流行话语,不仅是知识阶层竞相引用,各种传媒也以"国民"一词,向民众开智启蒙。

耐人寻味的是,"国民"论述是否包括占一半人口的女性?1903年(光绪二十九年),金一(又名金天翮、金松岑)在《女界钟》

---

① 炼石:《本报对于女子国民捐之演说》,《中国新女界杂志》,第1期(1907年2月),第42页。
② 炼石:《本报对于女子国民捐之演说》,《中国新女界杂志》,第1期,第49—50页;炼石:《本报对于女子国民捐之演说(续第二期)》,《中国新女界杂志》,第3期(1907年4月),第21—23页。
③ 沈松侨:《国权与民权:晚清的"国民"论述,1895—1911》,《"中研院"历史语言研究所集刊》,第73本第4分,第690—691页。

这本书中提出"国民之母"的观念时,似乎表明"国民"这个词具有性别色彩,因为根据金一的说法:"国于天地,必有与立,与立者国民之谓也。而女子者,国民之母也。"①然而,进一步推敲"国民之母"的各种论述,可以看到"国民之母"是从"国民"的语境中抽离而出的,它和"国民"并不平行,反而超越"国民",甚至能支配国民。例如,亚特的《论铸造国民母》一文,明白地指出:"国无国民母,则国民安生?国无国民母,所生之国民,则国将不国。"②

事实上,性别化的"国民"概念,是在"女国民"产生之后更为具体而明确的。尽管仍有论者提出"女子也是国民一分子","我虽女子,亦国民一分子"这些说法,③冠上女性身份的"国民之母""女国民""女子国民""女国民同胞"之类的词语,却更受到青睐,除了以文字形态出现在报刊舆论,以及教科书、小说、画报、白话期刊之中,它们在宣讲堂、演乐歌或戏曲表演中也不遑多让。④虽然无法确知"女国民"和"国民之母"的言论有多大影响力,但其被套用的情形十分泛滥,女医师杨步伟(赵元任之妻)就有这样的经验。她记得第一次参加学堂考试时,作文题目是"女子读书之益",当时她

---

① 金一:《女界钟》,上海:大同书局,1903,第3页。
② 亚特:《论铸造国民母》,《女子世界》,第7期(1904年6月),第1—2页。
③ 《告全国女子》,《女子世界》,第1期(1903年12月),第66页;亚卢:《中国第一女豪杰女军人家花木兰传》,《女子世界》,第3期(1904年2月),第28页。
④ 李孝悌:《清末的下层社会启蒙运动,1901—1911》,台北:"中研院"近代史研究所,1992;华玮:《明清妇女之戏曲创作与批评》,台北:"中研院"中国文哲研究所,2003,第247—290页;黄锦珠:《晚清小说中的"新女性"研究》,台北:文津出版有限公司,2005;Joan Judge, *The Precious Raft of History: The Past, the West, and the Woman Question in China*, pp. 107-138;夏晓虹:《晚清女报中的乐歌》,《中山大学学报(社会科学版)》,第48卷第2期(2008年3月),第11—15页。

便是"照着一般的烂调写了一句'女子者,国民之母'",但接下去是"半天尽咬着笔杆也写不下去"。① 而笔名"寒峰"的作者也指出,当时写作的一种风气,就是要"尽量的运用新名词、新术语,以炫其新学之深"。②

严格而言,这些"滥调"的形成,全是为了救亡图存,就如金一认为,天下兴亡,不管匹夫或匹妇都有责任。③ 相对于"国民","国民之母"或"女国民"的责任还更加沉重,金一在《女子世界》的发刊词中曾揭示:

> 虽然二十世纪之中国亡矣,弱矣。半部分之男子,如眠如醉,又如死矣,吾何望女子哉!是不然。女子者,国民之母也。欲新中国,必新女子;欲强中国,必强女子;欲文明中国,必先文明我女子;欲普救中国,必先普救我女子,无可疑也。④

有论者则把中国的积弱不振,怪罪在女性头上,竹庄《论中国女学不兴之害》一文指出,在中国四万万人口中,有"二万万之女子皆无用之人",作者还强调中国的女子"大都废人、病夫,乃愚、乃

---

① 杨步伟:《一个女人的自传》,台北:传记文学出版社,1967,第65页。
② 他所指的是1911年出版的《绘图二十世纪女界文明灯弹词》这本书,而该书第二出开场白,即"解释国民责任,要尽自由本分,莫道是裙钗,男女由来平等。平等平等,阅读卢梭政论,就是明证。寒峰:《"女界文明灯"》,"自由谈",《申报》,1935年5月8日,第16版。
③ 根据金一的看法,女性应当恢复的权利有"入学之权利""交友之权利""营业之权利""掌握财产之权利""出入自由之权利""婚姻自由之权利",他还主张女性应有参政权。金一:《女界钟》,第51—52、56页。
④ 金一:《女子世界发刊词》,《女子世界》,第1期,第1页。

顽、乃怯、乃惰"。① 不管是金一还是竹庄的说法,在清末民初都一直不断地被复制、深化,而这两种看似两极化的论调,其实都反映了当时知识分子对亡国的恐惧。原本提出讨论的都是男性,随着知识女性的增加,有不少女性也加入了论述。

既然女性的责任这么重要,如何培养"国民之母"或"女国民"便更受到注意。许多论者认为,女性在争取国权之前,必须先取得女权;②而且在女界的积极宣扬下,争取求学、参政、从军、就业的女性不断浮现。但为了拯救颓唐的中国,"国民"论述的核心其实不是国民,而是国家;③也就是说,国民的权利是次要的,尽义务才符合时代需求。事实上,在倡导女权思想的女性言论中,强烈反映着民族气概,她们所创办的刊物,也多半呼吁同时拯救国家和妇女。④ 因此,所有与"女国民"有关的论述,多数的归结是要铸造一个能强国保种的"国民之母"或"女国民",至于先决条件,是必须具有智识和强健的身体;换句话说,到学堂读书、不再缠足、锻炼身体成为"女国民"的基调。以下将集中讨论本书关切的身体运动这部分。

(二) 塑造女性新身体

在近代中国的救亡运动中,如何强健中国人身体的这件事,一

---

① 竹庄:《论中国女学不兴之害》,《女子世界》,第3期,第5页。
② 金一:《女界钟》,第51—53、56—67页。
③ 沈松侨:《国权与民权:晚清的"国民"论述,1895—1911》,《"中研院"历史语言研究所集刊》,第73本第4分,第717—723页。
④ 李又宁:《中国新女界杂志重刊序》,收入燕斌编:《重刊中国新女界杂志》,台北:幼狮文化事业公司,1977,第22—25页。

直备受关注。从洋务运动开始,武备学堂便对学生体能的训练不遗余力,并引进西方的体育技能;①只不过,洋务运动强调富国强兵,着重军事人才体格的培养。到维新运动时期,因变法图强的目的在政治制度的改革,并以传播新知为方向,所以,西方的体育观念和体育活动也随着各种知识流传到中国,维新人士还根据中国国情,发展出救亡图存的体育论调,试图唤醒国人对身体的重视。戊戌变法失败后,维新时期的身体论述不但没有消逝,而且在国势日趋危急的晚清,仍继续被沿用,论者甚至扩大讨论,于是强化体能、塑造国民新身体变得更加急迫。

  维新派的身体观来自亡国灭种的危机意识。1895年(光绪二十一年),严复翻译《天演论》,向国人引介了"物竞天择,适者生存"的观念,接着在《原强》一文中,又把这个观点加以发挥,指出近代欧洲国家"以人种日下为忧",不遗余力地锻炼身体。② 经过严复的反复阐述,"强种"的救国言论不胫而走。此外,严复认为"强种"不只是男性的责任,女性也应该负责,因为"母健而后儿肥,培其先天而种乃进也"。③ 这种让男女两性都不能摆脱"保国强种"之责的说法,引起知识分子的共鸣。针对女性,论者不仅将保国强种的观念植根在反缠足和兴女学运动中,也着眼在体育运动上。以鼓吹最力的梁启超为例,他根据西方的胎教观,指出西人借女子体操达到强种的目的:

---

① 湖北武备学堂的教材便多模仿德国。国家体委体育文史工作委员会、中国体育史学会编:《中国近代体育史》,第54—55页。
② 严复:《原强》,收入氏著:《严几道文钞》,台北:世界书局,1971,第1卷,第54页。
③ 严复:《原强》,收入氏著:《严几道文钞》,第1卷,第55页。

故西人言种族之学者,以胎教为第一义。其思所以自进其种者,不一而足,而各国之以强兵为意者,亦令国中妇人,一律习体操,以为必如是,然后所生之子,肤革充盈,筋力强壮也,此亦女学堂中一大义也。①

不过,这种借尚武而强种的观念,到"军国民"思想推出后,才更加深化。1902年(光绪二十八年),留日学生蔡锷(笔名奋翮生)、蒋百里等人分别提出"军国民"这个词语,大力倡导全国国民学习军人精神,以及学校扩充军人教育的主张。② 梁启超跟着发表"尚武论",他忧心:"我不速拔文弱之恶根,一雪不武之积耻,二十世纪竞争之场,宁复有支那人种立足之地哉?"③ 除了舆论,清廷也把"尚武"的概念落实到学校法令中,从1902年的《钦定学堂章程》到1903年的《奏定学堂章程》,都有"各学堂一体练习兵式体操,以

---

① 梁启超:《变法通议:论女学》,收入氏著:《饮冰室文集》,台北:台湾中华书局,1960,第1册,第41页。
② 奋翮生(蔡锷):《军国民篇》,《新民丛报》,第1号(光绪二十八年一月一日),第79—88页;奋翮生:《军国民篇(续第1号)》,《新民丛报》,第3号(光绪二十八年二月一日),第65—72页;奋翮生:《军国民篇(续第3号)》,《新民丛报》,第7号(光绪二十八年四月一日),第67—72页;奋翮生:《军国民篇(续第7号)》,《新民丛报》,第11号(光绪二十八年六月一日),第45—51页;百里:《军国民之教育》,《新民丛报》,第22号(光绪二十八年十一月十五日),第35—52页。
③ 中国之新民(梁启超):《新民说十九 第17节 论尚武》,《新民丛报》,第28号(出版时间不详),第1—8页;中国之新民:《新民说二十 第17节之续 论尚武》,《新民丛报》,第29号(出版时间不详),第1—9页。引文内容出自中国之新民:《新民说二十 第17节之续 论尚武》,《新民丛报》,第29号,第4页。

肆武事"的规定,1906 年,学部更列出"尚武"的教育宗旨。① 1912年,教育总长蔡元培发布军国民教育方针,1915 年袁世凯重申尚武教育,这一系列方案和规章的推出,更确立军国民教育的位置。②

这段时期"国民之母""女国民"的观念正大行其道,因此,"强种""尚武"的观念很快便成为形塑女国民身体的主轴。不少论者从中西方历史寻找尚武的女性典范,并呈现在女性书籍、杂志、传记和女教书上,供女性阅读。③ 连当时的通俗画报,也经常绘制女性如何御侮抗敌的图景,例如《刘家军》《姑嫂保镖》《妇能御侮》《女中丈夫》等。④ 很明显,当时知识分子试图通过文字或图像,建

---

① 《奏定学堂章程·学务纲要》,收入十洲古籍书画社编:《中国近代教育史料汇编(晚清卷)》,北京:全国图书馆文献缩微复制中心,2006,第 1 册,第 426 页;《奏陈教育宗旨折》,收入璩鑫圭、唐良炎编:《中国近代教育史资料汇编——学制演变》,上海:上海教育出版社,2007,第 542—548 页。

② 陈青之:《中国教育史》,长沙:商务印书馆,1938,下册,第 654—657 页。

③ 中国的花木兰、荀灌、秦良玉、沈云英、红线、聂隐娘,以及西方的罗兰夫人(Marie-Jeanne Roland)、圣女贞德(Joan of Arc)、南丁格尔(Florence Nightingale)、批茶夫人(斯托夫人,Harriet Beecher Stowe)、苏菲亚(Sophia)等,都被认为具爱国或侠义精神,值得作为女性典范。金一的《女界钟》曾多次提及她们,《女子世界》的传记栏还把她们列入"女军人传"中。关于这方面的研究,详见 Joan Judge, "Blended Wish Images: Chinese and Western Exemplary Women at the Turn of the Twentieth Century," in Grace S. Fong et al., eds., *Beyond Tradition & Modernity: Gender, Genre, and Cosmopolitanism in Late Qing China* (Leiden, Boston: Brill, 2004), pp. 102-135; Joan Judge, "Expanding the Feminine / National Imaginary: Social and Martial Heroines in Late Qing Women's Journals,"《近代中国妇女史研究》,第 15 期(2007 年 12 月),第 1—32 页;夏晓虹:《晚清女性与近代中国》,北京:北京大学出版社,2004,第 165—219 页;夏晓虹:《晚清女报中的乐歌》,《中山大学学报(社会科学版)》,第 48 卷第 2 期,第 15—17 页。

④ 《女中丈夫》,《点石斋画报》,酉一(1890),第 7 页;《妇能御侮》,《点石斋画报》,丝三(1892),第 22 页;《姑嫂保镖》,《点石斋画报》,御一(1895),第 2 页;《刘家军》,《点石斋画报》,书十(1895),第 76 页。

构女豪杰、女军人的形象。

除此之外,论者不断凸显女性身体的羸弱,强调女性身体是用来孕育新国民的,并鼓吹女性应强壮体魄。金一教育女子的八种方法中,有一种就是"教成体质强壮,诞育健儿之人"。①《女子教育》一文则强调"女子讲究体育,比男人还要紧些",并指出:

> 母亲的身体强壮,生出来的儿女,一定也同他的母亲一样。如今中国女子的身体,不但毂不上说强壮,就是能免纤弱的也不可多得。这样的国民之母,那里能有强壮的国民呢?②

《女子世界》的第5期甚至以"健尔芳躯,伟为国母,诞育佳儿,再振吾宇"这四句话作为插页文字。③至于如何塑造女性的身体,让女性愿意接受身体锻炼,论者多半以古代斯巴达女性和近代西欧国家女学生的体育运动为例,"古代斯巴达之女魂,今世苏格兰之体育","苏格兰女学校之女学生,身体强健、精神活泼,为英国冠,曰是体操之效"。④

事实上,不管是清末还是民初的教育当局,对女学校的体育都没有严格规定,甚至指示女学生不需修习兵式体操,但为了跟上时代潮流,"尚武"的运动概念仍进入校园。《记女学体操》一文提到:

---

① 金一:《女界钟》,第45页。
② 铁仁:《女子教育》,"教育",《安徽俗话报》,第20期(1905年6月),第2页。
③《女子世界》,第5期(1904年4月),第50页。
④ 初我:《说女魔》,《女子世界》,第2期(1904年1月),第3页;《女魂论》,《女子世界》,第3期,第12—13页。

吾谓女学之体操为尤要,盖女子者,国民之母也。一国之中,其女子之体魄强者,则男子之体魄亦必强。我国人种之不及欧美者,亦以女子之体魄弱耳。今省中女学堂能知体操之要,而添设之。将来造成新国民,养成优民族,皆此辈女子之责矣!岂不美哉?①

在女学生的作品中,广东女学堂学生张肩任发表在《女子世界》的《急救甲辰年女子之方法》一文也指出:"且女子者,文明之祖也,国民之母也。其干不强,未有其枝茂实者,故女子之体魄一弱关乎全国人种之问题。"②

值得一提的是,在一片"尚武""强种"的声浪中,部分论者发出不同的声音,因为受当时女权运动的影响,这群人从提升女性地位和两性平等的角度,要求女性注重体育。1903 年,女报人陈撷芬指责男性"狎侮压制"女性,让女性的身体受到各种戕贼,并认为若欲使女性免于"奴隶犬马之辱",必须借重体育。③ 不过,这时期的女权思潮是与救国精神紧密结合的,因此,争取女权的论述最后还是回归到国家民族。在陈撷芬的另一篇文章中,她指出,只要女性"读书、知大体、爱国爱种",一定能胜过男子,也会优于欧美女子。④

---

① 《记女学体操》,《女子世界》,第 7 期,第 90 页。
② 张肩任:《急救甲辰年女子之方法》,"女学文丛",《女子世界》,第 6 期(1904 年 5 月),第 86 页;另《女子世界》有多文持相同观点。
③ 陈撷芬:《论女子宜讲体育》,《女学报》(上海),第 2 年第 2 期(1903 年 3—4 月),第 1—4 页。
④ 楚南女子(陈撷芬):《中国女子之前途》,《女学报》(东京),第 4 期(1903),收入李又宁、张玉法主编:《近代中国女权运动史料(1842—1911)》,台北:传记文学社,1975,上册,第 395 页。

严格而言,清末民初的体育才在萌芽阶段。知识分子关于如何运用体育技能,为女性形塑新身体,并没有清楚的理论基础;他们的身体论述或体育观,大多来自翻译作品或个人想象,甚至抄袭了他人的说法,因此许多观点彼此重复。然而,这些论述之所以能不断传布,主要是因国难当头,使得知识分子以"强国保种""尚武"等主张倡导的体育观能被合理化,甚至广泛流传。而这种植基于民族主义框架下的身体论述,也在往后二十年持续发挥作用。

二、体育救国的女子体育观

1919年,第一次世界大战结束后,全世界笼罩在追求和平、扬弃军国民主义的氛围中。为了顺应世界趋势,第五次全国教育联合会在会议中提出,军国民主义已不合乎新教育的潮流,学校应自行改进体育教学。① 然而,就在这一年,巴黎和会对山东问题的不公平处置方式,让清末"救亡图存"的历史记忆再度被唤醒。当5月4日,北京学生提出"外争主权,内除国贼"的口号,并开展示威运动时,蕴含在军国民教育中的民族主义,并没有因为军国民教育的降温而消逝,反而从这一刻开始,更加波澜壮阔。倡导民族主义的人,从知识分子扩大到男女学生、政党人士。民族主义的宣传则随着接二连三的政治事件——"五卅"惨案、省港大罢工、反基督教运动,蔓延到各大城市。② "反帝国主义"和"反军阀"成为这期间

---

① 《第五届全国教育会联合会议决案》,"专件",《教育杂志》,第11卷第11号(1919年11月),第53页。
② 1925年,"五卅"运动带来的罢工、罢课、罢市风潮,曾蔓延二十多个城市。

的流行口号,不仅共产党拥抱"反帝国主义",1926年,国民党誓师北伐时,也标举"反帝"宣言。① 1931年,"九一八"事变发生,引发民众强烈的反日情绪,国民政府也借此有计划地推动民族主义运动,民族主义思潮冲击整个社会。② 在到处洋溢着的救国的呼声下,"体育救国"这个名词,和当时的"跳舞救国""明星救国""航空救国"这类名词一样,成为摩登新名词;③在本质上,"体育救国"承袭了"保国强种"的概念,呼吁民众锻炼强健的身体以挽救中国。

(一)"新妇女""新女性"与"摩登女性"的出现

"国民之母""女国民"这类词原本是从"救亡图存"的民族意识中衍生而出的。尽管民族主义在1920年代和1930年代持续发酵,"五四"前后知识界开启的新文化运动,却是从多重文化去启蒙思想的。因此,具政治意义的"女国民",逐渐被新的女性形象取代,"新妇女""新女性""摩登女性"这些名词踵继出现,以"妇女"

---

① 中国共产党在北伐期间联合左派国民党人,进行"反基督教运动",事实上,是以此推动"反帝国主义"。张玉法:《中国现代史》,台北:东华书局,1977,上册,第240、343页。
② 李国祁:《甲午战后至抗战以前我国民族主义的发展(1895—1936)》,收入《中华民国建国史讨论集》编辑委员会编:《中华民国建国史讨论集》,第2册,第19—25页。
③ 兰:《本校第十四届运动会之我感》,《体育评论》,第8期(1933年5月),第10页。

为名的杂志也充斥出版界,①明显体现女性形象走向缤纷多元。②

"新妇女"所指的是有能力、有思想的独立自主女性,正呼应了新文化运动时期尊重"个人独立自主之人格,勿为他人附属品"的论调。③ 较晚登场的"新女性""摩登女性",虽然人们对其有正反两面的评价,但多数人仍把她们放在追求个性解放的层面看待。以被批判最多的"摩登女性"为例,笔名"杞后"的作者认为,"摩登"这个词有"新""不落伍"的意思,凡是和"摩登"有关的事物,必须具有"现代化""时代化"的实质;而"摩登女性"应该有三个条件:"要有健全的躯体""要有坚强的意志""要有固定的职业"。④ 换言之,不管"新妇女""新女性"还是"摩登女性",全是时代的产物,在新文化运动的思想启蒙下,成为自主、自动、自觉和自决的人,是这项运动的主旋律。⑤ 不过,1924年之后,"反帝国主义""反军阀"声浪的高涨,使"新妇女""新女性""摩登女性"的角色不只要表现个体,还必须融入国家民族这个大群体中。

---

① 牟正蕴:《解构"妇女":旧词新论》,《近代中国妇女史研究》,第6期(1998年8月),第129—137页。

② 1918年,胡适发表《美国的妇人》一文,提出"新妇女"一词,指出美国的"新妇女"是"一种新派妇女,言论非常激烈,行为往往趋于极端,不信宗教,不依礼法,却又思想极高,道德极高"。胡适:《美国的妇人》,《新青年》,第5卷第3期(1918年9月),第213—224页。

③ 吕芳上:《五四时期的妇女运动》,收入陈三井主编:《近代中国妇女运动史》,台北:近代中国出版社,2000,第163页。

④ 杞后:《怎样才摩登?摩登又怎样?》,《女子月刊》,第1卷第3期(1933年5月),第21—25页。

⑤ 郑永福、吕美颐:《关于近代中国"女国民"观念的历史考察》,《山西师大学报(社会科学版)》,第32卷第4期,第61页;吕芳上:《五四时期的妇女运动》,收入陈三井主编:《近代中国妇女运动史》,第207—208页。

运动场内外

图1　1927年上海"五卅"纪念日游行示威的女学生

事实上,1919年5月7日,在为响应"五四"运动而成立的"北京女学界联合会"揭开了这时期知识女性投入爱国运动的序幕后,在接踵而至的各种政治事件中,女性都不曾缺席,国民党或共产党的组织中也不乏女性身影。① 不可否认地,"五四"新文化运动把女性当"人"的舆论,让"新妇女""新女性""摩登女性"从论述中走出,以实际行动参与救国工程。值得注意的是,从"五四"到北伐

---

① 1924到1927年间,与国民革命有关的妇女团体约有60个,国共两党的女性人数也在这时期急速上升。1924年,国民党女党员有2000多人,1924年3月达13000余人;共产党女党员在1923年只有13人,"五卅"事件后,增至900人。吕芳上:《五四时期的妇女运动》,收入陈三井主编:《近代中国妇女运动史》,第167—176、221—249页。

前,女性既不忘报国,更致力于女权的争取;但北伐之后,女权的争取固然继续存在,在"解放民族"的前提下,许多男女知识分子或政党人士却认为,妇女的解放是次要的,因此政治动员高于女权要求。① 1931年的日本侵华事件,让更多妇女把个人生死与国家存亡结合,"复兴民族"成为这时期的主调。和清末民初的情境相同的是,为了"复兴民族",如何健全体魄的言论再度成为论述的焦点。不过,清末以降,女学生的身体改造已经成为学校体育教学的一环,论者对女性身体的论述,除主张锻炼体能外,还有更多元、不同面向的期待。

(二) 从"保国强种"到"体育救国"

1922年,北洋政府颁布学校系统改革令,教育体制进入崭新阶段,学校教育由模仿日本改为模仿美国,体育课程也较过去多样,不仅授课时数增加,课程内容也不再以呆板的体操或兵操为主,而是加入田径、球类等活泼的运动项目。② 同一时期,美国体育专家麦克乐(C. H. McColy)及我国留美的体育学者,先后引进美国的自然体育理论,提出"体育即生活"的口号,军事化的体育教学方式不再引起他们的兴趣。清末以来展开的各种运动会项目,也在此时有新的变化,运动场上的主戏是田径、球类等竞技运动,而不是讲

---

① 游鉴明:《中国国民党改组后的妇女运动》,《台湾师范大学历史学报》,第18期(1990年6月),第360页;中华全国妇女联合会编:《中国妇女运动史(新民主主义时期)》,北京:春秋出版社,1989,第162页;吕芳上:《五四时期的妇女运动》,收入陈三井主编:《近代中国妇女运动史》,第37—239页。
② 国家体委体育文史工作委员会、中华体育史学会编:《中国近代体育史》,第117页。

求整齐划一的体操表演。女学生的体能训练目标则从成为"国民之母""女国民",转为成为具有运动长才的"新妇女""新女性"或"摩登女性"。

然而,尽管学校体育走入生活化,新文化运动的启蒙思想也没有提出军国民思想,但这并不表示尚武的体育观不再存在;经过长期的宣传,这个概念其实已深入知识分子的心中和日常生活。共产党员恽代英的日记中,不时出现读体育、做体操或练八段锦的记录,1917年,他还撰写和翻译了不少与体育有关的著作。① 体育专家郝更生之所以决定改念美国春田大学体育系,除了发现1919年前后,体育是新颖而获重视的学科,也是因为"体育救国"在他心目中形成强烈的愿望和坚定的信念。他记得,当他把这个想法告诉徐志摩时,徐志摩为他的选择感到高兴,还表示"提倡体育,是复兴国家民族的根本大计"。②

到了反帝国主义和反基督教运动积极展开时,民族主义思潮走入极致,有的学校又恢复尚武的体育教学。③ 1928年,国民政府召开的第一次全国教育会议,揭橥体育与军事教育政策,接着又先后颁布法令,强化这项政策;④1931年"九一八"事变发生后,为了加强民族意识,通过体育课程来保家卫国的观念的热度再度升高。

在国民政府和体育界人士的桴鼓相应下,体育军事化和体育

---

① 有关记录散见日记中,此处不逐一列举。中共中央党校出版社等编:《恽代英日记》,北京:中共中央党校出版社,1981,第8—689、709—714页。
② 郝更生:《郝更生回忆录》,台北:传记文学出版社,1969,第18页。
③ 吴文忠:《中国近百年体育史》,第57页。
④ 徐元民:《中国近代运动竞赛》,第58页。

救国的论调广为流传。① 全国瞩目的全国运动会,也不断借由开幕演讲,标举体育与复兴民族的关系。例如,考试院院长戴季陶于1930年第四届全国运动会中,提到"有健全之体魄,始有健全之精神;合健全之国民,始成健全之民族"②,教育部部长王世杰则在1933年的第五届全国运动会中强调:

> 一般国民之体质体力与民族之兴衰相关至钜。体格强健之民族,其表现为创造,为进取,体格衰弱之民族,其表现为苟安,为退化。故发展国民体育,亦即延续民族生命之重要途径。③

诸如此类的表述更不时出现在当时的期刊报纸中。④

影响所及,清末民初以"保国强种""国民之母"倡导的女子体育理念,继续被沿用。1934年,一篇名为《怎样才配做一个健全的女子》的文章指出,目前男女平等只是表面平等,这从妇女在社会的地位便可以看出,离解放女性的目标仍很遥远,因此作者建议以锻炼体格来健全女子,他强调"一个民族之所以能永远生存,是以

---

① 例如,留德的程登科于1935—1944年先后提出"军事体育化""民族体育"的观点。参见国家体委体育文史工作委员会、中国体育史学会编《中国近代体育史》,第320—323页。
② 蒋湘青:《学校体育之谬误趋势亟宜纠正》,《东方杂志》,第30卷第20期(1933年12月),第13页。
③ 王世杰:《中国体育之前途》,《东方杂志》,第30卷第20期,第7页。
④ 张东屏《体育有益于人生之探讨》一文亦有同一看法。《东方杂志》,第30卷第20期,第17—18页。

41

优生强种做基础"。① 致力于武术事业的张之江,在上海中华女子神学院的毕业典礼上,一则呼吁女性要养成健全体魄,如此才能谈两性平等,另则又认为女性应以"国民之母"自命,肩负国民体格强弱的重任。② 虽然"保国强种""国民之母"这类老生常谈之词大为减少,但是换成了"女性是国家民族的一分子,妇女必须有健康的身体始能救国,并生产健康的下一代"的话语。

值得注意的是,当"体育救国"一类的语词广泛流行时,许多论者强调的是女子体育能复兴民族或是救国的一面,而不再过度着眼于"强种"的观念。从1936年《中华女中校刊》举办的《我之救国谈》《国难期中之妇女》征文中普遍看到,女学生认为在无分男女的抗日号召下,女学生应借由体育达成救国的心志。③《闲话妇女:妇女健康美的养成》一文的文末也写着:

> 在此祖国风云紧急的当儿,我们要求生存,必须振起精神,冲过此狂风暴浪,挽祖国于狂澜,拯民族于虎口,这都是我们中华同胞每个人都应负着的责任。但担负这种责任的力量,就是健康。换言之,就是我们有了强健的体格,健全的精神,健全的智慧,才能担负起这救国的责任! 妇女同胞们,可

---

① 超:《怎样才配做一个健全的女子》,《女子月刊》,第2卷第12期(1934年12月),第3281页。
② 张之江:《诰勉女同志应注重体育国术》,《女铎》,第20卷第3、4期(1931年8月),第91—92页。
③ 有关文章详见中华女中征文《中华女中校刊》,第10期(1935),第1—52页。

不努力吗!①

体育专家萧忠国在《提倡女子体育与中华民族之复兴》一文中,甚至表明女子体育不但有利于民族复兴,而且远较空谈女子解放或自由更为重要。②

除此之外,清末民初的论者借用西方的例子,鼓励女性健身强国;这时期的论者也指出,要求女性运动已是世界趋势。1934年,上海教育局局长潘公展在正行女子职业学校演讲时,特别以上海正上映的苏俄妇女健身影片《健美的女性》为例,提出这部影片主要在宣传苏俄妇女对运动的重视,并强调自从欧战之后,俄国、意大利和德国都十分注重女子体格的锻炼。潘公展还认为,对于中华民族的兴盛,女学生的责任重大,因此应该注重体格的锻炼。③

由上观之,相较于清末民初,"五四"前后到1937年间,倡导女子体育的论者有很大程度的变化,除了思想家,还包括体育专家、政治人物、女权运动者及女学生。这时期,由于体育活动已逐渐深入学校和社会,论者对体育的讨论较过去更实际,但面对纷至沓来的政治事件,不少论者仍摆脱不掉救亡图存的体育论述。因此,虽然知识界对女性形象的形塑,从泛政治化转为鼓励女子的独立自主,女权思潮也在这时期蓬勃发展,许多论者却认为,和男性一样,

---

① 敏君:《闲话妇女:妇女健康美的养成》,《方舟》,第30期(1936年11月),第17—18页。
② 萧忠国:《提倡女子体育与中华民族之复兴》,《体育季刊》,第3卷第2期(1937年6月),第145—147页。
③ 潘公展:《复兴民族与女子教育》,《女子月刊》,第2卷第1期(1934年1月),第1767—1768页。

女性的身体也应该汇归到拯救国家、民族的大洪流中。只不过,随着1920和1930年代传播媒体、消费文化及电影工业的快速发展,泛政治化的女子体育论述并不能一枝独秀。

第二节　从健康美出发的女子体育观

　　近代中国对体育的倡导,大多围绕着"保国强种""体育救国"的政治符号,这固然反映了当时的政局和思潮走向,也内化在不少人的生活中;然而,从清末以降,中国的思想文化始终朝多元方向发展,与"民族主义"紧密挂钩的体育论述,内化的程度究竟有多深?会不会只是一种响应时潮的口号?在情欲观念不时涌现、女体物化现象相当普遍的都会地区,国族论述不可能是唯一的论述。就如《粉饰》一文作者所指出的,人们对战争或灾难的感受,其实消散得十分迅速,1931年东北沦陷时,全国"泪尽声嘶,妇女也憔悴毁容",上海的女性则盛行"青布运动",但三年后,又流于"风流香艳、脂粉修饰"的情境。①

　　"健康美"这个来自西方的词语,传入中国之后,经由媒体的不断宣传,很快地走入女性的生活世界:不但在1920年代后期成为时髦名词,有的人甚至认为"健康美"与恋爱、离婚或自由婚姻一样,能改变女性的地位。② 事实上,"健康美"是体育运动下的产物,也是"健康"与"美丽"两个对等词的组合,但在"健康美"一词广泛流

---

① 碧梧:《粉饰》,《申报》,1934年9月16日,第17版。
② 琼声:《"健美的女性"》,《申报》,1933年12月14日,本埠增刊,第2版。

传之后,人们对这个名词的解读千奇百怪,同时,在部分媒体的操弄下,"健康美"的意蕴变得十分暧昧。相对于国族论述下的女子体育观,提倡"健康美"的女子体育观相当丰富多样。

一、论述反映的健美观

"美丽"是没有标准的,它会随着时空而改变;同样地,人们对于美人的看法也见仁见智,随个人的鉴赏力和反应而定。① 然而不可否认,每一时代都有美的标准。为了强调健康可以带来美丽,并体现健康是具时代性的美,不少人将健康美视为衡量女性美的一种标准。论者从不同角度挑战与健康美相异的美的标准,以凸显健康美的重要。

(一)挑战"病态美"和"人工美"

"健康"是极普通的名词,其中"健"字有运动、行进的意涵,因此与"懦弱"一词相对立。② 根据这种概念所形成的美人标准,自然和不重视健康的"娇弱美"相抵触,所以论者在倡导健康美时,首先挑战的是中国传统社会"弱不胜衣"的美丽标准,他们将这种不合乎健康的美,统称为"病态美"。就笔名"扛日"的论者的解释,所谓病态的美就是"精神萎靡,弱不禁风,多愁善感,以药度日的一种

---

① 王徽:《女性美》,《妇女世界》,第3卷第1期(1942年9月),第51页。
② 叶曾骏:《妇女的健康》,《妇女杂志》,第16卷第6期(1930年6月),第11页。

可怜虫！"①他认为病态美之所以能受到颂扬，与传统礼教的束缚和文人的提倡有关。例如，礼教让女性终日闷坐，既不能使身体充分发育，也不能使精神完全生发，导致衰弱，继而病死；文人的诗文中则处处充满对病弱的歌颂，致使女性愈发衰弱：

> 不弱不病不能为美，要美必先弱先病，"美与病"根本不能分离，这实是中国一班文妖所提倡的"女子美"，无聊的文人这样倡，无知的妇女这样跟着做。最初不过求美里须带点病，后来愈趋愈弱，病中竟寻不出美了。②

还有论者批评，病态美的产生来自女性本身。罗家伦即表示，宋代以后对脆弱病态的描写不少是出自女性文人的，他认为这些女文人"把自己雕琢成男子玩弄的工具"。③ 钱一苇也提出呼吁，指责以病态为美的女性，除了当男人的玩具和生育机器，对社会并没有贡献。④ 他甚至严肃地表示：

> 妇女们底这个弱点，小之害了自己的健康，失了自己的美貌，杀了自己的威仪和生气，大之丧了民族底生气，造成懦弱

---

① 扛日：《现代女子的美（上）》，《星期三》，第 1 卷第 16 期（1933 年 4 月），第 249 页。
② 他指出，这些诗文包括"淡白梨花面，轻盈杨柳腰，行一步可人怜。……"，"弱不禁风，力不胜衣"，"美人屋里常有药香"，至于描写女子美的词语：娇怯、腼腆、婀娜、旖旎、轻盈、消瘦，也是写女性的弱或病。扛日：《现代女子的美（上）》，《星期三》，第 1 卷第 16 期，第 249 页。
③ 罗家伦：《新人生观》，上海：商务印书馆，1946，第 29 页。
④ 钱一苇：《妇女美的问题》，《妇女与儿童》，第 19 卷第 20 号（1935 年 12 月），第 2 页。

无用的国民,苟且地生,苟且地死,等候着做没落的亡国奴。①

除此之外,论者对靠妆饰或脂粉呈现的人工美提出强烈批评,他们反对钻耳洞、烫头发、穿高跟鞋,还认为佩戴饰物或傅粉施朱是不健康、非自然的美。② 针对当时许多女性以为的讲究妆饰便是象征摩登或者是新女性,有论者提出反驳,强调新女性应该是一个完全独立而自由的人,要成为新女性必须从这些不合理的桎梏中解放出来,解除各种妆饰上的刑具。③ 在倡导爱用国货的1930年代,反对人工美、妆饰美的声浪更受到各界支持。④

(二)建立"健康美"的标准

既然病态美、人工美或妆饰美不符合美的标准,那么论者所建构的健康美或自然美的标准又如何呢?前述扛日的健美标准是"健全美",他认为:

> 所谓健全的美,是指躯干昂直,筋肉丰润,血脉活现,行动活泼,精神焕发,一举一动,都表现青年的朝气,她们不知道什

---

① 钱一苇:《妇女美的问题》,《妇女与儿童》,第19卷第20号,第2页。
② 《健全的新女性应该……从刑具的妆饰中解放出来》,《家庭良友》,第6期(1937年7月),第8—9页。
③ 《健全的新女性应该……从刑具的妆饰中解放出来》,《家庭良友》,第6期,8—9页。
④ 笔名"南国佳人"的论者,根据1934年国际贸易局的统计,发现在该年度的半年内,中国妇女耗费的舶来脂粉约值97万元。南国佳人:《由舶来脂粉说到妇女的健康美》,《申报》,1934年8月23日,第17版。

么是呆板,什么是忧愁,她们只是时刻欢跃突进的向上。①

显而易见的是,这种整体美,基本上是需要通过运动才能达成的。

论者不但提供健美的标准,也试图寻找健美的实例供女性参照。有论者打破中国传统社会重视病态美的说法,指出中国传统社会不完全欣赏病态美,早就有健美女性。罗家伦在《恢复唐以前形体美的标准》一文中便表明,中国民族的体格原本是雄健优美的,宋代以后才渐渐退化、颓唐;他特别提出,在足以代表时代心理和风气的文学诗歌中,便出现不少形容男女形体美的作品。②

图 2　实行健美运动者

---

① 扛日:《现代女子的美(上)》,《星期三》,第 1 卷第 16 期,第 251 页。
② 罗家伦:《新人生观》,第 27—28 页。

另有论者认为,中国当代的乡村妇女也是健美的代表。《妇女新生活月刊》中一幅《实行健美运动者》的漫画,所呈现的便是一位肩挑两大捆稻草的农村妇女。①

尽管在中国的传统社会或当时的社会中可以找到健美的实例,然而在一般人的刻板印象中,中国的女性是病弱、不健康的,加以健美观是来自西方的,寻找健美典范便多从西方女性着手,强调西方的女性美。早在1912年,即有人将中西女性的体态做比较,指出:

> 希腊雕刻多裸体美人像,皆饱满丰盛、鲜研〔妍〕、明媚,吾国无裸体美人,即画像亦渺。……虽吾国俗重廉耻,不兴裸体美人,要亦妇女身体大抵瘦弱,裸体不能增美,反为损美也。②

《康健的美》的作者雪林则进一步提到,西方人虽然在20岁以前较中国人苍老,但这以后体态样貌就不大改变,她讽刺"中国女子三十而后,容华日渐凋谢,西洋女子到这个年龄,还是一朵盛开的牡丹"。③雪林的比喻固然离谱,但这种以西方健美女性为典范的看法,普遍见于健美论述中,于是不够确切或未经考证的论调也一样不胫而走。

多半的论者认为,西方女性能具备健美条件,是因受体能训练或经常运动;他们还特别从欧美各国中寻找健美女性的范例,以供

---

① 《妇女新生活月刊》,第7期(1937年6月),未编页码。
② 新石:《运动与美人之关系》,《妇女时报》,第8号(1912年9月),第45页。
③ 雪林:《康健的美》,《生活周刊》,第4卷第50期(1929年11月),第572页。

国内女性效法。由于近代体育主要受希腊竞技运动的影响,而且许多人体美的艺术品都以希腊女性为代表,因此不少论者推崇希腊的女性美。以"同心"为笔名的作者即指出:

> 现在的希腊,已经创造了所谓一般意义上的平均之美人,她们在蔚蓝色的天空下运动着,训练她们强固的身体。……且从她们的美感中,再能创出其美,向人间撒播。①

除了希腊,其他国家的健美女性也受到论者关注。1928年,美国《体育杂志》发起全国健美体格竞赛活动,据报道者转述,这项活动基本上是鼓励女性运动,并提出"由健康得来的美丽,才是真美丽"的观念。因此,在5000多名参赛者中,中选的戴格勒斯(Marjorie Jane Douglous),除体格合乎大会标准外,还同时擅长游泳、骑马、溜冰、打高尔夫球、网球、篮球,以及踢足球等运动。② 德国女性的健康美也颇受重视,体育专家吴澂赞美道:

> 德国女子,则为健康而运动,求天然补益——即阳光、空气——而去田径场。皮肤之黧黑,肌肉之丰硕,行动之敏捷,

---

① 同心:《从体育上获得的幸福—格美》,《妇女杂志》,第12卷第10期(1926年10月),第32页。
② 秋月:《一九二八年一位最健美的女子》,《生活周刊》,第4卷第16期(1929年3月),第162—163页;叶曾骏:《妇女的健康》,《妇女杂志》,第16卷第6期,第14—16页。

不曰粗蛮,而曰健康美也。①

笔名"家为"的作者,更清楚地表明,健康美已是当前欧美各国共同的审美标准。他特别引用英国考察家的话:

> 我人不能以昔日的审美目光,定女子美丑,昔日以美媚胜,今则须以健美为标准。苏联女子现在以操作不让男子,运动更有较男子勤奋者,俾弥补其体力上天然之缺憾。腰臀匀称,腿臂丰腴刚娜,肤色在白红之间,不施脂粉,充分表现天然之美。而其生活起居,在在较欧美女子简单,亦其为惟一美点。故认苏联女子为世界最美女子,实无疑点。②

且不论苏联女性是否是全世界最美的女子,从前述论者对希腊、美国、德国和苏联女性的礼赞,可以看出在论者眼中,健康美是近代女性美的标准,殆无疑义;但重要的是,这种美的标准似乎并不存在于中国社会,而必须引借自西方。换言之,尽管中国传统社会曾出现健美女性,但论者认为这样的健美女性已不复存在,不少人甚至以"病态美"这个词语来概观传统女性、讥讽当时的女性,并强调参照西方各国的健美标准,中国女性需要向西方取经,才能成为真正的美人。这样的美人是必须受过体能训练或擅长运动的,

---

① 吴澂:《德国女子体育之训练》,《女青年月刊》,第13卷第6期(1934年6月),第40页。
② 家为:《金陵选举"健康小姐"》,"谈言",《申报》,1936年6月5日,本埠增刊,第1版。

从当时报章杂志的宣导就可看到,享有"健康美"美誉的女性,多半是体坛健将。

二、健康美的影响和论辩

(一)从强国保种、两性平权到吸引异性

近代中国体育的发展紧扣强国强种的理念,"健康美"的论述也体现国族概念。前述认为病态美造成国民懦弱的钱一苇,极力倡导以健康美、姿态美来养成强壮优秀的国民。他还强调:

> 只有康健美才能打破中国底积弱,使种类优生化,只有姿态美才能扫荡苟且堕落的丑态,收到民族杰出的效果。如此才能达到国家强盛的途径。①

《现代的健康女性》一文虽不着眼于"强种",但重视"强国",作者认为只知病态美或孱弱的女性,都应该认清健康美,朝着这个目标"加意锻炼",使"二万万女同胞,一致走上健康之路",并在"来日大难"中本着"男女平等"的观念,共同担负责任,是"岂唯一人一家之幸,抑或中华民国渐近于强盛的一大转机"。②

---

① 钱一苇:《妇女美的问题》,《妇女与儿童》,第19卷第20号,第235页。
② 阚删:《现代的健康女性》,"妇女专刊",第23期,《申报》,1936年6月27日,第18版。

图 3 在游泳池里

尽管健康美的讨论不乏国族论述,但与从国家民族出发的女子体育的论述相较,"健康"与"美丽"这两个概念,使"健康美"的面向更广泛。在女权运动蓬勃发展的 1920 和 1930 年代,有不少人从两性平权的角度,提倡健康美的身体观。女权运动者陈学昭,以她所目睹的法国女性为例,强调法国女性勇于任事,就是因体格强健。她有感而发地指出,从事妇运的人若不重视健康,就如同病人,即使荷了枪、穿了军服,也没有革新的力量。① 药学家顾学裘也表示,现代妇女既然高唱女权解放,便应该靠实力去争取,自谋生活的独立;不过,他强调女性的体能比不上男性,所以若要和男性

---

① 陈学昭:《妇女运动近趋的一面观》,《大公报》,1928 年 6 月 28 日,第 9 版。

一样工作,就必须有健康的身体。①

除了承担对国家、社会、家庭的责任,以及争取两性平权,论者也提出为女性婚姻幸福着想的健美观,使女性对健康美有更多的想象空间。例如,在"新感觉派"郭建英的笔下,1930年代的男孩所欣赏的女性美是"自然的、富有野味的、赤裸裸的、有剧烈的刺激性的美",而不是用胭脂、雪花膏妆扮成的人工美。② 而男性喜爱健美女性的说法,显然是时代的趋势,从一些男性的择偶条件中可以得到证实。有人的理想妻子是"伊的身体,极美妙,极健康;不肥不瘦,修短适中。伊能运动,能跳舞,能游泳";有人认定的娶妻标准则是"体格健全"。③ 来自广西梧州省立二中的李于影更明白地表示:

> 女子要有"健而美"的体格,在现代的社会呼声最高,由男子找爱人的要求,进而至于男女共同的要求了。因为女子身体健美,不但于女子本身精神上、事业上有关,就是对于传种上子女的遗传尤有关。所以男子要有健强的体魄,女子也应该要有"健而美"的体魄了。我们要打破从前所重视的所谓"娇小、娉婷、婀娜……"等弱质的"病态美"! 我们今日所需要的粗壮的"健康美"! 因这,我欲得一个健而美的身体的

---

① 顾学裘:《妇女的健康美》,《妇女共鸣》,第2卷第6期(1933年4月),第35页。
② 《华大暑校生活漫画:在游泳池里》,收入郭建英绘、陈子善编:《摩登上海:三十年代洋场百景》,桂林:广西师范大学出版社,2001,第63页。
③ 瑞卿:《理想的妻子》,《申报》,1934年1月22日,第12版;琪玲:《娶妻的标准》,《申报》,1934年1月22日,第12版。

爱人。①

既然男性多以"健美"为娶妻标准,女性婚后如何继续保持健美体格,当然也受到关注。在《保留美丽的母亲》一文中,作者提出任何女性结婚生子后,都会失去昔日的风采,唯有运动可以使其恢复美丽。她以一位美国母亲为例,说明这位母亲在生产两个孩子后,容貌与健康状况逐渐失色,但经过持续不断的运动,不但体力增加,而且"疾病自消,肌肉丰盈,活泼的美态恢复"。②

由此,不少论者认为已婚女性的健美是为了丈夫。1929年《生活周刊》曾介绍国外一位L. M. G.女士如何借运动"抢回丈夫"的真人实事。据报道,这位女士婚后因疏于保健,常常吃多动少,导致身体变差,形貌憔悴,她的丈夫也因而对她冷淡。为此,她征得丈夫的同意,离家半年,这半年内,她除了每天散步,还固定做15分钟体操,并注意饮食起居。半年后,她不但健康状况大幅改善,还恢复了婚前的美丽,赢回了丈夫的心。此后她继续进行运动,7年未曾停止,因此能保持年轻的样貌。③

(二) 变调的健美观

相对于"保国强种""体育救国"的女子体育观,"健康美"的论述因没有政治思潮作为后盾,呈现五花八门的样貌。有论者发现,

---

① 李于影:《理想的爱人》,《女子月刊》,第1卷第6期(1933年8月),第147页。
② 秋月:《保留美丽的母亲》,《生活周刊》,第4卷第21期(1929年4月),第221页。
③ 孤峰:《抢回了丈夫》,《生活周刊》,第4卷第27期(1929年6月),第296页。

因为不是每个人都以正当的态度认识健康美,导致给健美带来一些错误观念或不良现象,所以有人提出反向思考。例如,游泳被不少人视为有助于健美,但也有人认为游泳有伤风化。还有人批评,自健美运动倡导以来,有不少女性讲究体育,于是"美人鱼的大出风头,还风行裸腿、裸臂,裹紧身体的服装,把健康美、姿态美,全歪曲在出风头上,歪曲在肉感上"。① 换言之,论者认为追求健美成为满足男性欲求与女性出风头的工具,因此喟叹"好事拿到中国,总要变坏"。②

此外,笔名"琼声"的作者得知标示"性的教育"和"普及神秘裸体运动"的俄国影片《健美的女性》轰动一时后,忍不住针对"健美"被滥用这件事大发议论。她表示,女性的健与美是由男性发起的,因为男性认为:

> 有健美女性,斯有快乐女家庭,有快乐家庭,才能产生强壮国民;与乎"家齐而后国治",有此而使男子笃实从公,百业俱兴,政治上轨,中国独立自由之道斯在于此!③

琼声还发现,有的男性倡导健康美,是看到好莱坞的"大腿酥胸"、上海霞飞路上白俄女性"颤动的乳头",才要求中国女性进行身体的改造。因此她讽刺,倡导健美运动的结果:"除了在商店机关多增加许多'花瓶''高射炮''坦克车''标准美人'及明星交际花等

---

① 苏丹:《健康美与姿态美》,《申报》,1935 年 3 月 31 日,第 26 版。
② 苏丹:《健康美与姿态美》,《申报》,1935 年 3 月 31 日,第 26 版。
③ 琼声:《"健美的女性"》,《申报》,1933 年 12 月 14 日,本埠增刊,第 2 版。

而外,不见得对女子有何益处。"①不过,琼声基本上不反对健美运动,她提醒女性"健壮(健则美)"的身体确实为中国女子所需要,但应在求自身独立、提高女子社会地位与发展自己事业的目的下,来锻炼自己的身体,并自动自发地提倡健美运动。她同时强调,应"给那些男士希图以提倡女性'健美'达到'某种野心'的伎俩以回驳"。②

严格来讲,这篇文章的说法不免偏颇,因为喜爱健美女性、倡导健康美的固然不乏男性,但女性也一样大力鼓吹,而且有兴趣观看健美女性的也不完全是男性,女性身体展示的问题应该属于公众议题。③

至于健康美之所以会流于肉感,基本上是因为每个人对美的理解不同。在"健康美"成为时髦名词之后,这个名词开始引发各种解释或想象,就如《健美运动》这类电影上演时,采用极具煽动性的表演方式或广告宣传来吸引观众。进一步说,一般,人在鼓励健美时,有人专门强调"健康美"中的"美丽"部分,用以满足男性的欲求,实现部分女性的虚荣,于是将健美呈现成曲线美、肉体美。

然而,不能忽视的是,这种现象的产生,其实与1930年代中国都市文化的发展有关,特别是在充满现代魅力的上海,它所孕育出的文化有一部分是极具诱惑力的。《良友》画报的图片与一篇《都会的刺激》短文的描述,即可证实:

---

① 琼声:《"健美的女性"》,《申报》,1933年12月14日,本埠增刊,第2版。
② 琼声:《"健美的女性"》,《申报》,1933年12月14日,本埠增刊,第2版。
③ Leo Ou-fan Lee, *Shanghai Modern*: *The Flowering of a New Urban Culture in China, 1930-1945* (Massachusetts: Harvard University Press, 1999), p. 74.

侥幸的心理、麻醉的享乐、金钱底〔的〕诱惑——这都会的刺激,代替了一切努力于正当事业的热情。跑马、跑狗、回力球……,还有加插的少女舞蹈,冶荡的歌声、冶荡的舞姿,女人旗袍开叉的高度发展,肉的挑动、性的刺激。①

　　此外,为刺激大众的感官,都市中不少传媒所标榜的健美女性有运动员、电影明星、学生和裸体模特儿等各种身份,致使社会大众认知的"健康美"成为健康与肉感的混杂品。在这样的都会中,女性的健美身体被物化实不足为奇。同时,这篇短文也沉痛地表明"建设的雄心,爱国的热情,在失望的绝境之下,全沉沦在这麻醉的漩涡中去了"②,因此,健美观脱离爱国热情、社会责任是可以想见的。换言之,在国族论述盛行的时代,人们对健康美的认识或健康美所带来的影响,不完全环绕着对家国的责任,五光十色的都会文化让健康美有松动的一面,也有多元的想象空间。

第三节　就性别差异看女子体育

　　不管从国家、民族角度,还是从健康美角度切入的女子体育论述,基本上都源自不同的意识形态,对女子运动的内容或可能产生的问题,讨论不多,或根本不曾涉及。这主要是因为论者多半不是

---

① 《都会的刺激》,《良友》,第85期(1934年2月),第14页。
② 《都会的刺激》,《良友》,第85期,第14页。

体育界人士,而且提出的身体运动观,不是为了呼应政治潮流,便是为了追随时尚语言。尽管如此,还是有论者从体育的实际面提出观察,其中性别考量成为论域焦点。

一、女子体育是两性相同抑或两性相异

清末以来,随着教育体制的变动,体育的方针、实施办法或课程标准一再更迭。在变动的过程中,受男女平权观念的影响,教育当局试图提供两性平等的教育,体育也不例外,但对女子体育的部分规定始终采两性有别的方式处理。在以体操为教学主体的时代,教育当局曾明文规定,女学生可以免修兵式体操。1923年,体操科改为体育科之后,由于学校体育课程的扩增,女子运动竞技项目的增多,女子体育内容受到进一步关切,特别是在国民政府时期,教育部对两性体育的范围较以往更为关切,并采纳专家建议进行改革。

1932年,教育部召开第一次全国体育会议,女子体育专家张汇兰受邀为体育方案整理委员,会议中,她致力于女子体育方案的确立。会后,她向记者特别表示,女子体育应该在"女子身心所能及之范围中规定之,不能以男子之眼光为准则";另外,在女子体育教学上,张汇兰认为"体育指导员以女子为最适合",反对任用男子。[①] 这种具性别意识的体育观,此后不时出现在体育教材、课程标准或各地学校体育改进会议中。1932年,江苏省中等学校召开

---

① 《女专家张汇兰谈女子体育》,"时事",《女铎》,第21卷第5期(1932年2月),第66页。

体育改进会议,曾特别讨论到女生体育例假(monthly excuse)施行问题。此外,教育部对初中以上的两性体育相当重视。例如1934年,曾聘专家按照性别、年级,为中小学体育课程编辑教材。1936年,又在初、高中的课程标准中,订定五种能力分级办法,性别考量被列为第一项,其理由是"男女自十二三岁以后,发育渐渐不同,兴趣亦异,是以初中以上之体育应完全分班上课",同时,规定初、高中女生的田径运动,可以酌量减少,大专女学生的球类项目则免除足球。①

尽管如此,但各学校的体育教学并不完全依照教育当局的规定。鉴于各地区、各学校体育设备和场地的不一,教学内容或方式相当多样,在体育蓬勃发展的1920和1930年代,更非决策者所能掌握;无论学校或女学生都有各自的一套运动方法,有的赞成剧烈,有的宁可保守,因此,出现了对女子运动方式的论辩。

张汇兰和另一位女体育专家高梓都发现,一般人对女性参加运动竞赛大致有三派意见:一派主张,除了一两项运动,凡是男性所能做的运动,女性均可参加;另一派认为,两性生理迥然不同,女性运动不宜过分激烈,否则恐危害女性内部器官的发育,所以主张女子运动要有范围,以平和、自然为原则,或者以进行适合女性体力的运动为上策;还有一派,则以人们体格各有差别,提出应该因人制宜,不能有一律的限制。②尽管这三派意见是从竞赛运动上考量,但自近代女子体育兴起后,社会各界对女子体育的看法,大多

---

① 吴文忠:《中国近百年体育史》,第164—167、178—180、183、189—190、202页。
② 高梓、张汇兰:《中国女子体育问题》,《科学的中国》,第2卷第8期(1933年10月),第22—23页。

不出这三派论点,甚至1980年代的体育界仍有不少人的看法和前两派类似。①

(一)两性相同的女子体育观

近代体育初兴之际,国人对体育方法缺乏了解,加以受保国强种和尚武思想的影响,多数人以为,男女的体育应无分轩轾。例如,梁启超对斯巴达无性别之分的体育训练相当注意,他说:

> 生及七岁,即使入军队,教以体育。……乃至妇人女子,亦与男子同受严峻之训练,虽老妇少女,亦皆有剽悍勇侠之风。②

另外,一般人对普通体操应否有性别之分,大半没有明确的概念。1916年,署名"自立"的作者在《演坛:实用话》一文中指出,无论男女都需要习练有益身体的普通体操,因为他发现女性因听信人言,觉得学体操是件难为情的事,但"男女的身子,总是一样。原不能把这种事,都推在男子身上"。③

其后,因体育风气渐开,参加运动竞赛的女性日益增多,以及报章杂志对欧美体育理论或方法的不断介绍,两性有别的体育观逐渐受到关注。然而,仍有论者认为,男女应该接受同样的体育训

---

① 齐允喜:《男女两性的差异与运动》,《致理学报》,第2期(1982年11月),第61页。
② 梁启超:《新民说》,台北:台湾中华书局,1959,第108—109页。
③ 自立:《演坛:实用话》,《女子世界》,第7期(1904年6月),第11页。

练,特别是1931年"九一八"事变后,体育救国论的呼吁出现各种多元的论述。例如,强调体育救国的张之江与萧忠国,都提出国外的体育没有性别之分的说法。1932年,在"速练国术备纾国难"的讲演中,张之江指出,欧战时期"任何参战国家,除白发黄口而外,都是男女总动员",因此,鼓励国内的女性增强体力以救国;他还强调,欧美女性无论在练习打靶或游泳、赛跑方面,都和男性不相上下。① 萧忠国也表示,欧美国家多半强迫男女接受体育训练,所以这些国家的女性有惊人的体格。②

其中德国对女性采用男性化的体育训练方式,尤其影响这派人的看法。③ 论者发现,德国虽然在第一次世界大战中战败,但仍是欧洲最刚强的民族,而德国女性体力的雄厚更是公认的事实。④ 1934年,吴澂在《德国女子体育之训练》一文中指明,德国认为"欲改造整个民族的体格,应先从负民族责任的女子入手。故对女性体育的重视不亚于男性。大体是以健康、敏捷、勇敢、耐劳、意志坚强及奋斗精神为女子运动方针,并大力倡导田径运动与竞技比赛来达到上述结果"。⑤ 吴澂还特别强调,德国专家的测验与研究表明,女性从事田径运动或参加比赛,无损于健康。⑥

除了以"尚武""救国"倡导体育的人提出体育没有两性区隔的

---

① 《速练国术备纾国难》,"时事",《女铎》,第21卷第1、2期(1932年6月),第71—78页。
② 萧忠国:《提倡女子体育与中华民族之复兴》,《体育季刊》,第3卷第2期,第146页。
③ 高梓、张汇兰:《中国女子体育问题》,《科学的中国》,第2卷第8期,第23页。
④ 高梓、张汇兰:《中国女子体育问题》,《科学的中国》,第2卷第8期,第23页。
⑤ 吴澂:《德国女子体育之训练》,《女青年月刊》,第13卷第6期,第40页。
⑥ 吴澂:《德国女子体育之训练》,《女青年月刊》,第13卷第6期,第40页。

看法,主张男女平权观念的部分论者也强调应对男女进行同样的体育训练。当1930年代,女性在运动场上不断取得佳绩时,认为女性能接受严格体育训练的声音更加强烈。①《现代妇女应有的觉悟》一文认为,"体格的锻炼"是培育现代女性应该要有的条件,以前女性不讲求体育,但既然做新女子,就要锻炼出强健的身体,否则无法担当大事。作者更对以生理因素反对运动的论调嗤之以鼻:

> 不要听信那女子什么生理上有弱点,不能做男子所做的事。咳!要晓得那都是欺人之谈哪!②

项翔高在《女子体育与女子的将来》一文中,则要求女性的身体训练必须采取积极的方式,像是掌握田径赛的技巧、国术的勇武、球类运动的团体精神,以及其他各种户外运动的壮健活跃,而不是仅练习轻盈娴雅的跳舞,或柔软舒徐的体操。他还举了西方古诗人的话:"我所望的女子,是能泳、能射、能走、能骑、能奋斗、能进攻、能防御。"③很明显地,项翔高理想中的女子体育是男性化的。

---

① 蒲芳节:《女子今后应有的觉悟及觉悟后的做人》,《女子月刊》,第 2 卷第 3 期(1934 年 2 月),第 2122 页;叶曾骏:《妇女的健康》,《妇女杂志》,第 16 卷第 6 期,第 14 页。
② 雅芳:《现代妇女应有的觉悟》,《女子月刊》,第 2 卷第 3 期,第 2116—2117 页。
③ 项翔高:《女子体育与女子的将来》,"青年妇女",第 36 期,《民国日报》(上海),1929 年 1 月 23 日,第 2 版。

(二)两性相异的女子体育观

事实上,当论者举西方的例子,鼓励女性和男性做同样的运动时,也有论者发现,西方国家对女子体育是经过缜密设计的,他们并不轻易让女性进行运动。例如美国,不仅对女子运动范围有精确合理的规定,对正式比赛也有严格的限制和防御方面的规定,并通过女性体育刊物,为女性提供安全的运动方法。① 此外,1930年代,国内体坛盛行锦标主义,不但罔顾体育精神,更怠忽运动员的健康,因此,体育界和妇女界都关心这个问题,连电影业也反映了这种现象。联华影业公司发行的《体育皇后》这部影片,就以一位女运动员为了夺取锦标,抱病参赛,最后不幸丧生的故事,来使世人警醒。

基于这些因素,不少论者针对两性相同的体育观提出反驳。高梓和张汇兰便对采德国模式的论调,颇为保留。她们同时指出,德国让参加竞赛的选手预先做体能训练,并进行定期体格检查,这种完备的体育制度大可效法,但不是一蹴可就的,主要是因为:

> 我国女子刚脱离二千年积弱的藩篱,就要即刻与累代健强的民族,同其步武,未免有太不量力的弊病。②

---

① 高梓、张汇兰:《中国女子体育问题》,《科学的中国》,第 2 卷第 8 期,第 22 页。
② 高梓、张汇兰:《中国女子体育问题》,《科学的中国》,第 2 卷第 8 期,第 23 页。吴澂也提到德国女性选手在参赛前,必须先持有健康证明。参见吴澂《德国女子体育之训练》,《女青年月刊》,第 13 卷第 6 期,第 41 页。

至于通过两性无差别的体育训练以助长女权的说法,也不完全被支持女权的论者赞同。以"萍霞"为笔名的作者即谓:

> 所以提倡女子运动,使之达到与男子平等的地位,这不是能不能的问题,而是适宜不适宜的问题。女子到了一定年龄,她的身体精神与男均特异独别,因之在这时期女子应要求的运动种类,不得不慎重的加以选定。①

杨彬如则举美国哈佛大学体育教授沙琴特(Dudley Sargent)的看法,反对为了提倡妇女解放,而让女性参与田径赛及剧烈运动。②

前述不赞成采两性相同体育的论者,主要着眼于两性身心迥异这一点,但没有深入解释。倒是王庚做了较清楚的说明,他指出,进入青春期之后,女性的心肺功能均不及男性,应避免长距离的赛跑;③张乃丰则就心理这个层面,指出粗暴的运动只会让女性生厌,例如足球便是不适合女性的运动,因此,他建议女性选择异

---

① 萍霞:《妇女体育运动的选择问题》,《女青年月刊》,第13卷第6期,第27页。
② 沙琴特认为:"有增进呼吸循环器官诸器官的能力,和发达对于背、脊、腹、腰、各肌肉效益的运动,为最合宜于妇女的运动。今日通行的田径赛,对于智德虽有些裨益,但我对于这种运动,主张缩小范围,只取他有益于妇女们身体的。……男子的运动,只有增长男子的丈夫气概,不能使妇女有娴雅的仪容。妇女的运动,也只能增长妇女优美的态度,不能使男子有须眉的精神了。今日社会提倡妇女解放,常施以田径赛及高等激烈的运动,断不可使女子与男子同其程度。"杨彬如:《职业妇女的运动》,《妇女杂志》,第10卷第6期(1924年6月),第909页。
③ 王庚:《妇女体育刍议》,《妇女杂志》,第9卷第12期(1923年12月),第13页。

于男性的运动。①

对于让女性采用男性化的运动方式,也有不少意见。有人指责这是女性体育专家指导不当所致,因为她们不甘向男性示弱,认为男性能做的,女性一样可以办到,以至于开展不适当的运动。② 有些人则归咎于男性指导员,女体育专家陈韵兰即以为,由男老师指导女学生运动是不适当的,男老师除了不了解女学生的特性,还会为了向女教师逞能,拼命训练球队得胜,再加上对女子体育规则缺乏认识,往往以男性的方式或动作教导女学生,这种男性化的体育,事实上不合乎体育原理。③

二、女子运动的方法

(一)解放身体:从放足、放胸做起

1930年,沈瑞珍曾表明"健康美"的价值,是"先使女同胞们完成第一步工作——'身体解放'",她所谓"身体解放",是解除妨碍身体发育和身体健康的两大障碍:缠足和束胸。④ 事实上,自清末以降,知识分子对如何解放女性身体的话题,一直有着深厚的兴趣。起初,他们的目光是放在女性的脚上,认为缠足后的脚,限制

---

① 张乃丰:《女子和运动的需要》,《新家庭》,第1卷第3号(1931年3月),第3—4页。
② 木鸡:《杀人的女子体育》,收入任白涛辑译:《近代恋爱名论》,上海:亚东图书馆,1927,第262页。
③ 陈韵兰:《女生体育应由女指导员指导》,《体育研究与通讯》,第2卷第3期(1935年3月),第14—15页。
④ 沈瑞珍:《女子体育之我见》,《新体育》,第1卷第2期(1930年10月),第53页。

了女性的活动空间,让她们既不能到学校念书,又无法外出工作,更不可能运动,因此,他们积极倡导放足。

主张放胸的言论,早期并没有受到特别注意,因为束胸或穿小马甲的女性,不像缠足那么普遍,束胸也没有形成一种风俗;随着缠足女学生日渐减少,参加运动成为女学生的必要课程之后,众人才开始把女性身体解放的关注点转移到胸部,对女性束胸的习惯大加挞伐,有人更是开始倡导"天乳"。1915年,沈维桢的《论小半臂与女子体育》一文,是较早对束胸提出批评的文章。该文指出,束缚胸乳之物"阻人天然之发育,而害生理之甚者也",并认为"过于紧小,不但运动不便、肺部不舒、血液不易流通、呼吸不易畅达"。沈维桢还严肃地告诫,女性束胸将影响胎儿和自身的健康:

> 将来生产子女,虽有乳汁,必不畅旺;胎儿身体必不健全,甚至传染肺病、流毒骨髓,虽有神医亦难救治。吁!为此,弱国灭种之因岂非女同胞之罪耶?乃若束小胸部,自鸣得意,以为绝世国色,斯真秦楼楚馆者所为,岂正人君子之所为耶?①

到1930年代,反对束胸的言论此起彼伏,特别是新生活运动把不准束胸条文化后,放胸更被合理化。② 这时期,论者从各种角度提出看法,其中有不少人是站在"曲线美"这个角度的。一位笔名

---

① 沈维桢:《论小半臂与女子体育》,"家政",《妇女杂志》,第1卷第1号(1915年1月),第2页。
② 在"新生活运动"的章则中,"取缔妇女奇装异服办法"的第三章"装束"第七条,清楚地写着:"禁止缠足束乳。"参见福建省新生活运动促进会编《新生活运动周报》(福州),第15期(1934年8月),第7页。

"梨"的作者虽然表明,他主张天乳的目的,不是增加女性的诱惑,或所谓"肉感",却不讳言"身体是属于自己的,想锻炼女子自己的体魄,应当解放一切肉体上的束缚,恢复固有的曲线健康"。① 有人则直接指出,束胸是"反自然的勾当",同时,"束起来的胸平平的,呆板的,而且麻木的",根本谈不上曲线美或艺术化。② 还有人将穿小马甲当成落伍的象征,郭建英刻意以漫画和旁白,呈现 1930 年代上海女性不流行束胸,即连乡下来的女佣也入境随俗,不着小马甲的情形。③ 有意思的是,有人明白地指出,居于男性的立场,他们反对女性束胸,因为穿着小马甲是不知卫生,戕贼自然,让身体无法依自然规律发育的做法。④

图 4　连小马夹都不穿了

从这些论述可以看出,不赞成束胸成为一种趋势,这也影响到

---

① 梨:《少女的常识:曲线的健康》,《大公报》,1933 年 5 月 3 日,第 13 版。
② 雪人:《中国新女性美的缺憾》,《新家庭》,第 1 卷第 11 号(1932 年 3 月—1933 年 4 月),第 3 页。
③ 郭建英在这幅漫画旁列了两段对话:"你家里新近从乡里来的娘姨,渐渐地惯常上海的生活了吗?""唔——差不多了,她这两天连小马甲都不穿了。"《上海生活》,收入郭建英绘,陈子善编:《摩登上海:三十年代洋场百景》,第 36 页。
④ 苦李:《我对于"摩登女性"的观察》,"男性心目中的女性",《女子月刊》,第 2 卷第 3 期,第 2131—2132 页。

实际的执行,当时不少学校反对束胸,甚至严格推动放胸,有关这部分的内容将在下章讨论。

论者除认为束胸妨碍女子运动外,还将其他如穿高跟鞋或束腰都指为不利运动者,其中被讨论较多的是穿高跟鞋。有人认为高跟鞋较缠足更有害健康,并称如果妇女在妊娠中穿高跟鞋,婴儿将容易致残、衰弱或不健全。① 还有人指出穿高跟鞋会伤害小脑的健康,同时讽刺穿高跟鞋的摩登女性"只知道喊解放,而自己实在是不解放,打倒一个旧的桎梏,而又给新的一个桎梏所困"。② 由此可知,在倡导女性运动之前,论者不但要解放女性的胸,还要解放她们的脚和腰。③

针对女性身体的束缚,究竟是如何造成的? 论者也提出不一样的说法。有不少论者指称,是男性使然,例如有人批评这些是男性"为妇女加上的永世'刑具'"④;有人则责怪,这是男性偏颇的审美观所致:

> 他们(此处指男子)又依了不真实的美的标准,选择女子,束胸啦,裹腰啦,缠足啦,多方戕贼,自成薄柳弱质了!⑤

---

① 西门沙丁:《健康美写女性》,《方舟》,第 20 期(1936 年 1 月),第 31 页。
② 阑删:《现代的健康女性》,"妇女专刊",第 23 期,《申报》,1936 年 6 月 27 日,第 18 版。
③ 可伦:《妇女运动的前提》,《大公报》,1928 年 5 月 4 日,第 10 版。
④ 《健全的新女性应该……从刑具的妆饰中解放出来》,《家庭良友》,第 6 期,第 8 页。
⑤ 项翔高:《女子体育与女子的将来》,"青年妇女",第 36 期,《民国日报》(上海),1929 年 1 月 23 日,第 1—2 版。

但有的论者却以为,这些束缚来自女性本身,《女子与体育》一文便以束胸为例,讥讽母亲要求女儿束胸,是荒谬到极点的。① 体育专家谢似颜也就女子体育的问题,指出女学生压迫乳房发育这件事,可说是"自杀",而且比"缠小足还要利〔厉〕害",他甚至讽刺"解放的声浪这样高,何以自己压迫乳房的东西,竟不肯解放呢?"② 此外,扛日也指称,缠足束胸的恶习,让旧式女性积习难改,依旧缠足束胸;而新式女性虽然放了足,却仍然有束胸的习惯,甚至流行缠腰。③ 还有论者怪罪女性缺乏自觉,为了迎合男性的喜好,不惜在自己身上加上刑具,进而成为丁愁善病的可怜虫。④

无论这些束缚是出于男性偏爱还是女性自愿,为形塑健康美的新女性而解放女性身体都是当时不少人的共识。但当解放女性身体的声浪一波接一波地涌现时,却忽略了许多女性的感受,漠视女性不愿意轻易放胸的原因。《女子应注重体育》一文指出,其实女子束胸不完全是为了美观,有不少是出于礼教观念,认为乳房肥大是可耻的,于是努力束缚胸部,而身为母亲的,也以不束胸为粗野行为,在女儿发育期间便为她们准备"小马甲"以束胸。⑤ 1929年,徐志摩在苏州女中演讲时也指出,虽然女学生的胸部在解放中,但年轻的姑娘们还不免感到"这解放是一种可羞的不便",因此,他认为至少要三四代之后,胸部才会完全实现解放,恢复自然

---

① 玉君:《女子与体育》,《妇女月报》,第 2 卷第 6 期(1936 年 7 月),第 27 页。
② 谢似颜:《女子体育问题》,《妇女杂志》,第 9 卷第 7 期(1923 年 7 月),第 5 页。
③ 扛日:《现代女子的美(上)》,《星期三》,第 1 卷 16 期,第 250 页。
④ 《健全的新女性应该……从刑具的妆饰中解放出来》,《家庭良友》,第 6 期,第 8 页;德才:《妇女修饰与人格的关系》,《方舟》,第 23 期(1936 年 4 月),第 15 页。
⑤ 王曲辰:《女子应注重体育》,《方舟》,第 9 期(1935 年 2 月),第 27 页。

发长的愉快与美。①《第三期论摩登女性的反应》一文,更清楚地指出:

> 虽然现在是五育并进的时代,对于健康美更为重视,着紧马甲当然是对于生理上有所妨害,应竭力的废除它,不过,在薄薄的衣裳内,倘若一无他物,任乳峰高高的耸起,难道是供人欣赏吗?尤其是一般色狂的浮滑少年,见到了总是目不转情〔睛〕的顶〔盯〕住着。②

因此,作者认为穿宽大的马甲,不见得不合卫生。

(二)解决生理问题:订定例假

除了解放女性身体,反对实行两性相同体育的论者,也注意到女性生理期是否适合运动的问题。1920 和 1930 年代,对于女性可否在经期运动的讨论,相当受重视,许多人不赞成女性在月经期间运动,是担心过度运动会造成不孕症或是流产。社会学家潘光旦便认为,女子过度运动会减低生育率,不利遗传;③另有论者则发

---

① 徐志摩:《匆忙生活中的闲整——多半关于女中》(演讲稿),《苏州女子中学月刊》,第 1 卷第 9 期(1929 年 12 月),第 10 页。
② 衣谷:《第三期论摩登女性的反应》,《女子月刊》,第 2 卷第 6 期(1934 年 6 月),第 2410 页。
③ 《女子运动影响生育》,"妇女生活",《申报》,1929 年 6 月 18 日,本埠增刊,第 3 版。

现,女性的骨盘结构与男性不同,过度运动易促使骨质坚硬,影响顺产。①

有趣的是,在这些理由中,有不少是出自个人的想象或讹传。教育家徐傅霖(徐筑岩)曾语出惊人地说:

> 女子的内生殖器,是在直肠与膀胱的中间,并且是游离状态的放置着。若行激烈运动,就要变换他〔它〕的位置。况且月经时候,子宫充血极甚,虽轻微的振动,也能感应,或者还要成功后屈症,一犯后屈症,便致不能妊娠,很觉痛痒;那妇人的一生,就葬入残疾不幸之中了。②

尽管这个论调颇为荒诞无稽,但没有遭到舆论纠正,反而被部分体育专家沿用,并加以夸大。谢似颜就采用同样言论,怪罪女子把月经当成可耻的东西,秘而不宣,他还批评强迫女子运动的教师,是"贼夫人之子"的教师;③体育专家徐筑岩刊载在《近代恋爱名论》中的《杀人的女子体育》一文,更以耸人听闻的说法,指出有女学生及女体育专家因月经期间未暂停运动,造成经期失常或月经异色,甚至有人多踢了球"把子宫牵向右面"。④

---

① 萍霞:《妇女体育运动的选择问题》,《女青年月刊》,第13卷第6期,第27页。有关妊娠时期运动容易发生流产的说法,还可参见心《运动与妇女》,"妇女界",《世界日报》,1936年3月28日,第8版。
② 徐傅霖:《学校体操改善案》,《教育杂志》,第13卷第4号(1921年4月),第22页。
③ 谢似颜:《女子体育问题》,《妇女杂志》,第9卷第7期,第5页。
④ 木鸡(徐筑岩):《杀人的女子体育》,收入任白涛辑译:《近代恋爱名论》,第262—263页。

至于女运动员在竞赛期间,如果遇到月经来潮,是停止比赛还是继续参赛的话题,也引起关切。山东省莱阳师范学校的体育主任孝鸿九认为,应严禁女运动员在月经期间练习或比赛,因为勉强出场,是不利身体健康的。① 当时的体育期刊《勤奋体育月报》,还特别翻译日本著名的女运动员人见绢枝的著作《女运动员临阵以前》,来使女运动员警醒,在这本著作中,人见绢枝剀切地表示,她在月经期间,绝对中止练习。②

然而,并不是所有鼓励女性运动的论者,都同意经期不宜运动的论调。《近代恋爱名论》的编者对徐筑岩的说法持保留态度,在"编按"中,他指出子宫斜歪,不一定与多踢球有关,而月经的不正常也不能归罪于体育,这或许是学校的不良习惯和不良训练所致。③ 还有论者从不同角度反驳,或取国外专家的意见,或转译他们的文章,指出根据国外的调查,女运动员确实较一般妇女容易罹患月经失调症,但各家对女性在经期中可否运动并无定论,甚至有人说经期运动有助于行经,因此建议这段时间进行轻度运动。④ 至于妊娠期间不能运动的说法,也让一些论者无法接受,他们纷纷指出,孕妇不宜"静坐不动"是众所周知的,因妊娠中运动而不幸流产

---

① 孝鸿九:《女子运动之生理卫生与运动项目》,《勤奋体育月报》,第 4 卷第 4 期(1937 年 1 月),第 286 页。
② 人见绢枝是日本著名的运动员,曾在奥运会中夺得锦标,创造 4 项世界纪录,但不幸 25 岁便辞世。《勤奋体育月报》曾将她生前的著作《女运动员临阵以前》译成中文,借以鼓励中国的女运动员,上述这段话,便来自这本译著。参见人见绢枝《女子运动应注意之事项》,《勤奋体育月报》,第 3 卷第 7 期(1936 年 4 月),第 674 页。
③ 木鸡:《杀人的女子体育》,收入任白涛辑译:《近代恋爱名论》,第 264—265 页。
④ 心:《运动与妇女》,"妇女界",《世界日报》,1936 年 3 月 28 日,第 8 版。

的例子,是不可一概而论的,例如劳动妇女就很少出现难产的问题。①

且不论上述的争辩孰对孰非,反对月经期内剧烈运动的看法,却相当一致,甚至到当今还存在这个观念。学校也因此订定例假,让学生能在体育课时自动请假。

(三)选择适合女性的运动

在主张两性采用不同运动方式的言论中,论者不仅强调女性有经期和妊娠的现象,也提醒注意女性的体力问题。《运动与妇女》一文认为,女性的体质和机能与男性不同,不适合剧烈运动,如果做剧烈运动,必须视个人体质而定。② 藜青则根据年龄,把女子运动期分成幼年期、少女期、处女期、壮年期和老年期等五个不同时期。③

既然男女的运动应该有性别区隔,那么何种运动不适合女性?哪一类运动又较合乎女性身体? 有关这方面的建议很多,大体而言,论者反对女性参加耗费体力的运动。例如,体育作家阮蔚村指出,投掷三铁、跳跃硬地、高跃入水,以及长距离的赛跑、游泳、划船、潜水等运动,都不适合女性;有人则不赞成角力、足球这一类的

---

① 心:《运动与妇女》,"妇女界",《世界日报》,1936年3月28日,第8版;王庚:《妇女体育刍议》,《妇女杂志》,第9卷第12期,第13页。
② 心:《运动与妇女》,"妇女界",《世界日报》,1936年3月28日,第8版。
③ 藜青:《体育与妇女》,"妇女界",《世界日报》,1935年1月29日,第6版。藜青的说法似乎是取材自日本杂贺三省的文章,从严畏所摘译杂贺氏的原著,即见一斑。参见严畏《女子体育研究》,《妇女杂志》,第9卷第7期,第10页。

运动,即使较温和的棒球,也因具战斗性,不受到鼓励。① 不过,随着参与运动竞赛的女性人数的增加,再加上前述的部分运动属运动竞赛项目,论者把女运动员参与的运动项目和一般女性的运动做了区别。阮蔚村便建议,三铁的投掷可以采用减轻重量,以及男女分赛的方式。② 而藜青虽然反对女性进行跑、跳的竞技运动,却也申明,具有运动特长的人还是可以参与这类运动的。③

由于论者支持的女子体育主要针对一般女性,温和或具健美效果的身体运动,很自然地受到青睐。因此,论者建议的女性运动,包括游泳、骑马、划艇、骑脚踏车、溜冰、滑雪、跳舞、射箭、登山、旅行、散步、短程赛跑,以及篮球、排球、网球、高尔夫球、乒乓球等球类运动。④ 有论者则更细腻地建议,运动应根据女性身体的特殊变化而异,例如进入青春期的女性,应着重柔和、韵律运动,过了青春期的女性,则宜着眼与容姿表情有关的优雅的运动。⑤ 尽管这些项目中,有的是竞赛项目,论者却认为,这类运动危险性不大,也不

---

① 阮蔚村:《妇女与运动》,《体育周报》,第 1 卷第 1 期(1932 年 2 月 6 日),第 6 页;《女子与体育》,《南昌女中》,第 2 期(1935),第 4—5 页;张乃丰:《女子和运动的需要》,《新家庭》,第 1 卷第 3 号,第 3—4 页。
② 阮蔚村:《妇女与运动》,《体育周报》,第 1 卷第 1 期,第 6 页。
③ 藜青:《体育与妇女》,"妇女界",《世界日报》,1935 年 1 月 29 日,第 6 版。
④ 阮蔚村:《妇女与运动》,《体育周报》,第 1 卷第 1 期,第 6 页;张乃丰:《女子和运动的需要》,《新家庭》,第 1 卷第 3 号,第 3—4 页;萍霞:《妇女体育运动的选择问题》,《女青年月刊》,第 13 卷第 6 期,第 28 页;孟年译述:《适宜于妇女之运动及比赛》,《大公报》,1927 年 11 月 27 日,第 8 版;沈瑞珍:《女子体育之我见》,《新体育》,第 1 卷第 2 期,第 53 页。
⑤ 萍霞:《妇女体育运动的选择问题》,《女青年月刊》,第 13 卷第 6 期,第 27—28 页。

激烈,不但利于女性健康,还能带来趣味,仍建议女性去尝试。① 例如,柏华十分鼓励女性从事网球运动,他的理由是,网球是各项运动中最能增加女性健康美的一种。他特别表明:

……这种运动,不但能使你身体强健,而且还可以增加乐趣,减少烦恼。苦闷烦恼一切都是损害美的要素。②

至于游泳,在国外有不同的看法,例如《游泳能妨碍女性美么?》一文,呈现了两种对立的观点:一位在世界运动会中得到游泳锦标的男游泳家,就反对 17 岁以上的女性学习游泳,他的理由相当荒谬,认为这种年龄的女性无法呈现性感;针对这个说法,一位女游泳家驳斥,这种崇拜女性性感的观念过于陈腐,根本不懂"现代所谓真实的健康美"。③ 事实上,主张游泳有助于健康美的说法,得到较多的认同,有不少人指出,游泳使运动者伸缩自由、活动四肢,既可充分发展全身,又能矫正姿势。④ 还有人甚至夸张地说:

在一切运动中,游泳是最不偏劳的。它用同样的程度发达你的每一部分。它是健美的制造者,它是民族的优生学,它

---

① 阮蔚村:《妇女与运动》,《体育周报》,第 1 卷第 1 期,第 6 页;孟年译述:《适宜于妇女之运动及比赛》,《大公报》,1927 年 11 月 27 日,第 8 版。
② 柏华:《健康美与运动》,"家政",《女铎》,第 22 卷第 11 期(1934 年 4 月),第 12—13 页。
③ 郫:《游泳能妨碍女性美么?》,《申报》,1933 年 7 月 29 日,本埠增刊,第 5 版。
④ 孟年译述:《适宜于妇女之运动及比赛》,《大公报》,1927 年 11 月 27 日,第 8 版;阮蔚村也有类似的看法,参见阮蔚村《妇女与运动》,《体育周报》,第 1 卷第 1 期,第 6 页。

是我们东亚病夫的一剂良药。①

在这些运动中,论者最偏爱动作和缓又能改善姿仪的体操,因为这类运动可以深入女性的日常生活,并适合任何女性。其中健身操或柔软操最具说服力。为了鼓励女性做健身操,有人还以图文并茂的方式,详述体操的操作步骤,或者倡导"主妇五分钟体操""女子头部小运动"等简易的肢体运动,并标榜这类体操不仅能帮助女性消除疲劳,且有健美作用。②

小　结

从清末到1937年,倡导女子体育的言论不可胜数,来自各方的看法也相当多元,但在这些言论中,还是可以归纳出两个大方向:一是为何要女性运动;一是女性应该如何运动。在"为何要女性运动"的议题上,论者不是围绕着以国家、民族为中心的女子体育观,便是将重点放在从健康美出发的女子体育观上。强调国家、民族的论调,除了早期受国外军国民主义思潮影响,主要来自知识分子对中国国势动荡不安的忧虑,因此,西方体育传入中国之后,身体运动成为强国强种、解救民族的良药。在这半世纪间,具有国族意识的体育观成为主流论点,甚至把向来不是国家核心的女性也纳

---

① 问笔:《谈游泳》,《宇宙风》,第1集(1936年5月),第191页。
② 敏浩:《体育与家事劳动》,《家庭良友》,第6期,第16—18页;《几个简易的女子头部小运动》,"会务概要",《妇女新生活月刊》,第8期(1937年7月),第48页。

入建国的工程里，女性的身体因此在近代中国出现大的改变。

然而，当 1920 和 1930 年代，西方"健康美"的观念被引进后，这个对女性有较大吸引力的时髦名词，很快地被论者用来鼓励女性运动，因此，倡导女子体育的言论依违在"体育救国"和"健康美"之间，并不以八股式的国族论述为唯一观点。"健康美"主要在挑战"病态美"和"人工美"，也和"强国保种"的言论并行不悖，但相较于泛政治化的体育思想，人们赋予"健康美"不同的解读，让健美的体育观呈现矛盾、冲突和焦虑。

这种借重女性身体以强国保种的话语由男性知识分子发起后，铺天盖地地出现在各个层面，连女性也强调自己身体的救国功能。此外，在高唱两性平权的时代，有人把"体育救国"或"健康美"，当作提升女权的筹码，这虽然不是倡导女子体育的主轴，却反映出时代意义。

女性运动有了目标后，接下来应该怎么运动？有一派人认为女性的运动可以比照男性，另一派人则以为女性的运动应该不同于男性。这些人不是体育专家，便是受西方体育观或是两性平权观影响的知识分子。其中，不赞成女性过度运动或进行男性化运动的论者，多半从女性生理现象或是男女身心的差异出发，提出反对意见，有些人的观点缺乏根据，甚至充满性别歧视，但有些人是从运动伤害的角度出发，关怀女性。其实，仔细阅读这两派的言论，不难发现，为了响应救国方策，当时的知识分子是如此急切地想把被认为具有救亡图存作用的这帖药方介绍给国人，于是有人跟着别人起舞，有人囫囵吞枣地吸收西方文化，甚至夸大女性的生理问题，这导致在各种建议中，不乏想当然尔的运动概念。

第二章　学校政策与女子体育

　　女子体育的落实不能光靠舆论的鼓吹,需要有组织、有系统的规划才能实现。而以近代体育的运动规模、运动场地及竞赛方式来讲,推展体育的重任绝不可能仅凭借个人或单一机构来完成。西方的体育是通过学校而发展的,中国引进的近代体育来自西方,很自然地也将体能训练的工作交给学校。女子体育是在清中期由西方传教士带进中国的,但因为当时受教育的女学生相当有限,传教士也没有积极地推动,所以女子运动只停留在游戏和简单的肢体活动上;直到清末确立新式教育的方针之后,学校的体育教学才有了较明确的政策,并以"体操科"为课程名目。不过,从民初到1928年国民政府完成北伐、统一全国,体育政策仍不断变动、修订,最明显的是,1922年到1928年间,北洋政府和国民政府对教育体制的先后改革。例如,学校教育由模仿日本,转变为模仿美国,体操科改称体育科,并扩大体育教学内容,因此,女学生的运动变得多样缤纷。除了普通学校加强女子体育,专门训练女运动员和体育师资的女子体育学校和体育科系也应运而生。既然学校是观察女子体育活动的指标,那么国内拥有最多女子学校的江南地区,如何执行政府的女子体育政策？在发展的过程中,碰触到何种问题？学校的女子体育教育是否呼应了社会舆论？这些问题将在本章讨论。前两节以1928年为分期,观察普通学校的体育教育;第三节则集中探讨体育专门学校的体育教学。为不流于单一论证,在以江南地区的女校为分析重点的前提下,也将对不同地区的学校进行比较观察,包括男学校和江南地区以外的女校。

第一节　各自为政的体育教学

从1840年到1937年间,中国饱受国内战争和外国人入侵的摧残,在炮火的袭击下,为了实现"体育救国"的理想,社会和学校不断提出如何强化学校体育的策略;然而,战争摧毁许多校舍,学校又必须到处避难,许多教学活动根本无法正常进行,特别是需要有运动设备的体育课,更加难以推动,不少学校只能在"因陋就简"的状况下,进行体育教学。而在女子学校创办初期,体育教学的"因陋就简"最为明显,当时无论是教会、私人还是公家开设的学校,都很难提供健全的设备和课程内容。因此,令人好奇的是,处在艰困的环境下,近代中国的女子体育教学如何展开？学校又以何种方式将体育运动带给女性？本节将分析清末到1928年间,女校的运动空间、体育内容与教学方式。

一、空间有限的运动场地

体育教学不只是坐在室内上课即可,必须到户外运动,运动场所成为不可或缺的教学要件。早期的女学堂不是利用自家屋宅,便是租赁民房、宗祠、庙宇作为上课场所,当时人的自述,证实了这一点。浙江淳安县的东陵女子小学设在居民家中,浙江江山县西河女校是向毛氏宗祠借用空屋,浙江桐乡县的振华女校则以丰氏老屋为校舍。① 这种便宜行事的校舍,也出现在公立小学里,例如,曾任法院书记官的江淑昭,她就读的崎峰小学(位在江苏如皋)是由教育局补助经费的,校址却设在家祠里。② 因此,这类女学堂的体育教学只能随机应变,各显神通。

1905年(光绪三十一年)创设的苏州竹荫女学校,原本设在创校人钱幼竹的自宅里,因为求学的人不断增加,于是在1910年,改以校董的家祠空屋为教室,并利用屋旁空地,设置操场。③ 以这种方式开辟操场的例子,在当时相当普遍。有趣的是,有的学堂还严防男女共用一座运动场。根据韩咏华的回忆,10岁那年,她打扮成

---

① 游鉴明访问,黄铭明等记录:《春蚕到死丝方尽:邵梦兰女士访问纪录》,台北:"中研院"近代史研究所,2005,第8页;毛彦文著,罗久芳、罗久蓉校订:《往事》,天津:百花文艺出版社,2007,第9页;丰桂:《石门振华女校》,收入中国人民政治协商会议浙江省桐乡县委员会文史资料工作委员会编:《桐乡文史资料》,第6辑,桐乡:出版机构不详,1987,第118页。

② 罗久蓉访问,丘慧君记录:《江淑昭女士访问纪录》,收入罗久蓉、游鉴明等访问,罗久蓉等记录:《烽火岁月下的中国妇女访问纪录》,台北:"中研院"近代史研究所,2004,第44页。

③ 《竹荫女学校杂志》,第1期(1913),第3页。

男孩,进了天津的严家家塾,和严家的姑娘、少妇一起读书。家塾设在严宅的偏院酒坊院中,由于严家还设有专门给男孩读书的家塾,因此男女生各占一边,并且轮流使用一个操场。每次轮到女生上体育课时,必须把通向男生院的门关上,当时她的年纪最小,大家都派她去关门,因此她对这件事印象深刻。① 这种情形到 1920 年代仍出现在校园中,而且是在风气开放的上海,这部分将在下一章讨论。

事实上,即使有了操场,多数学校的运动空间仍是十分局促。以颇负盛名的苏州振华女学校为例,该校从 1905 年(光绪三十一年)成立以后,学生人数快速增加,校舍一直不敷使用。早期该校也收容少数男童,社会学家费孝通回忆 1921 年就读振华女学校的往事时,便提到运动空间狭小的情景:

> 二十五年前,我和几个小朋友在操场角里,浪木旁的空地上闲谈,那时的振华还在严衙前,住宅式的校舍里,孩子们下了课,只有这一角空地,可以供他们奔跑或闲坐。②

直到 1928 年,振华女学校才有较完备的建筑作为中学部的校舍,并

---

① 韩咏华:《同甘共苦四十年——记我所了解的梅贻琦》,收入中国人民政治协商会议北京市委员会文史资料研究委员会编:《文史资料选编》,第 18 辑,北京:北京出版社,1983,第 55 页。
② 费孝通:《"爱的教育"》,"特载",《振华女学校四十年纪念刊》,苏州:振华女学校,1946,第 18 页,上海档案馆藏,档号 Q235-3-151。

在往后陆续添建健身房和运动场,①该校的体育活动也因此迈入新的发展阶段。

在教会学校看来,中国人设置的公、私立学校,都无法提供完备的运动场地,但它们的情况也差不多。1921年,从圣玛利亚女校毕业的张娴如记得,当时该校的体育课得看老天的脸色:

> 球戏则必借兆丰,除数间教室寝室之外,余者均付阙如,所以天晴则堂前草地即为我人运动之场所,天雨则蜷居室内,欲求活舒筋骨而不可得。②

由此可见,许多女校存在运动场地不足的情况,直到1920年代依旧如此。

二、随机应变的体育教学

尽管运动空间不足,体育活动还是有办法展开,只不过,到底要教什么? 怎么教? 先从教会学校谈起。近代体育来自西方,按

---

① 该校校舍的变迁历史,大致是:"(创校后)赁严衙前五十号顾氏房屋为校舍,其后迁址于十全街王氏余屋,十年(指1921)秋,以学额骤增,王氏余屋不敷应用,遂典严衙前望星桥十六号顾姓旧宅为新校舍,十七年(1928)春,以校舍又不敷应用,……以苏城原有之旧织造署,作为校舍,……于是组织募捐委员会从事筹募,鸠工修建,……乃将中学全部迁入。"参见《振华生活》,苏州:振华女学校,1934,第7—8页。
② 张娴如:《十年前拾零》,收入 Porterfield、Kinnon、张德苑编:《圣玛利亚女校五十周纪念特刊》,上海:圣玛利亚女校,1931,第10页,上海档案馆藏,档号 Q235-3-138。

理来说,为中国开启女子教育的教会学校,应该有一套教学方式,但由于不了解中国的社会实况,教会学校的许多课程设计并不十分固定,特别是体育课多半采非正规的教学方式。而当时教会学校遇到的最大难题是,招收来的学生有不少是缠足的,这是西方国家所没有的现象,因此,学校面临缠足女童能不能运动或如何运动的问题。其实缠足女性并不是不能活动,许多研究已经告诉我们,她们甚至可以练武功或是种田。不过,相对于没有缠足风气的西方,若要以西方的运动方式,要求缠足学生运动,是相当不容易的;唯一的方法,便是学生不再缠足,于是有的学校把女子体育当成倡导放足的手段,不仅鼓励女学生至户外活动,也邀请学生家长参观学生的户外活动,让他们亲见缠足的诸种不便。[1]

在这种情况下,教会学校以"寓教于乐"的方式教授体育,也就是利用课外游戏,引导学生运动。[2] 从片断的记载发现,1884年,美以美会在江苏设置的镇江女塾,将体操列为每年必修课程,同时,要求学生利用休息时间做运动,至于体操的形式是什么,没有说明。[3] 不过,图5倒是让我们看到该校如何把游戏带入运动中。除了体操,有的教会学校引进舞蹈、球类运动,为中国女学生开展较多样的运动;不过,有的教会学校并不支持田径训练。例如,1906年,一位在教会女校任教的中国男教师,让女学生在跑道上赛

---

[1] 廖秀真:《清末的女子教育(1897—1911)》,台北:台湾大学历史研究所近代史组硕士学位论文,1980,第28页。
[2] 国家体委体育文史工作委员会、中国体育史学会编:《中国近代体育史》,第63页。
[3] 笹岛恒輔:《近代中国体育スポーツ史》,收入竹内虎士等编:《新体育学讲座》,东京:逍遥书院,1970,第43卷,第23页;廖秀真:《清末的女子教育(1897—1911)》,第24—26页。

跑,这引起该校女传教士傅森(Fuson)的质疑。① 这件事的背后,其实涉及中西方的女权观念,不少传教士认为,中国人以为的倡导男女相同的教育就能使两性平权,其实是对西方性别观念的曲解。②

图 5 镇江女塾学生游玩图

至于中国人设置的公、私立学堂,和教会学校一样,在缠足风气还存在的时代,为了鼓励女性读书,多数学校没有完全排拒缠足女童入学。例如1907年(光绪三十三年),江苏南汇的清华女学校规定"缠足者入校后须逐渐解放",浙江嵊县爱华女学校则规定"以

---

① Gael Graham, "Exercising Control: Sports and Physical Education in American Protestant Mission Schools in China, 1880-1930," *Signs* 20:1 (Autumn 1994), p. 37.
② Gael Graham, "Exercising Control: Sports and Physical Education in American Protestant Mission Schools in China, 1880-1930," *Signs* 20:1, p. 38.

不缠足为合格",缠足者"入校后总以渐解为善"。① 而这些女学堂也没有放弃体育课程,清华女学校安排了体操,教授游戏和普通体操,爱华女学校也设有体操课。②

必须一提的是,"体操科"时代,以模仿德国和瑞典的日本体育为主,基本上教授普通体操、兵式体操和游戏。其中兵式体操,在强调军国民教育的清末民初,成为男学校不可或缺的体育运动;而女学校虽然根据教育当局指示,可以酌情增减体育内容,也不要求女学生修习兵式体操,但为了跟上时代潮流,有一部分也如法炮制,教授女学生具有"尚武"精神的徒手体操或器械体操。

兵式体操早在北方的女学校蔚为风气,从下列的三则报道,约略可以看出该地区的女校如何进行兵式体操。1906年,北京译艺女学堂设立体操科,聘请了擅长兵操的女教师,按照行伍新规,一律训练;另外,又成立体操速成班,作为慈禧太后出巡时的女护卫人选。③ 同一年,北京豫教女学堂召开的纪念会,则展现兵式体操的成果,当时学生的合队、分队表演,因为步伐整齐,运动内容又五花八门,引起众人"惊倒"。④ 1914年,吉林大赉县女子高等学校更聘请防军教练员,教全校师生演习枪操,其中一位女生王海晏竟然五发三中。演习完毕,学校又请女教师演说"女子急宜尚武",然后

---

① 《清华女学校章程》,南汇:清华女学校,1907,第8页;《嵊县爱华女学校章程》,嵊县:爱华女学校,出版时间不详,第5页。
② 《清华女学校章程》,第3—8页;《嵊县爱华女学校章程》,第4页。
③ 《译艺女学堂章程三十条》,《顺天时报》,1906年2月21日,第1—2版。
④ 《补记豫教女学堂开纪念会事》,《顺天时报》,1906年10月17、19日,收入李又宁、张玉法主编:《近代中国女权运动史料(1842—1911)》,下册,第1126页。

才整队回校。①

图 6　1913 年苏州竹荫女学校的兵式体操

图 7　1913 年苏州竹荫女学校的棍棒体操

---

① 《吉林女校教练枪操》,"记事",《教育杂志》,第 5 卷第 10 号(1914 年 1 月),第 90—91 页。

不过,南方的女学校也不落后,例如,前述的竹荫女学校在1913年订定的"操场规则",充满着浓厚的兵操色彩:(一)闻铃声即齐集操场;(二)排列后俟教员至,行礼致敬;(三)操时以严重(此指"庄严")为主,不得嬉笑、游戏,须听教员指定何种,不得任意选择;(四)俟教员宣退操口号,然后散队;(五)散队后,勿任意奔跑及高声喊叫。① 除文字记载外,当时的摄影技术更进一步记录下竹荫女学校的体育活动,清楚展现该校女学生练习兵操的实景。虽然该校女生上穿高领长袄、下着长裙或长裤做军操的样子有点滑稽,但该校是郑重其事地向女学生传授这类具尚武精神的体操的。

另外,还可以在江苏武进女子师范附属小学的徒手操和杭州女子师范附属小学的器械操照片中,看到女子尚武体操的身影。事实上,在我搜集的女子运动图像中,这类型的运动照片相当丰富,不管是徒手体操,还是手持棍棒、哑铃、球拍或毛巾等实物的体操,都已普遍出现在清末民初的女校校园中。② 而这些来自报刊媒体的尚武运动照片,到底隐含着何种意涵?我认为其中有两种可能性:一是尚武的体育论调可能发挥了作用,才会有这么多的女校传授尚武的体育;然而,也不能忽略的是,媒体刊登女性军事化身体的照片,有可能是替军国民教育做宣传,以便吸引更多女校投入这项运动,特别是出自《教育杂志》的照片又占多数,这不能不令人质疑。

---

① 《竹荫女学校杂志》,第1期,第71页。
② 游鉴明:《近代中国女子的运动图像——1937年前的历史照片和漫画》,第20—42页。

图8　1913年江苏武进女子师范附属小学初等三年级生表演徒手操

图9　1915年杭州女子师范附属小学表演器械操

体操运动固然是当时体育的主轴,女学校通常还安排行进游技(边跳边唱)、舞蹈等柔性运动。不过,也有女校挑战一些看起来较费体力的运动,例如深受男学生欢迎的球类运动、田径运动或自由车(自行车)运动,女学生也不遑多让。以上海务本女塾(务本女中前身,亦称务本女校)为例,1905和1906两年,该校的运动会除了有唱歌、游戏,还有庭球(指网球)、抛球、各式竞走(赛跑)和飞车表演(自行车表演)。① 尽管找不到务本女校运动会的照片,但从1920年该校学生手持网球拍的写真可以看出,球类运动确实已经进入该校。到民国初年,在江苏举行的女校联合运动会中,女学生不但表演体操,还展示曲竿跳跃和抛网球、篮球等项目。②

也因为如此,媒体刊载体操运动之余,注意到女校的其他体育活动,特别是球类运动,明显地在报道中占有版面。1911年的《时报》曾以"女学生旅行"为题,报道湖北不缠足会第一女学堂外出旅游的情景,在这段叙述中可以看到,该校除了安排学生参观寺庙名胜,还让她们到南湖陆军大操场抛打皮球,操演各种运动。③ 至于利用课外打球的报道更多,例如,上海光华女校为避免学生过度用

---

① 除务本女塾外,苏州爱德女学校在1909年举行第一次运动会时,双人球杆的演出,获得如雷掌声。《纪务本女塾及幼稚舍秋季运动会》,《申报》,1905年11月12日,第9版;《纪务本女塾运动会》,《申报》,1906年5月20日,第17版;《爱德女学运动会纪事》,《申报》,1909年5月28日,第3版。

② 侯鸿鉴:《参观江苏省立第二女子师范运动会记》,"特别记事",《教育杂志》,第7卷第9号(1915年9月),第69页;张世鎏:《参观江苏省立各学校第二次联合运动会记》,"特别记事",《教育杂志》,第7卷第12号(1915年12月),第92页;《第三届省立联合运动会之结果》,《申报》,1916年11月5日,第11版。

③ 《女学生旅行》,《时报》,1911年3月26日,第3版。

功,曾在1915年设置台球(指桌球)设施供女学生休息时使用;①上海启秀女校也在校内广场设置一架秋千,并把学生分成甲、乙二组球队,让她们在课后"交相角逐"。②

图10 1920年上海务本女中学生持网球拍的各种样貌

到1920年代,江南地区的球类运动比往昔更加活跃。一方面,体操科在1923年改称体育科,球类运动被正式列入教学课程中;另一方面,女校或校际之间,经常举办球类竞赛,女子球类运动从投掷表演,提升到竞赛层次。同时,1923年的远东运动会和第二年的第三届全运会,都有女子球类运动表演。因此,女子球类运动的发展成为无法抵挡的趋势,体操运动不再一枝独秀。

整体而言,在"体操科"时代,女子体育才刚推动,各个女校的体育教学,并没有一定的标准,虽然体操运动是教学重点,但游戏、舞蹈乃至球类运动,都曾出现在女校的体育活动中。除了学校的政策,体育老师的教学方式也影响女子体育的走向,特别是在体育

---

① 胡美秀:《本校置备台球记》,《香艳杂志》,第11期(1914—1915),第5页。
② 《杂俎:运动必要》,《启秀女学校校友会杂志》,第1期(1920),第114页,上海档案馆藏,档号Q235-3-110。

师资缺乏的这个时代,女子体育的内容或教学方式更是五花八门。

三、各显神通的体育老师

早期不管是男校还是女校都面临找不到体育老师的问题,为了配合"尚武"的体育精神,不少男学校聘请军人充当体育老师。这些教师根本没有西方体育知识的储备,是以制式教练代替体育,再加上军人素质良莠不齐,连兵痞流氓也乘机混入体育师资的行列,因此,一般对体育教师的定义是"不学无术""品行不端""四肢发达、头脑简单"。① 曾在军界服务的袁同畴,记得念小学时(民国初年),学校就在村里的关岳庙内,庙里隔出了两间教室让他们上课;体操课便是由一位武秀才教他们各种动作,像是立正、稍息、开步走等。②

对女校而言,在女子教育才萌芽的阶段,要聘请专业女老师是很不容易的事,而能够教授体育的女性更是少之又少,因此,除了体育老师的素质参差不齐,体育老师的性别也往往无法限制。例如,在男女共学的学校,主要由男性教授体育。曾宝荪(曾国藩的曾孙女)记得,1903年在长沙的自家私塾读书时,教他们英文和体操的上海制造局学生,曾为私塾的男女学童定制操衣,每天四点钟放学后,教他们做十几分钟的瑞典柔软操,她和两位表姊妹没有排

---

① 张志贤:《北京师范大学体育系变迁》,收入中国人民政治协商会议北京市委员会文史资料研究委员会编:《文史资料选编》,北京:北京出版社,1982,第15辑,第210页。
② 张朋园等访问,陈三井记录:《袁同畴先生访问纪录》,台北:"中研院"近代史研究所,1988,第86页。

斥,还因为有操衣穿,感到有趣。① 女革命家沈亦云就读蒙养学堂时,则是由一位曾在小学教书的张仰枫老师带着做捉迷藏、抢四角的活动。②

此外,不是所有的学堂都能聘请到体育老师,有的私设学堂干脆找自家人来充数。例如,蔡畅母亲办观音阁女学堂时,蔡畅便担任音乐和体育课教师,教女学生唱歌、跳舞,还教她们列队、跳绳、体操等。③ 因为是自家人充当教师,对老师的性别也就没有特别要求,丰子恺在杭州求学时,每逢假期返家,便到姐姐开办的振华女校教唱歌和体操。④

前面的四个例子,呈现了体育师资的良莠不齐,也显示了女子体育教学的分歧。倡导女子体育初期,除了请国人传授体育,为了吸取先进国家的体育经验,延揽外籍老师教授体操成为一种风气。在作家冰心的记忆中,1912年,她就读福州女子师范学校预科时,体操课是由一名叫石井的日本女教师负责的。⑤ 而早在清末,学部就曾通令各校延聘美国教会女士充任英文、绘图、体操课程老师。⑥

---

① 曾宝荪:《曾宝荪回忆录》,收入张玉法、张瑞德主编:《中国现代自传丛书》,台北:龙文出版社股份有限公司,1989,第1辑(7),第20页。
② 在当时,这类游戏活动属于运动项目。沈亦云:《亦云回忆》,收入传记文学杂志社编:《传记文学丛刊》(11),台北:传记文学出版社,1968,上册,第33页。
③ 中国妇女出版社编:《妇女运动的先驱——蔡畅》,北京:中国妇女出版社,1983,第18页;苏平:《蔡畅传》,北京:中国妇女出版社,1990,第12—13页。
④ 丰桂:《石门振华女校》,收入中国人民政治协商会议浙江省桐乡县委员会文史资料工作委员会编:《桐乡文史资料》,第6辑,第118页。
⑤ 冰心:《我的故乡》,收入范伯群编:《冰心研究资料》,1984,第40—41页。
⑥ 当时学部反对由日本女士任教英文、体操等课程,学部的理由是"学生不能得高等之学问,而先染东洋之流风",而由美国女传教士任教,可以"图进步而杜流弊"。《通饬女学概聘美国教习》,《申报》,1907年5月7日,第12版。

运动场内外

　　外籍老师究竟采用何种方式教授体育？就以下两所学校为例：1904年（光绪三十年），上海宗孟女学堂聘请的美籍老师高美兰，曾在该学堂召开的殷孝烈纪念会上，率领全体学生到操场演出兵式体操；①无锡竞志女学的创办人侯鸿鉴，则在1906年（光绪三十二年）聘用日籍女老师教授薙刀操。② 从这两位外籍老师的教学方式，可以很清楚地看到，她们传授的是尚武的体育教育。没有资料可以断定，外籍老师传授兵式体操，是出于自己的构想，还是学校要求，但从竞志女学特别聘请日本老师教导薙刀操的这个例子来看，学校的要求显然占较大成分，而这些学校之所以强调兵式体操，应该与尚武的时代精神脱不了关系。

　　另一个令人好奇的问题是，中国的体育老师多半不是科班出身，而且是身兼数职，外籍老师又何如？是否受过专门的体育训练？就以高美兰为例，根据记载，她除了教体操，还教英文、音乐等课程。③ 高美兰的专长是什么，没有任何记述，但高美兰被当成通才，是可以确定的。

　　女学生如何看待她们的外籍体育老师？冰心对北京贝满女中的美籍体育老师印象十分深刻。她回忆，贝满女中纪念建校五十年那天，她们在美籍老师指导下表演体育，这位老师的口令是："左

---

① 《宗孟女学堂新章程》，《警钟日报》，1904年3月16日，第2—3版；《记宗孟女学堂殷孝烈纪念会》，《警钟日报》，1904年4月4日，第3版。
② 侯鸿鉴：《天津教育讲演录（续）》，"讲演"，《教育杂志》，第8卷第8号（1916年8月），第76页。
③ 《宗孟女学堂新章程》，《警钟日报》，1904年3月16日，第2—3版；《记宗孟女学堂殷孝烈纪念会》，《警钟日报》，1904年4月4日，第3版。

脚往左撇,回来! 右脚往右撇,回来!"逗得女学生们只能强忍着笑。① 冰心的例子显示,她所体验到的体育活动,是滑稽又有趣的。

从前面不同国籍老师的教学方式可以看出,早期的女子体育并不强调竞技运动,再加上接受教育的女性人数有限,女学堂的体育教学只能在空间不大的环境下展开。体育老师除了教导女学生做轻松的身体运动,例如唱游和舞蹈等,也教她们兵式体操。不过,当体育政策转向后,兵式体操很快地被其他运动取代,以球戏引导女学生运动的风气,逐渐在女校校园中流行开来。

第二节　求同存异的体育教学

1928年,国民政府完成北伐,为了统一全国,着手各方面的整顿和统整工作。在教育上,国民政府制定一系列的教育法令,同时也对学校的各项体育措施做严密规定,试图把北洋军阀时代松散的体育教学制度化。② 除了加强学校体育,国民政府还重视全民体育的发展,一方面颁布《国民体育法》,另一方面通令各县市至少须设置一座公共体育场,力图使体育深入民间。③ 更重要的是,国民政府把原由私人团体筹办的全国运动会,转为由政府单位承担,还

---

① 冰心:《冰心文集》,上海:上海文艺出版社,1993,第6卷,第220—221页。
② 1931到1936年陆续颁布各级学校课程标准,对体育教学的内容、时间、方式均有具体规定。参见国家体委体育文史工作委员会、中国体育史学会编《中国近代体育史》,第193—198页;苏竞存编《中国近代学校体育史》,第158—164页。
③ 吴文忠:《中国近百年体育史》,第209页。

兴建大型体育场,以配合全运会的召开,因此,每次运动会不但热闹非凡,女学生参加的人数和项目也越来越多。这种通过政策而实施的全方位规划,颇利于体育的发展,也迫使学校必须积极地实行体育教育,并发展出符合政策的体育方向。不过,必须注意的是,并非每个学校都大张旗鼓地配合政府的体育政策,教育者的态度、运动经费、运动场地或体育设施,都可能牵动学校体育的发展,以至于当体育政策朝一统化迈进时,仍然可以看到各个学校有不同的发展情况。

一、制度上的规训

这时期,学校的体育活动除了有必修的体育课,还包括早操和课外运动。各学校之所以往多方面展开体育教学,固然与政府加强体育政策有关,但在女性出席运动比赛渐成风气的时代,运动员体育成绩的良窳,和学校的声望有密切关系,许多学校对女子体育的推动,也比过去积极、认真。如此一来,学校的体育逐渐制度化、严格化;再加上,运动身体原本就有规训功能,因此体育活动几乎都以训育方式落实。

(一)体育正课

这时期的体育正课虽然有一定的教学内容,但每个学校的教学方式轻重不一。以在体育界颇负盛名的金陵女子文理学院为例,该校对体育的重视,让学生深刻难忘。曾弥白回忆:

在一、二两年级中,每个人每星期必定要上四小时的体育,春秋二季是户外的,分网球、棒球与杖球等三种。冬季是户内的,分排球、篮球与柔软体操等数种。到三、四年级,上课的时间每星期由四小时改为二小时,每人可以自由在球类、舞蹈、射箭、拳术等数种中任选二种。①

该校甚至要求缺课的学生,必须补足时数,才能拿到学分。曾弥白记得,在一次毕业典礼前,有一位学生因为有两个小时的体育课没有补全,得不到学分,按规定是不能毕业的;这位学生只好脱下已经穿戴上的学士制服和方帽子,拿着网球拍,到操场上补打了两个小时的网球,才终于能和同学一起参加毕业典礼。② 这种情形也出现在男女合校的上海大夏大学,1934年,该校在"实施普及体育要点"中,提出"厉行体育及格标准,凡体育不及格者,虽学科及格亦不得升级或毕业"的规定。③ 至于中学同样不遑多让,位在上海静安寺的贵族女校——中西女中(前身为中西女塾),把体育的团队精神计入操行中,凡是体育成绩优秀的学生,操行也跟着提高。在女企业家吴舜文的记忆中,她的同学就曾因"体育不及格",几乎得

---

① 曾弥白:《寄母校的一封信》,"学友会概况:(四)学友消息",收入《浙江省立杭州女子中学五周纪念刊》,杭州:浙江省立杭州女子中学,1936,第226页。
② 曾弥白:《寄母校的一封信》,"学友会概况:(四)学友消息",收入《浙江省立杭州女子中学五周纪念刊》,第226页。
③ 王伯群:《普及体育之意义及其实施要点——校长实施普及体育之布告》,《大夏周报》,第11卷第2期(1934年9月17日),第26页。

不到初中毕业文凭。① 至于原本体育设备不健全的振华女学校,经过不断的扩建,拥有了两大操场、一座健身房,对体育课的要求也相对严格,除了每年级有两小时的体育正课,住校生有 15 分钟的早操,还规定体育正课不及格的学生,不可升级或毕业。②

从大学到中学的例子看来,这时期的女子体育正课,对学生有不小的约束力。事实上,以运动成绩规范学生的情形,并非中国独有。当时美国的女校也规定,学生每星期要有一定的运动量,达不到标准的学生,必须补足才能毕业;卫斯理(Wellesley)女子大学便指明,凡体育不及格的学生,不准毕业。③ 因此,当时中国女校对体育的要求,多少受这些体育先进国家的影响。

(二)体育正课之外的体育活动

女子体育的推动,光靠课堂上的体能训练,是很难达成的,而这种方式也不容易激发青年学子的兴趣,更何况体育需要实际操练和不断练习,因此,体育正课之外的早操和课外运动,成为塑造女性身体的另一个渠道。这类体育活动表面看来不是很正式,但却是体育政策的一环,也成为学校的例行活动。有的学校以寓教于乐的方式,让学生从课外运动中找到体育的乐趣;有的学校则非

---

① 温曼英:《吴舜文传:中国最有影响力的女企业家》,台北:天下文化出版股份有限公司,1993,第 32 页。
② 《三十年来之体育》,《振华女学校三十年纪念刊》,苏州:振华女学校,1936,第 63 页。
③ 教育杂志社编:《女子教育之问题及现状》,上海:商务印书馆,1925,第 32 页;霞女士:《我国妇女病弱的原因与补救方法》,《玲珑》,第 3 卷第 34、35 期合刊(1933 年 10 月 10 日),第 1854—1855 页。

常重视课外运动,不仅考校体育成绩,还用其来评价学生的操行。不过,在实际运作时,正课之外的体育活动,有时因空间和学习态度的影响,不能与预期目标若合符节。

1. 寓教于乐的课后运动

非正课的体育活动兼有训练和娱乐双重性质,为了激发学生参与运动的热情,有的学校采软硬兼施的方式,让这类型运动深入学生生活。而随着国民政府对体育的大力倡导、各种运动会的召开,以及校园空间的扩张,课外运动才能在1930年代成为校园文化。

原本必须看老天脸色,才能决定是否让学生到户外运动的圣玛利亚女校,在校舍不断增设后,不仅解决了这个问题,还强制学生参加课外运动。根据学生的回忆,学校把每天下午四点之后的时间定为游戏时间,安排45分钟的游戏活动,还要求每位学生都必须参加球类游戏。而且每到大考结束,学校就刻意举办各种球类比赛,不让学生因考试而缺乏运动。①

有健身房、网球场和排球场的中西女中,更为学生提供了不同季节选择不同运动的机会,好比学生可以在春、夏、秋三季练习网球、排球,冬天练习篮球。其中深受学生喜爱的网球运动,学生经常因为抢网而发生纠纷;身材娇小的同学热衷的桌球运动,也不时

---

① 郁仁方:《本校学生生活(一)》,收入 Porterfield、Kinnon、张德苑编:《圣玛利亚女校五十周纪念特刊》,第25页,上海档案馆藏,档号Q235-3-138;朱梅先:《本校学生生活拾屑(三)》,收入 Porterfield、Kinnon、张德苑编:《圣玛利亚女校五十周纪念特刊》,第28—29页,上海档案馆藏,档号Q235-3-138;郁仁方:《圣玛利亚学生的生活》,《女声》,第1卷第24期(1933年9月),第41页。

有同学争着拍球。① 至于浙江湖郡女中的课外运动,则相当有特色,学生除了在每天下午三点到五点打排球、篮球、网球,还可以骑自行车。据该校报道,原先仅供应两台自行车,在学生不敷使用的状况下,学校特别向车行租车,结果,全校能骑自行车的学生竟多达五分之四。②

2.严格考核的课外运动

相对于前述,有的学校则采用监督或严格的规训,推动早操或课外运动。例如,振华女学校刚创校时,不注重体育,体育只是意在矫正姿势、发达肌肉,但经过十多年的发展,体育受到大力倡导,该校对体育的推动不遗余力,其中课外运动,除了规定每年级每星期一次,利用课后做40分钟运动,还要求课外运动由级长领导分组、教师督察。③ 这和早期该校学生只能在校园一角嬉戏,不能同日而语。不过,和苏州中学、上海中学、松江女中等公立学校相较,振华女学校对学生的要求只是小巫见大巫。

从1932年发行的《江苏教育概览》,可以看到这三所学校的课外运动是如何的严谨。以专门招收男学生的苏州中学为例,该校把健身训练列入训育中,全天都有体育活动。从清晨开始,就要求学生得在早操、田径赛运动和国术三个项目中,任选一个项目参加;上午第二堂课后,则集合全校学生做健身操;下午四点到五点,又规定全体学生必须参加课余作业或运动。该校对每一项活动采

---

① S. T. K. Dolly Alma:《McTyeire(中西女塾)学生生活》,《现代学生》,第2卷第6期(1933年3月),第6—7页。
②《实施课外运动》,"校闻",《湖郡》,第4期(1937年6月),第55页。
③《三十年来之体育》,《振华女学校三十年纪念刊》,第62—63页。

取严格执行的方式,让学生无法掉以轻心。例如:规定早操或健身操不能迟到,迟到两次,便以缺席一次论,并分周统计公布;课后的运动,则明定每周至少得参加三次,并依体力分组;运动时,有体育教师指导技术,还有职员记录出席情形。① 苏州中学还把健身操、课后运动和体育努力程度,全作为考察学生操行的指标。②

男女合校的上海中学,也有早操和课外运动。课外运动为强迫性质,依据学生的身高和体重,制定适当的运动标准,男学生分甲、乙、丙、丁四组,女学生则是甲、乙两组。此外,规定每位学生必须学习一种运动,包括跑、跳或掷球,并根据学生学习的运动项目,每个月考试一次,学期结束,再做一次运动成绩总检查。凡是打破标准的学生可获得奖励,不及格的学生不得升级,而且运动标准不断地提高。③

至于以女学生为主体的松江女中,因为注重普及化的体育,不偏重对少数选手的训练,所以,规定每位学生每天必须有一小时的运动。④ 该校将体育实施分成运动锻炼和卫生预防两方面,撇开卫生预防不论,在锻炼方面,有体育课、早操和课外运动,学生在这类活动中的表现全列入体育成绩中。体育成绩采严格的方式考核,不与课业成绩并计,而是单独计分,分成四个计分方式:体能成绩

---

① 江苏省教育厅编:《江苏教育概览(民国二十一年)》,第 1 册,收入吴湘湘、刘绍唐主编:《民国史料丛刊》,第 1 辑第 7 种,台北:传记文学出版社,1971,第 237 页。
② 江苏省教育厅编:《江苏教育概览(民国二十一年)》,第 1 册,收入吴湘湘、刘绍唐主编:《民国史料丛刊》,第 1 辑第 7 种,第 237 页。
③ 江苏省教育厅编:《江苏教育概览(民国二十一年)》,第 1 册,收入吴湘湘、刘绍唐主编:《民国史料丛刊》,第 1 辑第 7 种,第 251—252 页。
④ 《体育部消息》,《松江女中校刊》,第 50 期(1933 年 12 月),第 7 页。

占50%,运动出席情形占20%,运动努力程度占20%,体格健康(姿势、疾病)占10%。① 1934年,该校还将体育成绩做了修正,体能分数由50%提高为60%,包括20%的体力测验和40%的运动测验两项,测验内容全不含糊。② 最有意思的是,为鼓励学生利用假期进行有益身心的活动,学校将运动也列为一项假期作业,凡是将运动作为作业的学生,返校后,必须用表演来证明成果。③

从这三所学校的体育活动看来,学校并没有因为性别的不同,采取不同的体育方针,反而是相当一致化地利用早操、课外运动,强化体育,还经由训育进行赏罚,以提高学生的出席率。

3.体育活动的落实程度

在实际运作中,学校是采何种方式去推动的呢？在安徽安庆女中学生吕静贞传神的描写下,我们看到该校如何规范早操活动:

> 每个人都站在自己的地位,一行一行地站得整整齐齐。体育先生也站在台上了,于是一节一节地动作着,训育先生、教务主任、校长都在我们旁边来回的走着。操毕了,各班的级

---

① 运动出席情形与运动努力涵盖体育课、早操、课外运动,见江苏省教育厅编:《江苏教育概览(民国二十一年)》,第1册,收入吴湘湘、刘绍唐主编:《民国史料丛刊》,第1辑第7种,第267页。

② 体力测验有仰卧引体向上、双膝全屈,运动测验则有50米跑、跳高、跳远、垒球掷远、篮球掷远、6磅(约2.7千克)铅球及球类,其中球类又分成40秒投球篮、1分钟篮球掷接、发5次排球、1分钟排球回击。参见《体育部消息》,《松江女中校刊》,第59期(1934年6月),第9—10页。

③ 江苏省教育厅编:《江苏教育概览(民国二十一年)》,第1册,收入吴湘湘、刘绍唐主编:《民国史料丛刊》,第1辑第7种,第264页。

指导,拿了点名册子来点名,立时点名声和答到声混成一片。①

然而,并不是每个学校都滴水不漏地执行规定。以浙江省立杭州女子中学②为例,该校的早操和课外运动,分别占体育成绩的五分之一,还有严格的点名制度,除了运动员,其他同学缺席次数超过三分之一者,不给分数,早操更规定不得请例假。③ 但事实上,杭州女中的体育活动直到1936年才能充分展开,因为在这之前,该校的旧有场地不敷使用,新建筑又在陆续兴建中,课外运动的时间无法全校一致。④ 1926年从该校毕业的邵梦兰,在接受我的访问时,直率地指出:

> 早上排有体操课,但不是天天有,下午四、五点排有课外活动,可到校园从事打球等课外活动。……课外活动既然是自由活动,好像都没有人教,就是自己练习活动。⑤

邵梦兰所言不虚,根据《浙江省立杭州女子中学五周纪念刊》的记

---

① 吕静贞:《学校生活的拾零》,《安庆女中月刊》,第4期(1934年12月),第70页。
② 该校原名杭州女学校,先后更名为杭州女子师范(1907)、浙江省立女子中学校(1923)、浙江省立第一中学(1927)、浙江省立杭州女子中学(1931)。参见《校务概况:(一)校史纪要》,收入《浙江省立杭州女子中学五周纪念刊》,第1—6页。
③ 《体育概况:(一)章则》,收入《浙江省立杭州女子中学五周纪念刊》,第167页。
④ 《体育概况:(三)报告》,收入《浙江省立杭州女子中学五周纪念刊》,第179、182页。
⑤ 游鉴明访问,黄铭明等记录:《春蚕到死丝方尽:邵梦兰女士访问纪录》,第54页。

载,该校派教师或助理员指导课外活动是在1934年前后,①因此邵梦兰就读时期确实是自行练习。

除了受限于运动场地,还有的学校因为没有采取严格执行的措施,导致学生也抱着轻慢的态度应付例行的早操活动,《早操的前后》一文,就呈现了这一幕:

> 同学们,有的马马虎虎地摆着脑袋;有的把两手插进裤袋左顾右盼;有的戏弄自己的同学;有的谈笑;有的……②

这与采取严厉管理的学校相较,实在判若云泥。

(三)运动竞赛

体育课或课外的体育活动,都在锻炼学生的身体,而运动竞赛或运动会,则在体现体育教学成果,因此学校每年至少举行一次全校性的运动会。③ 由于运动会是公开演出,为了学校荣誉,学校对

---

① 1935年,该校的课外活动不再受时间和场地的限制,每周一、三、五下午四点到五点半,特辟为课外运动时间。《体育概况:(三)报告》,收入《浙江省立杭州女子中学五周纪念刊》,第179页。
② 明子:《早操的前后》,收入十日谈旬刊社编:《学校生活特辑》,上海:第一出版社,1934,第168页。
③ 南京中华女中校长认为:"欲强其国者,必先健其民,欲健其民者,必先提倡运动。"因此该校每学期必举办一次运动会。博生:《秋季运动会》,"校闻",《中华女中校刊》,第6期(1933),第6页。大夏大学则是每年春秋二季各举行运动会一次,学生必须全体参加。王伯群:《普及体育之意义及其实施要点——校长实施普及体育之布告》,《大夏周报》,第11卷第2期,第26页。

于学生参与校内或校外运动竞赛,定有严格的规章,让学生不得轻率演出。

既然运动会与体育教学有关,不少学校便将是否出席运动会列入学生操行或体育成绩的考核项目中。例如,对体育相当注重的上海女中,在上海市体育场举行秋季运动会时,要求全校学生必须一律参加,而且每人至少参加一个项目。① 浙江省立杭州高中在《全校运动会比赛规则》中,不但规定全校学生得一律参加学校运动会,还订定男生至多参加四项,女生则至多三项,而三年级的学生,因为第二学期功课繁重,除团体操必须参加外,其他项目可以自由选择参加。②

运动会不只限于校内,1920年代后期,校外的运动会如火如荼地展开后,学校多半鼓励学生参加比赛,除了精挑细选参赛的选手,还严格规范选手。例如松江女中鼓励运动成绩优良的学生参加校外的各种比赛,不过,学校也明确规定,凡是代表出席比赛的选手,不准弃权,否则全体出席人员都得连带受处分。③ 浙江嘉兴女中认为,体育选手代表学校,外出比赛的球队选手必须是运动技艺与学养兼备的人。因此,不但校队名称、队旗、校队训练和组队参赛须根据校方规定,或获校方许可,球员的学业成绩及品德也须合乎校方标准,凡"学业成绩三分之一不及格者及操行劣等者"与

---

① 《妇女体育:上海女中举行运动会》,《玲珑》,第5卷第46期(1935年12月4日),第4020页。
② 《全校运动会比赛规则》,收入浙江省立杭州高级中学训导处编:《浙江省立杭州高级中学体育概况》,杭州:浙江省立杭州高级中学,1934,第28页。
③ 《体育部消息》,《松江女中校刊》,第59期,第10页。

"不尊重运动规则及运动道德者",均不得为该校代表。①

不过,当不少学校对选手提出诸种要求时,有的学校却主动取消选手制。1934年,大夏大学的"实施普及体育要点"中,就有如下规定:"取消选手制,退出校外各种锦标比赛。"②大夏大学的规定不是反对体育,而是针对当时学校过度重视选手制、忽视普及体育的现象提出的。有关这部分的内容将留置第六章分析。

二、身体上的规范

(一)从不准束胸到穿着运动服

呼吁女性放胸的声浪此起彼伏时,有一些思想较开放的女性跟着身体力行。根据杨子烈(张国焘之妻)的自述,就读武昌女子师范学校时,她受"五四"时期解放思想的影响,自行撕掉了背心,当时她的同学还到晒衣场撕别人的背心。③ 不过,对放胸言论做积极回应的,多半是学校,有的学校还严厉执行。因此,"放胸"这个议题,在解放与规训两极化的论点中摆荡。

以松江女中为例,该校从1928年年底开始,展开一连串的禁止束胸工作。根据有关该校例行活动的记载,1928年12月27日,训

---

① 《嘉兴县立女子中学》,《浙江体育半月刊》,第32、33期合刊(1933年5月),第140页。
② 王伯群:《普及体育之意义及其实施要点——校长实施普及体育之布告》,《大夏周报》,第11卷第2期,第26页。
③ 杨子烈:《往事如烟》,香港:自联出版社,1970,第76页。

导委员会把检查紧身衣列入讨论事项中;翌年1月4日的下午,该委员会派了6名委员到宿舍检查学生的衣箱,挑出90多件小背心和小衬衫,除了没收小背心并废弃,还要求学生取回小衬衫,按个人身材比例放大。对这项突袭检查,学校的理由是:"实提倡体育,解放身体方面之束缚。"①该校的学生自治组织也与训导处相互呼应,起初社会学科研究会在1928年提出"女子的衣服短小和长大究以何者为宜""女子穿紧小内衣有何害处"等议题,让学生讨论,并选出成绩优良的班级,说明穿小内衣的害处。②到1930年4月,学生组的公安局纠察股又决议"见有小背心晒在外面,一律收掉;并查箱内有否,倘有,也须查去"。③于是检查学生紧身内衣的工作,由训导人员负责转为学生自治组织负责。

当时反对女学生束胸的,不限于女校长,男校长也有同样主张。上海女中的校长吴志骞在校务会议中,曾提出"取缔束胸"的议案,经议决后,校方立刻派一位女性事务员专门负责取缔工作,并到学生宿舍进行检查。④据谢冰莹自述,她就读的长沙省立第一女子师范,是由男校长治校,校长虽然与学生相处融洽,但管理十分严格,曾禁止学生穿紧身小背心。⑤

然而,要求女学生放胸的人或学校,多半没有考虑到当事人的

---

① 《学校大事记》《训导处消息》,《松江女中校刊》,第3期(1929年2月),第1、8页。
② 《社会学科会议消息》,《松江女中校刊》,第3期,第11—12页。
③ 张宝娟:《公安局工作报告》,"市声特刊号",《松江女中校刊》,第12期(1930年6月),第9页。
④ 《上海女中取缔女生束乳》,《玲珑》,第5卷第39期(1935年10月9日),第3393—3394页。
⑤ 谢冰莹:《女兵自传》,台北:东大图书股份有限公司,1992,第42页。

107

看法,因为许多人束胸是出于无奈,就如前章所提。此外,对大多数女学生来说,放胸不但得经过一番挣扎,还必须顾虑他人的想法。即使反对同学束胸的杨子烈也承认,解放束胸、撕掉紧背心是个人的事,但要有"不怕人讪笑"的勇气,特别是挺着胸脯上体操课时,会弄得男女老师都很尴尬。① 而不曾束胸的邵梦兰表示,之所以没有在体育课上造成不便,是因为她的体育老师是女性。②

当学生被要求除去穿着的束缚,自由自在地展开运动时,学校又以穿上运动服装来规范学生。以杭州女子中学为例,该校曾规定,体育正课一律穿着运动服装,不穿运动服的人,和无故缺席的一样,都得遭受严厉处分。③ 尽管穿着运动服和不准束胸是两回事,学校却都借着运动这个冠冕堂皇的理由,规范女学生的身体;而放胸的做法,和阎锡山派查脚员到百姓卧房检查是否放足的举措,有异曲同工之处,即完全不顾当事人的想法,利用公权力闯入女性住处。④

(二) 例假与特殊教学

和男子体育最大的不同是,倡导女性运动必须顾及女性的身

---

① 杨子烈:《往事如烟》,第 76—77 页。
② 游鉴明访问,黄铭明等记录:《春蚕到死丝方尽:邵梦兰女士访问纪录》,第 54 页。
③ 该校认为:"吾人每感服装不齐,精神不能振作,运动后不换去汗湿衣服,更易感冒,且动作之中,亦有受服装之牵制,而不能活泼者,夏季与冬季尤觉不便。"《体育概况:(三)报告》,收入《浙江省立杭州女子中学五周纪念刊》,第 178—179 页。
④ 高彦颐(Dorothy Ko):《缠足:"金莲崇拜"盛极而衰的演变》(*Cinderella's Sister: A Revisionist History of Footbinding*),苗延威译,第 119—122 页。

体和生理状况。除了舆论关心这个问题,例行的体育会议也经常提出讨论,因此,多数学校会订定办法,让身体状况不佳或处在生理期的女学生避开剧烈运动。例如杭州女中的女学生,在月经期间,可以向体育老师请三天例假,但必须站在旁边看同学运动。①

此外,为让所有学生都有运动的机会,有学校依据学生的健康状况,安排另类体育教学。杭州女中曾为身体衰弱或肢体有病的学生开了特别班,改做散步、游戏、改正操、槌球、乒乓球等和缓运动。② 河北女子师范学校的体育课则做了更细致的安排,女作家靳佩芬(笔名"罗兰")回忆,北女师把三个班的体育课排在同一时间上课,再根据学生的身体状况和运动技术将其分成三组,并由三个老师在不同场地上课,以不同的考试标准计分;如此一来,每一组的学生都有获得高分的机会,使得"即使不能做运动选手的同学,也不致在'明星级'的同学面前自卑"。③ 据靳佩芬的观察:

> 全校对体育活动的热爱形成活泼明朗的校风。各类运动会或球赛,人人乐于参加观赏,给运动员加油,自己也分享各项运动的快乐。而有天份〔分〕的运动员也不致成为给学校打"知名度"、争光荣的工具。④

---

① 游鉴明访问,黄铭明等记录:《春蚕到死丝方尽:邵梦兰女士访问纪录》,第54页;《体育概况:(三)报告》,收入《浙江省立杭州女子中学五周纪念刊》,第178页。
② 《体育概况:(三)报告》,收入《浙江省立杭州女子中学五周纪念刊》,第178页。
③ 罗兰:《蓟运河畔:岁月沉沙第一部》,台北:联经出版事业公司,1997,第207—208页。
④ 罗兰:《蓟运河畔:岁月沉沙第一部》,第208页。

严格而言，例假或是特殊教学是从体恤女学生出发，但为达成运动的目的，仍是以规范来落实的。

三、大家体育抑或体育大家？

从上述学校积极推动女子体育的例子，是否可以断定这时期的女子体育已普遍受到学校的重视？会不会这只是一种假象？又或者积极于女子体育的只是部分学校？

1934年，江苏省教育厅召开改进中等学校体育会议时，体育专家赵汝功针对两年来江苏省各校的实施状况做了回顾和检讨，并以课外运动为例，指出其中的各种阻力，综括他的说法是：（一）场地狭小，无法容纳众多学生；（二）有广大场地，却没有经费去添置运动设备；（三）有的学校下午四点之后依然排课，罔顾学生的健康；（四）为了高三学生的毕业会考，学校只推动局部的课外运动。赵汝功还提到，过去体育分数的考核，没有依据，全凭主观；近年来，才有了给分标准。再以校内外的比赛为例，赵汝功认为"比赛可以增进技能，也可以训练服从和团结的美德"，但有的学校因为校内比赛，造成级际间的冲突，便停办这项活动。[①]

《体育周报》的"短笛"专栏则辛辣地揭露虚有其表的体育内幕：

> 近年提倡体育者，多尚空谈，不务实际，所以学校方面之

---

① 赵汝功：《二年来江苏省中等学校体育的回顾及今后的愿望》，《体育研究与通讯》，第3卷第2期（1935年12月），第3—4、7—8页。

设体操课、开运动会,有借此以钩名沽利者;行政方面之施行视察,填造表册,有借此以敷衍长官者。干脆的说一句话,全是要不得的。①

女校更被认为问题严重。经常参观各地女校的温建之发现,女校的体育异常简陋,多数比不上男校,许多学校运动场面积狭小,还有学校以体育"点缀门面",视体育为"例行公事",完全违背体育本意。②

身为学校主事者的大夏大学校长也特别表明,教育界实施"三育并重"已有数十年,但体育方面未见效果,原因是:

> 一般错认体育之目标,误以竞技比武作为体育之全部,视锦标之夺得为一校体育进步之表现。致学校体育训练以养成选手为唯一之目标,全部体育之财力、精力销〔消〕耗于角技斗胜之中,流弊所至,遂使运动场为少数人独占,而大多数学生不能获相当运动之机会。③

1933年,许晚成对上海各地女子中学的调查,更证实了这些说法。根据许晚成调查,在38所学校中,除体育学校不计,有19所学校的课外活动安排了体育活动;他特别指出,一般女校重视运动代

---

① "短笛",《体育周报》,第1卷第29期(1932年8月20日),第2页。
② 温建之:《女子与体育》,《女子月刊》,第5卷第2期(1937年2月),第27页。
③ 王伯群:《普及体育之意义及其实施要点——校长实施普及体育之布告》,《大夏周报》,第11卷第2期,第25—26页。

表和选手锦标的光荣,忽略校内的体育课程和健康指导,养成的是"体育大家",而不是"大家体育"。① 这些陈述反映出学校推动女子体育的困境,例如运动场地狭小、没有经费购买运动器材等等;而大环境所带来的问题,更阻碍女子体育的运作,特别是面对日军的不断侵袭,体育运动根本无法正常发展。"九一八"事变发生之后,各界强调以体育来强身、复兴民族,有不少学校甚至认为,推动体育必须有广大的运动场、球场、女子的跑道,以及昂贵的外国运动器材;但论者发现有能力添购贵重运动设备的学校其实不多,再加上"一·二八"事变,让上海的不少学校必须迁校,或改在陋巷斗室上课,在这种情况下,体育课的推动都十分困难,更遑论体育设施的添购。② 另外,当 1937 年教育部规定,从这一年的下半学期开始,严格推动课外运动时,不少人认为有执行上的困难。例如张文昌指出,全国公、私中学有场地能容纳全体学生同时运动的,并不多见,而且又有体育指导员人手缺乏、浴室设备简陋有限等问题。③ 这也就是当我们看到不少学校热衷于执行课外运动的同时,为何有不少学校有心无力,或根本不愿实行。

然而,前面的陈述也反映了部分学校对女子体育的虚与委蛇,其中由少数人独占运动的问题,更在地区运动会或全国运动会时,遭到各界质疑,而且一再地被提出讨论。由于这项问题还牵涉选手制度、锦标主义,以及明星运动员的待遇和品德,不仅是学校的

---

① 其中各校课外活动的调查,是由各校校长自行填写的。许晚成:《上海女子中学教育现状》,《上海教育界》,第 6 期(1933 年 8 月),第 24—30 页。
② 陆翔千:《谈学校体育(二)》,《申报》,1932 年 7 月 20 日,第 11 版。
③ 张文昌:《中学下午三时以后的强迫运动问题》,《教育杂志》,第 27 卷第 4 号(1937 年 4 月),第 109—110 页。

体育政策,因此,将在最后一章对这部分做更深入分析。

除了上述因素,学校校长的态度也不容忽视,但往往见仁见智。"五四"时期曾参与妇女运动的吕云章,在1934年接掌河北通县女子师范学校时,学校中学部的空地遍布杂草、瓦砾,根本无法开辟球场,吕云章便请托学校附近的驻军,协助除草;之后,她又请人修建球场和跑道,并添购新球,把女学生和老师都引到了运动场。① 为提高学生的体育兴趣,她自己也加入运动,据吕云章描述:

> 有时我忙里偷闲,也参加她们的阵营,去扔几个球,我在学校也曾练习过,不过好久没有练习,已经生疏了。为提高学生的兴趣,也不得不表演一下,跳跳跃跃,嘻嘻哈哈,师生打成一片。②

然而,毕业自上海东亚体育专科学校(简称"东亚体专"),并在南京市立考棚小学任教的甘之伯指出,每当上体育课时,学生都欢天喜地,除了是儿童好玩好动的天性所致,确实有部分学生向他学习体育技能,而女学生也兴趣盎然,即使月经期间也不愿请假,除非是做剧烈运动,才请例假。不过,体育设备的不健全及学校主事者的态度,却影响体育的发展。他指出,包括他服务的学校在内,都禁止学生课后运动,影响学生进一步的兴趣。③ 江浙教育考察团

---

① 吕云章:《吕云章回忆录》,收入张玉法、张瑞德主编:《中国现代自传丛书》,台北:龙文出版社股份有限公司,1990,第2辑(9),第96—99页。
② 吕云章:《吕云章回忆录》,收入张玉法、张瑞德主编:《中国现代自传丛书》,第2辑(9),第99页。
③ 甘之伯:《都市体育之改进》,《勤奋体育月报》,第4卷第4期,第318—319页。

也发现,南京女子中学虽然由女权运动者刘蘅静作为校长,却只注重课业,轻忽体育和课外活动。① 只注重课业的这个问题,似乎相当普遍,而且多出现在城市学校。赵普照就发现,城市学校的体育设施较其他地区有规模,但课业的压力,让城市的学生轻忽体育。②

至于教师的素质和教学方式,也是推动体育的关键。相较于清末民初,这时期因为体育专门学校的陆续成立,体育师资的来源问题较少被讨论,论者关心的大多是师资训练不足或素质欠佳等弊病。中央大学体育主任吴蕴瑞发现,体育学生在训练上的不足,导致他们一旦成为老师,"不为他人重视,有何建议,有何主张,不为他人赞同,办事困难,难谋事业发展",或者是上课只敷衍学生、迁就校长。③ 赵普照也指出:学校对体育教师资历的漠视、薪资的偏低,是造成体育无法提升的一项因素。④ 还有一类老师,虽然没有素质上的问题,但为了培养运动选手,往往仅注意少数运动员,不把主要精力用在普及性的体育训练上,因此有人讽刺这些体育教师,"与其在普通的学校中任职,倒不如专在比赛时充当选手的照料员"。⑤

---

① 《中等教育:江苏省立南京女子中学》,"江浙教育考察专号",《时代教育》,第2卷第11、12期合刊(1934年12月),第75—76页。
② 赵普照:《中国学校体育不发达之原因》,《勤奋体育月报》,第1卷第12期(1934年9月),第34页。
③ 吴蕴瑞:《吾国体育不振之原因》,《勤奋体育月报》,第1卷第1期(1933年10月),第10页。
④ 赵普照:《中国学校体育不发达之原因》,《勤奋体育月报》,第1卷第12期,第34页。
⑤ 刻刻:《学校里的老毛病:杂感三则》,《大公报》,1926年11月23日,第8版。

第三节　培养专业人才的体育学校

发展体育不能光靠体育课程的设置或各种体育活动的展开，还需要注意体育师资和运动人才的培养，才能让体育落实生根，体育专业机构便扮演了重要的中介角色。有关女性体育师资和人才的训练是以两个途径展开的。一是负笈国外专门学校修习体育，早期多留学日本，其后渐转往美国及欧洲等地，高梓和张汇兰即于1920年代留学美国，她们返国后，主要从事女子体育的教学和研究工作，对女子体育有相当的贡献。① 另一是兴办体育学校或体育科系，如本书导言提到，自清末到1936年，江南地区的女子体育学校占全国的三分之二，培养出不少杰出的女性体育人才。以下将分成清末民初和1920到1930年代两部分进行讨论，了解体育学校设置的目的、过程及相关问题。

---

① 张汇兰和高梓均留学美国威斯康星大学，前者曾为中央大学体育系教授，后者则是北平女子高等师范学校体育系主任。以上参见郝更生《郝更生回忆录》，第110—111页；徐元民《中国近代运动竞赛》，第17页；王惠姬《二十世纪前期女子留学生与中国体育的拓展（1900—1937）》，收入《走向近代》编辑小组编：《走向近代：国史发展与区域动向》，第271—292页。

一、清末民初设置的女子体育学校

(一)设立女子体操传习会

女子体育学校成立之前,有女校已经察觉到培养女子进行体育运动将是不能阻挡的风潮,再加上能教导女性运动的人才奇缺,于是着手设置女子体操传习会。1906年,务本女校开了先例,成立暑期体操传习会,从该校在《申报》刊登的设置章程可以看出,这个传习会就是"专为各地女学校及小学校养成女子体操教员"而成立的。而对有意愿接受体操研习的人,务本女校提出的条件是什么呢?该传习会章程规定:(一)有教育志愿者;(二)身体健全、步履便利者;(三)年在16以上、30以下者;(四)曾入学堂,略有普通智识者;同时,还得缴交学费4元、膳宿费4元、杂费和佣费2元。①

至于体操研习的时间和内容,是采取五到六周的集中学习,学习的项目有瑞典式体操、普通体操、游戏和舞蹈等。② 由于女子体操传习会的目的主要在养成师资,所以研习结束后,学生都被延揽到女校当体操教师,从报纸报道就可以窥见该传习会受欢迎的程度。例如,江苏松江的开明女校在传习会成立后,便主动提供津贴,挑选甲班生4人,到传习会学习体操,并期待结业后,派她们为学校教员。③ 在这种情况下,想进入务本女子体操传习会的人,超

---

① 《务本女塾暑期体操传习会章程》,《申报》,1906年6月30日,第17版。
② 《务本女塾暑期体操传习会章程》,《申报》,1906年6月30日,第17版。
③ 《开明女学生送入务本》,《申报》,1906年7月19日,第9版。

过该校的预期:原本计划招收40人,结业时,获颁结业证书的人,竟多出9人,合计49人。①

跟在务本女校之后,苏州长元吴劝学所也在1907年组织夏期女子体操游戏讲习会,留学日本大森体操学校的同盟会会员徐一冰则主办体操补习会,这两个短期训练班招收的对象、研习的期限和项目,都和务本女校大同小异。②

除此之外,根据1907到1908年间《申报》的报道,有的女校有意利用暑假办体育速成班。例如,苏州女子初级师范学堂的体育速成班,预设招收50人,年龄为15岁到25岁,但不得缠足,并得缴费;③江苏常州争存女校则表明,该校的暑假附设体操传习所,教授简易体育体操教授法、普通体操(徒手、哑铃、棍棒、球杆)、游戏体操(唱歌、行进、舞蹈)。④ 这种短期体育训练班的纷纷设立,除了受女校本身积极态度的影响,也得到地方教育单位所助一臂之力。例如,常州地区因为女学校的体操教师非常缺乏,当地教育单位正式订规,同意女校利用暑假开设女子体操传习所,⑤因此,争存女校设立暑期班之后,又增添速成师范班。⑥ 从江南地区女校争相开办体育人才短期训练班的现象看来,当时女子体育师资的培养,已经

---

① 甲等12人、乙等23人、丙等13人、特别等1人。《务本女塾暑期体操传习会给凭》,《申报》,1906年8月20日,第17版。
② 郑志林:《略论我国女子近代体育的兴起》,收入体育学会体育史专业委员会等编:《中国近代体育史文集》,杭州:浙江教育出版社,1992,第81—82页;张天白:《中国女子体育专业教育始于何时》,《体育文史》,第2期(1991年2月),第29页。
③ 《女子师范添设速成科》,《申报》,1907年6月21日,第11版。
④ 《争存女校附设体操传习所》,《申报》,1908年6月10日,第2张,第3版。
⑤ 《常州学务汇志》,《申报》,1908年6月19日,第2张,第3版。
⑥ 《女学添设速成师范班》,《申报》,1908年7月4日,第2张,第3版。

是一种必行的趋势。

尽管女校对培育体育人才和体育师资颇为热衷,然而,无论是讲习会、传习会还是速成班,都不是正式的养成机构,只是一种过渡机构,女子体育的发展,还是需要仰赖专门学校或体育科系,给予长期、有计划的训练。

(二) 成立女子体操学校

1906年,清廷学部通令各省师范学堂设体育专修科,名额为100人,专门培养小学体育师资;在这时期,回国的留学生也陆续成立体操学校或体育专科学校。①

前面提到主办体操补习会的徐一冰,在1907年返国后,先是在爱国女学校和中国公学任教体操,第二年,便在苏州创办中国最早的一所体育学校——中国体操学校。徐一冰创校的目的,是"秘密宣扬革命,志在颠覆满清,同时提倡国民体育,以图强身御侮,发扬民族精神"。② 因此,该校采军事训练。由于中国体操学校热衷革命事业,辛亥革命爆发时,全校师生都参加了革命,学校便暂停上课,直到1912年才复课。③

中国体操学校原本仅招收男学生;1910年,增设女子部,次年,女子部更名为中国女子体操学校;此后,男女学生分开上课,由王

---

① 张志贤:《北京师范大学体育系变迁》,收入中国人民政治协商会议北京市委员会文史资料研究委员会编:《文史资料选编》,第15辑,第210页。
② 费石师:《中国体操学校简史》,《国民体育季刊》,创刊号(1941年9月),第84页。
③ 周德等:《中国体操学校》,收入体育文史资料编审委员会编:《体育史料》,第7辑,北京:人民体育出版社,1982,第14页。

季鲁、徐一冰、徐傅霖和汤剑娥等人负责校务和教学工作。① 他们都曾在日本留学,受过日本体育训练,汤剑娥特别担任女子体操运动课程的负责人。1909 年 11 月,该校举办创校后的第二次运动会,报刊媒体对该校的表现,给予高度肯定:

> 所演各节,材料新颖,姿势正确,其中如第三部棍棒,三人三木环、木棒薙刀,及各种舞蹈,尤为特色。而各个教授法及学生试教他校成绩,态度精神,均臻完美。②

《民吁日报》更称赞:"良为近来女校所罕觏,即方诸东国女校,殆有过之无不及也。"③连画家也细腻地勾勒这场运动会的盛况,这部分将在第五章呈现。

和中国体操学校不同的是,中国女子体操学校的教学宗旨为"志在提倡体育,教授女子专门技能,以期养成女学校完全体操教师,应体育界之急需"。④ 显示该校不以革命为目标,而是倡导体育,并造就女子体育师资。在学生的招收上,与前述设置在女校的速成体操班相同的是,该校不招收幼童,学生的入学年龄为 16—24

---

① 周德等:《中国体操学校》,收入体育文史资料编审委员会编:《体育史料》,第 7 辑,第 14 页;《中国女子体操学校章程》,收入武进孙掞编:《体育界汇刊》,上海:中国体操学校校友会,1917,第 101—102 页。
② 《记中国女子体操学校运动会》,"记事:学堂消息",《教育杂志》,第 1 年第 12 期(1909 年 11 月),第 96 页。
③ 《女体操校之大运动》,《民吁日报》,1909 年 11 月 15 日,第 4 页。
④ 周德等:《中国体操学校》,收入体育文史资料编审委员会编:《体育史料》,第 7 辑,第 14 页;《中国女子体操学校章程》,收入武进孙掞编:《体育界汇刊》,第 101—102 页。

岁,并要求学生"洁净朴素",禁止使用脂粉、饰品或穿着华丽衣服。①

至于中国女子体操学校安排什么样的课程呢？顾名思义,应该以体操教学为主,再加上这时期的女子体育也强调体操,因此体操成为主轴;从1909年(宣统元年)中国女子体操学校召开的第二次运动大会上女学生表演的项目中(包括普通体操、游戏体操和应用体操),也足见一斑。② 不过,除了研习各种体操游技,该校还注重技击,主要是因徐一冰对于技击颇有研究,于是将这项技术传授给女学生;而该校第四期的14名学生,还合编了《潭腿十二路》一书。③

中国女子体操学校曾中辍一段时间,当时各界都相当关切,在女子体操教师缺乏的时代,该校校友主动向学校提出复校的请求,于是1914年中国女子体操学校再度复学。该校先后办了六期,毕业生有数十名,这群毕业生分别在各省师范和高小学校任教,成绩可观。④

这时期培养女子体育的机构,除了有中国人发起的,还有西洋传教士主办的。1915年,中华女青年会在上海试办女子体育师范速成科,就学年限为一年。次年,速成科正式改称"女子体育师范

---

① 《中国女子体操学校章程》,收入武进孙揆编:《体育界汇刊》,第101—102页。
② 《女体操校之大运动》,《民吁日报》,1909年11月15日,第4页。
③ 《本校纪事：女子热心技击》,《体育杂志》,第1期(1914年6月),第7—8页；中国女子体操学校第4期同学会:《体操资料：编辑潭腿浅言》,《体育杂志》,第1期,第15—16页。
④ 《中国女子体操学校之复活》,《时报》,1916年12月21日,第8版。

学校",附设在上海女青年会内;①1924年,该校并入金陵女子文理学院。②

女子体育师范学校的教学内容,和中国女子体操学校有很大程度的不同,前者受美国影响,后者则是模仿日本。从1921年女子体育师范学校的毕业表演,看得到西方舞蹈的落实;此外,该校还跨出体操范围,朝向田径赛教学,但却引来教育专家的好奇和怀疑。教育家黄炎培便是其中一人,根据黄炎培的叙述,该校学生大多毕业于中学或师范学校,学生也较年长,年龄为18岁到25岁。该校规定,每天上课6小时,学生学习的科目不限于体育,以3个小时教授国文、英文、生理、教授法、急救法、矫正姿势等,另外3个小时实习,运动项目包括柔软操、木马、平均木、跳高、球戏等。③ 这种训练课程培养出不少运动专家。

黄炎培原本担心女性学习田径有碍其生理健康,但参观该校的教学情形之后,他有了不同的看法。他发现学生毕业时不仅身体变得壮硕,每人体重还增加了5磅到15磅(约2.27千克到6.8千克)。而且课程内容确实有特色,他列出了四点:(一)运动方法适合女性,不似男子运动剧烈;(二)每运动若干分钟,必令休息,以呼吸来调气;(三)校长陈英梅虽留学于美国,所用运动方法或运动用具也来自美国,但均以中文发布口令或命名事物;(四)运动服合乎女性生理,而且采质精、价廉的国货。此外,他也提到,学校有附属

---

① 中国第二历史档案馆编:《中华民国史档案资料汇编》,第3辑,南京:江苏古籍出版社,1991,第850—852页。
② 《金陵女子文理学院二十周年纪念特刊》,《申报》,1935年11月2日,第18页。
③ 黄炎培:《抱一日记》,"名著",《教育杂志》,第9卷第6号(1917年6月),第21页。

图11　1921年上海女青年会女子体育师范学校毕业表演

学校,可以供学生实习。①

  无论如何,在没有专门训练女子体育师资的机构的时代,女子体育师范学校凭借其丰富的课程和优良的学风,成为全国首屈一指的女子体育学校。各省女子师范学校都争先恐后,选派学生前往进修;学生毕业后,便返母校服务,改良学校体育环境。② 还有毕业生则是投入建设体育学校的行列,对女子体育的推动不遗余力,例如中国女子体育师范学校的校长华豪吾、两江女子体育师范学

---

① 黄炎培:《抱一日记》,"名著",《教育杂志》,第9卷第6号,第21—22页。
② 张汇兰:《河北省立女子师范学院二十一年度体育概况》,《体育季刊》,第1卷第4期(1933年10月),第69页。

校的陆礼华都来自该校。①

　　清末民初,不但苏州、上海有女子体育学校成立,浙江省自1905年起,也陆续设置体育学校。1905年,徐锡麟在绍兴创办的大通学堂便相当有名,该校曾请秋瑾教女学生运动,但因地方父老的反对,没有女学生前来受教,最后秋瑾教授的对象只有男学生。② 不过,1917年,杭州的普成女校附设了女子体操讲习所,该所由寿成云(女子师范学校毕业生)筹办,开课以来,教授、管理双方都十分注重,讲习所以"勤朴"为校训,并制校歌:

　　　　天赋人权,知识官能,男女本平等。习俗腾笑,作茧自缚,放弃其责任。云居山畔,朝夕讲贯,巾帼聚群英,勤劳纯朴,勇猛精进,个个有精神。③

女子体操讲习所创办不久,寿成云转至普成女校,于是讲习所改由武问梅负责。由于资料不全,笔者对该所的发展情形不是很清楚,目前查得的资料是学制为一年半,学生多半为高小毕业生。④ 根据报道,该所成立以来,入学学生不少,而且曾在1917年9月,乘天高气爽,率领学生旅行至北高峰,记者认为这次旅游,表现了巾帼英雄的气概,"钗光剑影,大有巾帼英雄之概,洵足以矫柔懦娇怯之

---

① 费石师:《中国体操学校简史》,《国民体育季刊》,创刊号,第84页。
② 许燕耿:《近代的女子体育》,《体育文化月刊》,第4期(1994),第29页。
③ 《女子体操校之校训校歌》,《教育周报》,第155期(1917年3月20日),第1页。
④ 郑志林等:《浙江近代的体育学校》,收入体育文史资料编审委员会编:《体育史料》,第7辑,第17页。

123

风也"。①

图12　1934年爱国女中体育科学生表演叠罗汉

前述学校都是为训练体育人才而设置,有的女校则在普通科之外,成立体操班。以爱国女学校为例,虽然1902年蔡元培成立该校时,曾为培养女性革命人才,大力提倡体操等课程;②但1914年,

---

① 《女子体操学生旅行》,《教育周报》,第175期(1917年9月30日),第19页。
② 郎净:《近代体育在上海:1840—1937》,第111页。

爱国女学校才正式设置体操班。从1916年第三次改良章程,可以看到该校宗旨:"本校以增进女子之智识体力,使有母师仪范,而能铸造国民为宗旨。"有关入学年龄的规定显示,该校并不限于幼童,而是"10岁以上、17岁以下者"都能前往报名。不过,该校对学生的身体和外表有较严苛的规定,包括不得缠足(已缠足者,入学后须渐解放),同时,和中国女子体操学校一样,都不准学生涂抹脂粉、穿戴华丽衣服及首饰。[1] 爱国女学校的体操班后来改称体育科,吸引全国各地学生前往就学,并培养出不少体育人才。[2]

二、1920—1936年设置的女子体育学校

这时期,随着女学生人数的增加及女学生参与运动竞赛机会的日增,女性体育教师和女运动员的训练越来越受到重视,除了大学院校设立体育科,女子体育学校也陆续成立。其中女子体育学校造就不少体坛精英,但相对于有经费和硬件设备资助的体育科系,女子体育学校的设置过程较为艰困,问题也相当多,此处拟集中讨论女子体育学校的创办。

(一)设置的目的与创校的过程

从上述女子体育学校的设置可以了解到,创办这类学校的目

---

[1] 《爱国女学校第三次改良章程》,"专件",《女子世界》,第6期,第69—71页。
[2] 1923年入学体育科的22名学生中,有从山东武术会、广东拳术会转学来的,也有的是师范毕业生或中学肄业生。孙懿行:《本级小史》,"体育栏",《爱国女学校年刊》,第1期(1924年2月),第2页。

的主要在于培养女子体育师资。1920年到1936年,女子体育学校设置的目的也大致相同,但这个目的之外,还有其他用意。例如,1922年成立的两江女子体育师范学校的另一个目的是"解放中国妇女"①;1931年,私立中华女子体师申请设校,该校校长高廷芳在给上海教育局局长的公文中,则表明:

> 窃廷芳既呼吾国人民体质之孱弱,思有以强健之,顾症结之所在,唯有发扬体育,坚强健母,庶几可达此种愿望。②

高廷芳并强调,之所以设体育学校是基于"强种健族"的目的。③ 这两所学校创校的宗旨,很明显地和时代思潮相勾连,因为"解放女性"的呼声在1920年代受到普遍注意;"保种强国"的民族主义意识则从清末以来,一直被灌输在体育教育中,1930年代受日本侵华事件的影响,民族主义更成为许多学校强健学生身体的口号。女子体育学校尽管创办的理由多种多样,但本质上还是以培养体育人才为目的。

女子体育学校的设置多半相当艰困,以爱国女学校为例,该校直到1923年,许多硬件设备都不很完备,例如没有体育馆和雨操

---

① 该校创办的目的在解放中国妇女,培养女子体育师资。吴志明等:《陆礼华与中国女子体育运动》,参见中国人民政治协商会议上海市委员会文史资料工作委员会编《上海文史资料选辑》,第42辑,上海:上海人民出版社,1983,第173页。
② 《私立中华女子体师立案》,上海档案馆藏,档号Q235-1-912。
③ 《私立中华女子体师立案》,上海档案馆藏,档号Q235-1-912。

场,寝室也未装设电灯。① 至于闻名全国的两江女子体育师范学校(后文简称"两江女体师"),也是在筚路蓝缕下,有了较具规模的校舍,从该校的兴建史,可见一斑。两江女体师起初设在虹口一带,学生只有17人,设备相当简陋。创办期间,正逢军阀割据时期,执政当局对体育教育不很重视,资助不多,当时上海不少体育学校因此停办,两江女体师也面临困境。1925年,上海县教育局局长李颂唐、公共体育场主任王壮飞把公共体育场借给该校,充作运动场。1927—1930年,因学生日增,学校迁至江湾校区,规模、设备较过去健全;讵料,1932年"一·二八"事变发生,新校舍被摧毁殆尽,该校只好重新建造校舍;1934年,该校终于有了能容纳300名学生的校舍。②

其实,女子体育学校设备、规模的不如人意,到抗日战争全面爆发前,才渐有改善。例如,1936年成立的上海市立体育专科学校,在市长吴铁城的授意下,师资、设备和学生宿舍都颇为完备。③ 然而,这只是昙花一现,1937年抗战全面爆发后,所有的学校都陷入困境。

女子体育学校到底教些什么课程？根据1926年两江女体师的

---

① 这些情形分别得自该校年刊的"通讯"和"特别记载"专栏,例如,1923年,该校校友曾以无锡县女师发生火灾的事件,请求学校为学生装设电灯,以利安全。彭坚芸等:《诸位师长和同学》,"通讯",《爱国女学校年刊》,第1期,第4页;《本校新校舍建筑计画〔划〕说明书》,"特别记载",《爱国女学校年刊》,第1期,第7—8页。
② 陆礼华:《复兴后的两江女子体育师范学校十年前的洄〔回〕溯》,《勤奋体育月报》,第1卷第10期(1934年7月),第31—32页。
③ 阮蔚村:《上海市立体育专科学校参观纪实》,《勤奋体育月报》,第4卷第5期(1937年2月),第385页。

课程表,该校教授的科目包括公民、国文、教育学、体育学、教育教学法、人体测量学、运动生理学、生理解剖学、卫生、军事常识、英文、乐歌、乐理、体操、球类游戏、舞蹈、田径、童子军、国技、兵式操、体育实习等。① 由此显示,两江除了教授体育技术,还教普通课程,以及人体学等知识。在师资方面,体育教师有朱了洲、王怀琪、舒鸿、王子平等人;为提升学生的体育技能,陆礼华还重金聘请外国体育专家到两江讲学。随着学校事业的蒸蒸日上,报名该校的学生不断增加,遍及国内外。②

(二)招生方式

打开当时的报纸,广告栏里经常有各种学校的招生广告,不少女子体育学校也通过刊登广告,招揽学生。体育学校以训练体育人才为目的,是否有特定的录取标准或招考方式?令人匪夷所思的是,爱国女学校、中国女子体育学校和苏州成烈体育专门学校的招生广告中,出现的是"随到随考"的字眼,没有列出考试项目或考试资格。③

所幸剑夫的《体育入学试》一文,以纪实手法,对一所女子体育学校入学考试的前后变化,做了清楚呈现,让我们得以一窥究竟。

---

① 《两江女体师本届任课教师》,《民国日报》(上海),1926年3月3日,第2版。
② 吴志明等:《陆礼华与中国女子体育运动》,收入中国人民政府协商会议上海市委员会文史资料工作委员会编:《上海文史资料选辑》,第42辑,第173—174页。
③ 《爱国女学校招生》,《申报》,1927年3月5日,第4版;《中国女子体育学校招生》,《申报》,1927年7月31日,第5版;《苏州成烈体育专门学校招男女生》,《申报》,1928年2月4日,第5版。

文章一开头,剑夫便不客气地批评上海女子体育学校的招考方式:

> 沪上的女校最容易进的,要算体育学校,不要说入学不用试验,连文凭都无须呈验,你要想入学,只要在她招生的时候,化〔花〕两块钱去报个名,她不久就会给你一个开学的通知单。……入学少则半年,多则二年,即可博得一个体育科毕业生的头衔,这种办法虽然便捷,可是对于学生的程度,未免太马虎了。①

这段话反映了当时体育学校松散的录取方式。随后,他以这所女体校为例,指出有感于这个缺点,该校在1930年开始采考试制度,结果入学的新生大为减少,人数不到往年的一半;不过,该校并不气馁,继续实施这项制度。剑夫特别把前往该校报名的5名女学生从要求免试到接受考试的情形,一一陈述出来。记载中显示,体育学校不订定入学考试规则的风气,造成报名的学生也心存侥幸;直到有了考试规则,有意愿接受体育教育的学生才不得不参加入学考试。从剑夫的文中可以看到,与其他学校的考试制度不同的是,女体校的考试项目有内场和外场两种,内场是指笔试,外场则是实际表演,应考者必须通过发排球、棒球掷远和掷篮球三关,才能被录取。② 虽然无法得知这所学校是否能持之以恒地开展入学考试,但这篇文章有很大程度上是在讽刺体育学校办学不力,并指出当时体育学校对体育人才录用的草率、轻慢。

---

① 剑夫:《体育入学试》,"青年园地",《申报》,1931年2月4日,本埠增刊,第9版。
② 剑夫:《体育入学试》,"青年园地",《申报》,1931年2月4日,本埠增刊,第9版。

运动场内外

　　除了考试,女子体育学校还接受各校保送。1935年,为造就师范人才、救济失学的优秀女性,两江女子体育专门学校(前身为两江女子体育师范学校,后文简称"两江女子体专")利用创校15周年纪念,增设体育师范科,并以学费全免的方式,接受50名保送生。当这项办法函告各省市后,上海,以及四川、湖北、东北和南洋各省等,都保送了学生到两江。①

(三)毕业后的出路

　　且不论招收方式,毕业生的出路究竟如何？1927年,两江女体师的招生广告曾打着:

　　　　本校创办以来,五载于兹,历届毕业生服务国以内者,迹遍南北诸省,而服务国以外者,则散在南洋群岛,各个成绩颇能蜚声内外。②

　　这个广告,表面看来有点夸张,但实际上并没有逸离事实。1928年,该校校长陆礼华收到20多封来自国内外聘请体育教师的信函,由于该校毕业生已全数就业,陆礼华只好通过报纸,把各地招

---

① 原先未见北平社会局办理保送,于是两江特别去函说明,从往返公函看出,最后北平保送笃志女中高二学生戴昭和。《教育部社会局关于中等学校应定期报送表册,学校迅速恢复常态等的训令及社会局关于保送愿入两江女子体育师范学校名籍表的公函》,1935年5月—1936年2月,北京市档案馆藏,档号J002-003-00557。
② 《两江女子体育专门学校招生启事》,《申报》,1927年7月16日,第3版。

聘体育教师的消息传送给其他体育学校。① 此外,报名者争先恐后的情形,也可以证实这一点,1927年,《申报》的《学校消息汇志》曾有两江女体师插班生额满,以及来自全国各地的保送生也相当踊跃的报道。② 事实上不只两江,口碑不错的学校都出现供不应求的情况,例如南京女子体育师范学校和东南女子体育师范学校(亦称东南女体校)的学生,一毕业就被各中小学校延揽;③而金陵女子大学(后更名为金陵女子文理学院)甚至因为渴望深造的学生很多,把一年制的体育简易科,改为两年制的体育专修科。④

来自女子体育学校的毕业生,除了不愁找不到工作,待遇也相当可观。以东南女子体育师范学校的学生为例,她们的月薪最高是180元,最低也在30元以上。⑤ 更令人称羡的是,有人成为杰出女运动家,有人则是体育专家。1933年的第五届全运会,担任职务的体育专家中,有9人是从金陵女大毕业的,包括高梓、张汇兰、黄丽明、崔亚兰、陈韵兰、杜隆元、陶立华、萧美英、陈咏声等。⑥

---

① 《体育教员之聘请》,《申报》,1928年2月4日,第11版。
② 《学校消息汇志》,《申报》,1927年1月28日,第10版。
③ 据报道,南京女子体育师范学校创办以来,有毕业生50多人,均获得教职,因此,该校的入学报名人数也颇可观。《南京女体师消息》,"零碎消息",《妇女日报》,第48号,1924年2月24日,第2版;另参见《东南体师毕业生有出路》,《勤奋体育月报》,第1卷第12期,第50页。
④ 1929年,金陵女子大学鉴于中小学体育老师缺乏,附设体育简易科一班,招收高中毕业生,给予一年的体育训练,第一届毕业生立即被各中小学校延揽。由于希望再深造的学生很多,该科1930年改为体育专修科,修业两年。《金陵女子文理学院二十周年纪念特刊》,《申报》,1935年11月2日,第18版。
⑤ 《东南体师毕业生有出路》,《勤奋体育月报》,第1卷第12期,第50页。
⑥ 《本届全国运动会中本校毕业同学之活动》,《金陵女子文理学院校刊》,第34期(1935年11月),第9页。

面对女子体育学校毕业生的好出路,陆礼华有感而发地表示,社会大众很少明白女子体育为的是"健强民族的胚胎",家长送子女学体育,竟将其当作"求职业的捷径"。① 不过,这种美好的景象,到"一·二八"事变发生后有了变化。陆礼华指出,当时上海的女子体育学校受到沉重打击,许多改进计划都变成泡影,体育学校的学生也出现供过于求的景况;一般学校则在天灾人祸的压迫下,勉强开学,原本聘用两位体育教师,缩减为一名。更糟糕的是,随着体育人才数量的减少、学校收入的下降,有的学生以消极的方式来完成学业,导致缩短年限、蒙混插级的情况纷纷出笼,毕业成绩自然不如预期。②

(四)良莠不齐——从郝更生的视察报告说起

1928年2月中国女子体育专门学校的招生广告写着:

> 现因提高程度,扩充学额,原有之校舍不敷支配,故今迁至青云路一号洋房,该处交通便利,空气新鲜,屋宇宏庄〔壮〕,校园幽美,运动场、健身房、图书室、裕〔浴〕室一应俱全。③

而先前两江女子体专的广告也指出,由于到该校就学的人数日众,

---

① 陆礼华:《上海女子体育应有的改进》,《上海教育界》,第4期(1933年5月),第26页。
② 陆礼华:《上海女子体育应有的改进》,《上海教育界》,第4期,第26—27页。
③ 《中国女子体育专门学校招生》,《申报》,1928年2月6日,第6版。

为求校务发展,该校另择新校地;新校区不但空气新鲜,还有地方宽敞、光线适宜的教室和学生宿舍。①

这些亮眼的说辞的确吸引人,然而,1933年郝更生提交的上海五所体育学校视察报告,却让人有受骗的感觉,因为视察报告书的总论清楚地写着:"就观察所及,深感各校设备简陋,师资缺乏,几呈普遍之现象云。"②从报告书的逐项分析中,更可以看到女子体育学校虚有其表的一面。例如,在设备方面,这五所学校的体育场所都呈现窄小、不够使用的情形,其中东南女子体育师范学校和两江女子体育师范学校虽然造就了不少明星选手,球队的成绩更是享誉中外,但他们的运动场所仍不合乎标准。郝更生对东南女体校的建议是"该校有健身房一座,户内授课似可敷用;惟户外场所尚嫌窄小,似有从速扩充之必要";对两江女子体专的建议则是"健身房似嫌狭小,应设法扩充"。③ 校舍也普遍简陋,例如爱国女中(前身为爱国女学校)的校舍毁于"一·二八"事变,东亚体育专科学校女子部和中国女子体育师范学校的校舍租民房充用,两江女子体专的学生宿舍则拥挤不堪,且设在校外,校方极不容易管理。至于这五所学校的图书室,不是未曾设置,便是空间不大。④

师资方面,除了爱国女中因学生人数不多,没有师资缺乏的问

---

① 《两江女子体育专门学校招生启事》,《申报》,1927年7月16日,第3版。
② 《教部督学郝更生视察上海体育各校之报告》,《中央日报》,1934年3月11日,第1张,第4版。
③ 《教部督学郝更生视察上海体育各校之报告》,《中央日报》,1934年3月11日,第1张,第4版。
④ 《教部督学郝更生视察上海体育各校之报告》,《中央日报》,1934年3月11日,第1张,第4版。

题;中国女体校的教师不但人数不足,薪俸也低于一般标准;而其他学校不是专任教师有限,便是虽有专任教师,却多在外校兼课。关于课程设计,东南女体校被指为"体操教材似嫌陈旧";中国女体校则"舞蹈教材亦颇新颖可用,惟其他课程,分配未尽适合";另外,两江女子体专和东亚体专女子部侧重技术、偏忽理论的教学方式,也受到批评。① 整体的观察是,东亚体专和中国女体校的各方面表现明显不理想,郝更生认为,这与学校经费不足有很大的关系。

事实上,除了郝更生有上述的负面看法,吴蕴瑞也在同年批评:"投考体育科系者,往往对文字科学毫无兴味,加以合格之学校少,营利之学校多,入学之程度不严加考查,求学期短,训练不足。"②这些观察,正提醒我们注意,女子体育学校的训练其实有许多潜在的问题,就如前面提到的,女子体育学校存在着设备不完整、浮滥招收学生等事实,而身为学校创办人的体育专家,也同样看到症结。

撇开人事问题,也许可以较乐观地看待女子体校的发展情形,因为有些现象是一时的,甚至是很无奈的。就前述的广告辞令来说,广告刊登的时间是1927—1928年,视察报告则在1933年出炉,这期间发生的"一·二八"事变,让上海许多学校的校舍严重受损,计划无法执行,郝更生所看到的,是正在重整中的学校状况,因此,广告与报告书有了落差。另外,郝更生的报告也不是完全悲观,他

---

① 《教部督学郝更生视察上海体育各校之报告》,《中央日报》,1934年3月10日,第1张,第4版;《教部督学郝更生视察上海体育各校之报告》,《中央日报》,1934年3月11日,第1张,第4版。
② 吴蕴瑞:《吾国体育不振之原因》,《勤奋体育月报》,第1卷第1期,第10页。

提到,爱国、东南和两江这三所学校的缺点固然也不少,但在行政组织或学生训育等方面较上轨道,其中两江女子体专的长处是"学生服装甚整洁,精神亦觉活泼,每日举行早操一次,纪律颇佳"。① 从《体育评论》这本杂志上也可以看到女子体育学校严谨的一面,例如东南女体校向来办学绩效卓著,对学生管理颇严格,凡某科成绩不及格者,均勒令其补考,并收补考费2元,这种宛如征税的"寓禁于征"的方法,目的在于督促学生用功。② 换言之,这时期,女子体育学校呈现出良莠不齐的状态,并非全坏,也非全好。但不能忽略的是,女子体育学校的产生,不仅培养了正规的女子体育师资,也为近代中国栽培了精英女运动员,对女子体育的推动有一定的贡献。

小 结

倡导女子体育不能光说不练,必须有实践的场域,学校就是当时推动女子体育和指导女学生运动的舵手。面对沸沸扬扬的舆论,不少学校配合实践,然而,理想和实际之间,很难若合符节。女子体育开始执行时,遇到许多困难,除了有中国缠足习俗影响女子体育的启动,透过江南地区各地女子体育实施的图景,也可看到运动空间不足、体育教学分歧、专业体育师资短缺等各种现象,造成

---

① 《教部督学郝更生视察上海体育各校之报告》,《中央日报》,1934年3月11日,第1张,第4版。
② 《东南女体校讯》,《体育评论》,第93期(1934年7月),第322页。

女子体育的推动只能各自为政。

体育课原本称为"体操科",以模仿德国、瑞典的日本体育为主,在女子体育方面,虽然有少数女学校引进球类运动,但主轴还是体操、舞蹈和游戏。由于受军国民教育的影响,当时江南地区的图文资料,处处呈现女学生做徒手体操或器械体操的样貌,这种尚武化的女学生身体观,明显和"强国强种"的体育观结合了。

直到学校教育由模仿日本,转变为模仿美国,体操科改称体育科之后,才很少再看到僵化的兵事体操,体育正课的主要内容变为田径、球类运动和普通体操。1928年,国民政府北伐统一后,对学校的各项体育措施有明确的规定,包括女子体育应顾及女性身体特质等;而体育正课之外,早操、课外运动也被列为学校的体育活动。以江南地区为例,这时期因为运动空间、体育师资的改善,参与运动竞赛的女学生日益增加,不少学校的女子体育变得丰富多元,却也充满规训。然而,这时期趋向统一的体育教学,因为部分学校的敷衍了事、体育设备的不健全和日军的侵袭,还是出现异常。

近代女子体育不仅借由普通学校推动,也仰赖体育学校对女子体育人才和体育师资的培育。早在清末,就有体操传习会、体育速成班的设置;随着女子体育受到重视,正规的女子体育学校或体育科系逐渐增多,而且多设在江南。由于内外在因素的影响,女子体育学校大半在艰困的环境下展开体育人才的培育;尽管如此,中国早期的女子体育专家或精英运动员,大多还是来自这些学校和机构,其对女子体育的发展影响不小。

# 第三章　女学生的体育生活

　　学生是学校推动体育政策的主要对象,检验女子体育是否落实,必须从女学生课后的体育活动和她们对运动的态度入手,才能略知梗概。女子体育刚引进校园时,在新式学校读书的女学生并不多,再加上学校没有健全的运动设备和有规划的教学方式,即使是女校较集中的江南地区,关于这时期学生课外运动的资料,仍然相当有限。但1920年代末之后,各种国际性或全国性的大型体育竞赛,几乎都在江南地区举行,运动选手或观众又多半是来自这一地区的学生,在运动热潮的激励下,运动成为校园中的时髦活动。不少体育活动由学生主动发起,或是师生共同筹划,和学校的体育政策互为呼应,甚至成为全校师生的娱乐活动。学生的体育活动不仅存在于校园中,还展演到校园之外的各个运动场所。有越来越多的女学生利用课余与三两好友相约运动;也有女学生以运动选手的身份,走出校园参加各种运动竞赛;还有学生组织啦啦队,专门为出席运动竞赛的同校同学加油⋯⋯于是运动场成为各校学生交流的场域。本章的第一节,将先从不同学校女学生发起的体育活动中,观察她们如何发起体育组织,又怎样推动全校运动。同时,体育被当成阳刚的活动,本节将讨论当女学生热衷体育时,男学生如何看待她们,该现象对男女学生关系是否产生影响。第二节,将进一步讨论女学生参与哪些运动竞赛,从竞赛中得到什么。由于对体育有兴趣或参加校内外运动竞赛者只是部分学生,因此在我们讨论学生的各种校园内外体育活动的同时,不能忽视女生的普遍看法。第三节试图就女学生的不同反应,了解体育在她们心中占多大的位置,她们对女运动选手又抱持何种看法。本章在文字叙述之外,将通过照片更真切地观看当时女学生的体育活动。

第一节　体育运动走入学生生活

　　前章提到,为推动体育,学校在正课之外展开各种课外活动和运动竞赛。不过,随着学生主体意识的抬头及学生自治组织的产生,有的课外运动不完全由学校的行政单位操盘,而是由学生自治团体筹划,或是师生共同推动,甚至是教师主动发起的。这种类型的体育活动经常办得有声有色,对体育的普及化有不小的作用。最重要的是,当体育走入学生生活,它不只具有锻炼身体和规训行为的作用,还充满趣味性。在男女共学、男女社交日渐成为风气的1920和1930年代,体育运动甚至成为学生之间正常的社交活动,不但运动本身有助于同性或异性间的互动往来,运动比赛的竞争性也让两性的权力关系起了变化,这是体育倡导者始料未及的。

一、师生同乐的课外运动

早在民国初年,就有师生合办的体育活动。根据江苏省立第一女子师范学校本科二年级学生王及昭的叙述,该校认为,如果只学习体操,学生仍是终日蛰伏教室,因此,教职员与同学合组了体育会,希望借此"锻炼身体、活泼精神",使"气体清健""百病远却"。该会成立两年,就有网球、气枪、舞蹈、游技①、木球与固定器械②等六个部门,每天下午四点半到六点是运动时间;该体育会还将全校学生分成松、竹两组,每组每天各运动40分钟。③

到了1920年代后期,师生同乐的课外运动曾在部分校园里掀起风潮,不少学生自治会也投入这项活动的规划。由松江女中学生自治会成立的体育委员会,把全校师生都列入考量范围,认为教职员应该以运动为娱乐,并借此鼓励学生运动。因此,体委会每学期固定举办各种校内运动竞赛,除了安排学生之间的比赛,还鼓励师生或教职员进行比赛。体委会规划的比赛项目有跳绳、踢毽子、打乒乓球等,既具趣味性又有健身效果。④

另外,还有由学校教师发起的体育活动。以上海启秀女中为

---

① 游技有豆囊、皮球、藤圈。王及昭:《本校体育会记》,收入雷君彦编:《女学国文成绩》(又称《最新女学国文成绩选粹》),上海:扫叶山房,1916石印,第6卷,第3页。
② 器械有浪船、天桥、横梯、浪桥、跷跷板、秋千架。王及昭:《本校体育会记》,收入雷君彦编:《女学国文成绩》,第6卷,第3页。
③ 王及昭:《本校体育会记》,收入雷君彦编:《女学国文成绩》,第6卷,第3页。
④ 《专载:江苏省立松江女子中学救国教育实施方案》,《松江女中校刊》,第47期(1933年11月),第14页。

例,该校教师受校内运动风气影响,忍不住技痒,也组成球队与学生比球。① 老师带动的体育,表面看来,似乎是为自身而运动,但实际上是为了激励更多学生投入活动。根据《福湘旬刊》的记载,1934年,长沙福湘女中的三位老师发现,在春雨绵绵的日子,户外的运动无法开展,于是发起乒乓设备募款活动,结果全校师生踊跃捐款,终于有了乒乓球桌和球拍,也激起师生的乒乓热。② 此外,该校还经常举办师生球赛,平添不少趣闻。③

师生间的球赛多半不重视成果,而是偏重趣味。从当时的校刊中到处可以看到逗趣十足的景象。1935年1月,圣玛利亚女校的健身房曾举办一场师生篮球友谊赛,当天教员刻意打扮成老人模样缓缓进场,然后再以矫健的身手出战,令在场学生绝倒。虽然教员队大败,但那近一小时的比赛是在笑声中进行的,观战的每个人无不兴奋。④ 另外,通过学生在校刊中的叙述可以看到,金陵女子文理学院的师生球赛是一场没有师生分际的比赛。《观球记》一文的作者坦承,当她听到教师们在球赛中笑话百出、一败涂地的描绘时,忍不住窃笑,因为平日她们被老师管得紧紧的,但在健身房

---

① 刘珍宝、严蔚雯:《我校篮球队小史》,《启秀年刊》(1939),上海档案馆藏,档号 Q235-3-108。
② 《三位教员先生发起乒乓台及网拍募捐》,"校闻",《福湘旬刊》,第46期(1934年4月14日),第13页;《近周来师生的乒乓热》,《福湘旬刊》,第50期(1934年5月24日),第5页。
③ 《令人喷饭的师生棒球比赛》,《福湘旬刊》,第45期(1934年3月30日),第6页;合作:《师生棒球比赛第一次》,《福湘旬刊》,第54期(1934年9月29日),第5页;《师生排球比赛》,《福湘旬刊》,第59期(1935年1月3日),第5页。
④ 戴闻雄:《师生篮球友谊赛》,《凤藻》,第16期(1936),第192页,上海档案馆藏,Q235-3-139。

却有机会出气。① 事实上,作者把老师被击败的糗事当成一大快事,是在传达师生间的喜乐,并不是真的幸灾乐祸。

坦白说,这种把运动和健康、娱乐结合起来的不同的课外运动,并没有刻意强调国族意识,却拉近了师生之间的距离,也更容易把体育风气传给全校师生。

二、女学生自组的体育活动

女学生发起的体育活动,除了有前述的师生运动比赛,基本上是以学生为主要对象,并由学生自治会规划的。早在1917年,《教育周报》就有对崇德县立女子高等小学校的学生自治会为该校筹办游戏运动的记载。② 不过,学生自治会的组织到国民政府定都南京之后,才进一步落实,这个组织对运动项目的安排也愈加多元,包括组织球队、带动早操和户外活动等。

(一)组织球队与球队活动

由于体育经费和体育设备的不同,每个学校的课外体育活动各有差别,但在众多的运动项目中,球类运动是学校的发展重点,

---

① 《教职员与六百号比赛篮球》,《金陵女子文理学院校刊》,第38期(1936年1月),第5—6页;《观球记》,《金陵女子文理学院校刊》,第38期,第6页。
② 《女校组织学生自治会》,"本省纪闻",《教育周报》,第182期(1917年11月18日),第26页。

在打球风气达到高潮的1930年代,还出现"打体育"这个名称。① 球类运动之所以受到青睐,是因为这是一种团体活动,能容纳较多的人参与,而且可以采取非正式的比赛方式,不仅趣味性高,又不大费体力,于是球类运动传入学校后,成为最热门的校园活动,像前面提到的师生同乐的活动,也以球类运动为主要项目。

当球类运动风靡各个校园时,学生也主动组织球队,并有正式与非正式两种。正式的球队主要是为了比赛,球队的组织、球员、练球方式和练球时间都经过规划。早在1910年代,上海中西女中的学生就组成三支篮球队,这些球队有的产生自一个班级,也有的由数个班级学生混合而成;她们还自订每周一至三午后四点半到五点为练球时间,让练球活动正规化。② 但早期具有规模的球队并不多,直到1930年代,因体育活动日渐活络,组织球队一时成为校园的时尚活动。校园中经常可以看到带着球跑跳的女学生,为坐在树荫下看书、聊天或打毛线的校园场景,增添了另一番景致。

1930年代上半叶,同时拥有多支球队的学校日益增加,特别是球技出名的女学校和体育学校。以启秀女中为例,1934年该校掀起组球队的热潮,几乎每个年级都成立球队,"蓬!蓬!"的打球声

---

① 当时"体育即打球"的现象极为普遍,因而有此一说,但有人认为这种说法对学校体育是一大讽刺。参见成都体育学院体育史研究室编《中国近代体育史简编》,第116页。

② 一支是由不同年级学生组成的"云雀队",另一支是四年级学生发起的"画眉队",再一支是由新生成立的"白头翁队"。不过,因前两队球员相继毕业离校,最后仅存"白头翁队"。以上分别参见 How Mo Li' 21, " Athletics,"《墨梯》,第2期(1918年6月),第29页;Zee Yeu Yong, "Athletics,"《墨梯》,第3期(1919年6月),第14页。

不时传遍全校。① 尽管各校的球队不断增加,但普通学校通常只有一支校队,启秀女中的校队便由来自各级球队的精锐组成。② 参战频率较高的学校或体育学校,则有一支以上的校队,例如,大夏大学有两队,两江女子体专多达四队。③

由学生自组的球队,如果表现良好,就有机会代表学校参加校外的各种比赛,因此,学生自治会对球队有严格的要求。就举明宪女中的学生自治会作为例子,该自治会规定各班球队每天至少须练球一次,通学同学在课余练习,住宿生则晚饭后练习,凡无故缺席者,报送学校;至于因运动晚归的通学生,可向学校领取晚归证,以取得家长谅解。④ 而女球员无论晨昏认真练球的情景,更成为不少校园的特色,从《申报》的报道中,可以看到以下三所学校的例子:

> 自女子篮球队加入篮球会以后,练习不懈,每日无间,每日黎明即有无数女英雄,驰骋于球场,冀异日夺标之预备。⑤
> ……每当晨曦初放,男同学正尚在黑甜乡大做好梦的时候,那班女英雄已在健身房里大施其好身手。⑥

---

① 刘珍宝、严蔚雯:《我校篮球队小史》,《启秀年刊》(1939),上海档案馆藏,档号Q235-3-108。
② 刘珍宝、严蔚雯:《我校篮球队小史》,《启秀年刊》(1939),上海档案馆藏,档号Q235-3-108。
③ 大夏的篮球队有两支:一为大学部及师专的混合队,另一为幼稚师范队。参见《大夏周报》,第7卷第15期(1931年3月25日),第342页。
④ 《学生自治会会议纪略》,《明宪校刊》,第29、30期合刊(1934年7月),第6页。
⑤ 《暨南女生爱篮球》,《申报》,1929年4月19日,本埠增刊,第7版。
⑥ 《中公女子篮球队》,《申报》,1929年6月10日,本埠增刊,第7版。

当午后六时至七时,夕阳已落,月色初明之候〔后〕,辄见健身房中,女英雄角逐盛况。①

图13 1919年上海丽则女校的球会会员

有趣的是,这三则新闻,都以"女英雄"来形容女球员,刻意反映她们不让须眉的一面。

值得一提的是,从女学生热衷运动的景象看来,反对女性运动的说法,显然抵不过女学生对运动的积极投入。例如第一章提到,潘光旦认为女子过度运动会减低生育率,并不利遗传,便遭到复旦大学女学生的讽刺,她们指出潘光旦这种"多子多孙主义",似不能让热爱运动的女学生认同。②

---

① 《交大女生最近的运动》,《申报》,1930年4月12日,本埠增刊,第4版。
② 《女子运动影响生育》,《申报》,1929年6月18日,本埠增刊,第3版。

(二)其他体育活动的推展

除了球类运动,学生自治组织还发展其他运动。附设在振华女学校学生自治团体①下的体育会(又称体育股),以锻炼强健的体魄、养成爱护团体及尊重其他团体的精神、养成敏捷的脑子和随机应变的思想为宗旨,希望学校的每位同学都能在体操正课之外,得到更健全的发展,因此,为同学规划早操、课外运动和运动竞赛等一系列的体育活动。例如:每星期每个班级都在体育会指定的时间举行课外运动,住宿同学则必须做早操,或由老师、或由学生率领练操;体育会会员还组球队和田径队,不但排定练习时间,还安排队员与其他学校的球队进行友谊赛;此外,该会还规定,一旦有地方、省级或全国性运动会时,体育会会员一定得参加。这种不是出自学校训练,而是学生自动发起的体育活动,有时有不错的表现。例如,在全苏女子联合运动会中,振华女学校的体育会会员曾荣获冠军。②

严格来说,学生自治会固然是学生自动发起的组织,但在执行会务的过程中,这类组织一点也不含糊,不是通过规训便是通过奖励来达成目的。除了先前提到明宪女中学生自治会对球员有严格的规定,圣玛利亚女校自治会主导之下的体育会也要求会员每天

---

① 该校的学生自治团体成立于1918年,初称为"励志会",1928年分为"自治会"和"学术会",1931年,奉教育部之令改称"自治会二"。《振华生活》,苏州:振华女学校,1934,第25页。
② 《振华生活》,第26、57—59页;另参见康莲娟《球类比赛报告》,收入《振华女学校刊》(1933),第50页,苏州档案馆藏,档号甲5-1-419。

早上做10分钟早操,凡是遵守会规和运动成绩好的人,可以获得奖品,或在运动成绩上酌量给分。①

图14 1931年上海清心女校学生表演叠罗汉

早操之外,由燕京大学学生发起的"康健周",更是郑重其事。这个活动在每年春假前举办,有各种运动竞赛与表演。1934年,还

---

① 该会规定:"初入会者,不得即为会员,而享有其权利,必俟积有百分后,始能为正式会员也。"凡遵守体操规定的人,每学期可得60分,对加入运动比赛的人,也可酌量给分。王兰麟:《本校学生各种集会之概况》,收入 Porterfield、Kinnon、张德苑编:《圣玛利亚女校五十周纪念特刊》,第18页,上海档案馆藏,档号 Q235-3-138;郁仁方:《本校学生生活(一)》,收入 Porterfield、Kinnon、张德苑编:《圣玛利亚女校五十周纪念特刊》,第25页,上海档案馆藏,档号 Q235-3-138;郁仁方:《圣玛利亚学生的生活》,《女声》,第1卷第24期,第41页。

增加姿势比赛,选举健康皇后;①后来因为外界批评是选举皇后,学校便不再有这个项目;不过,步行、自行车、田径赛、射箭、排球、垒球,以及室内的冬季体操课表演,仍照旧进行。② 据笔名"野莺"者表示,"康健周"的课外活动之所以能顺利举行,是靠学生的负责筹备,以及事前的组织与宣传。③

前述学生自治会举办的体育活动,让我们感受到1930年代女学生的运动项目比过去丰富很多,从球类运动到田径项目,几乎无所不包。而当时的运动照片中,上海清心女学校和苏州东吴大学叠罗汉的表演,更让人惊叹。叠罗汉原本是男学生的专利,这时期,连女校学生也把叠罗汉列入她们的体育活动中,甚至男女学生一同演出叠罗汉。

学生自治会规划的运动,大多在校园举行,不过,也有自治会发动校外运动。松江女中学生自治会便曾倡导健足活动,健足和远足颇为类似,都强调步行,不搭乘交通工具。但同一时期台湾女校举办的强行远足与之相较,是有很大差别的,因为在日本殖民统治下,台湾女学生必须受学校监督,规规矩矩地走完预定行程;④而松江女中则采休闲方式完成健行,比如有的班级备有点心、水壶,

---

① 选拔时,先由全体女生(约计200多名)分成两圈,绕场行走,由评审先选出30人,再复选5人,最后由"姿态健壮优美"的吴佩珉,获得"皇后"宝座。这场选拔活动的评审都是运动界的专家,包括郝更生、司徒雷登、司徒月芝等人。美:《燕大女生举行健康皇后选举》,《玲珑》,第4卷第10期(1934年4月4日),第586—587页。
② 章映芬:《燕京大学女生体育部概况》,《体育研究与通讯》,第2卷第4期(1935年6月),第152—153页。
③ 野莺:《女生康健周的意义和组织》,《体育研究与通讯》,第2卷第4期,第96页。
④ 游鉴明:《日治时期台湾学校女子体育的发展》,《"中研院"近代史研究所集刊》,第33期,第29—31页。

图 15　1933 年苏州东吴大学男女生的课外体育表演

供学生解饥止渴,可一边休息,一边说说唱唱,有的班级则把健足当作校外教学,参观工厂或名胜古迹。① 因此,"健足"在松江女中学生的记忆中充满趣味,让她们玩兴十足。② 不过,尽管由松江女中学生自办的健足,不同于台湾女校的强行远足,但该校女学生的脚力仍在健足活动中获得锻炼的机会。

值得一提的是,松江女中的体育目的是"强身救国",但该校并

---

① 《辛未级——高师一级会之级务发展》,《松江女中校刊》,第 4 期(1929 年 4 月),第 16 页;李慧仙:《东郊记游》,《松江女中校刊》,第 17 期(1931 年 5 月),第 20 页。
② 此在李慧仙和金定载的短文中,清楚呈现。李慧仙:《东郊记游》,《松江女中校刊》,第 17 期,第 19—21 页;金定载:《惜阴村村民健足记》,《松江女中校刊》,第 25 期(1931 年 12 月),第 10 页。

没有把运动仪式化;相比之下,日本殖民统治下的台湾学校,为体现对日本天皇的忠诚,将许多体育运动仪式化,例如登上高山的学生须向着神社遥拜,或在山顶三呼"万岁"。① 然而,1931年"九一八"事变发生后,在抗日救国的氛围下,松江女中的学生自治会也把一场乒乓球赛仪式化:当球赛结束时,学生自治会会将"斩日人"的大权奖送给获胜的班级,然后由该班级的代表,对着一个稻草制的日本罪犯执刀行刑,同时,全体同学鼓掌、呼喊,并鸣炮致庆。② 虽然这仅是象征仪式,学生高昂的抗日情绪却通过乒乓球赛宣泄了出来。

(三)争取运动设备

组织运动团体或举办校内外体育活动,必须有充足的经费或运动设备,但不是每所学校都愿意支持学生参加课外运动,于是学生只能向校方争取或自行解决。上海中学的女学生为了成立排球队,曾请求学校补贴球衣,学校却以经济拮据为由,拒绝她们,经过多次要求,她们才获得学校津贴补助,成立女子排球队。③ 上海劳动大学因为校内没有游泳池,学生只好每天到校外的公用游泳池游泳,很不划算,便请求学校把作用不大的荷花池改建成游泳池,学校也因为经费困难,不肯同意。于是学生自组游泳池建筑会,分

---

① 林玫君:《实学、健康与教化——日治时期台湾公学校登山活动的论述分析》,《人文社会学报》,第5期(2006年12月),第85页。
② 《学生自治会消息》,《松江女中校刊》,第26期(1931年12月),第3页。
③ 《上中女生排球队》,《申报》,1929年11月13日,本埠增刊,第9—10版。

头进行各种筹划工作,有人捐款,有人参加兴建工作,不少女学生还挺身担任土方工作,男同学挑土、填池,女同学负责把土装进畚箕里,其中有一两位女同学的工作表现,比男同学还认真。在男女学生携手合作下,一年之后,该校的游泳池终于落成。①

还有学生主动筹划运动场地,让她们有更多的运动空间去发展体育。当东北的孙桂云在第四届全国运动会大出风头之后,各地女学生开始积极推动运动。例如,上海交通大学的女生贴了一张标语,上面写着:

> 孙桂云亦人也,我亦人也,桂云能破百米纪录,我不能耶?杭州有桂云桥,安知今年南京全运会后,不能将我之名名南京之桥耶?是在人之自为之耳。②

抱着这项宏愿,该校女生对径赛格外努力。但发展径赛,必须有跑道,女生宿舍前的花园虽然有跑道,却不够笔直,于是她们主动要求工务单位把跑道修直,并画出百米线、二百米线及四百米线,方便她们练习。③

从前面这三个例子可以看到,为了倡导运动,当时的女学生在争取属于她们的运动设备或运动空间上,不但不落人后,而且积极地出击。

---

① 河汉:《劳大游泳池定期开放》,《申报》,1931年5月28日,本埠增刊,第5版。
② 荃:《交大女生成立田径队》,《申报》,1931年5月21日,本埠增刊,第9版。
③ 荃:《交大女生成立田径队》,《申报》,1931年5月21日,本埠增刊,第9版。

三、运动场上的两性关系:相互提携或互不相让?

当各学校掀起运动风潮时,男女同学之间的关系随之出现变化。男女共学本是希望减少两性的差异,并达成双方的和谐;但异性初次接触时,难免对彼此充满好奇,女学生的体育活动更吸引男同学注意,他们不是相聚围观,便是品头论足,让女同学备受压力。例如,上海光华中学为鼓励女学生运动,特别为她们设置专用操场,结果每次女学生做体操时,男同学便蜂拥而至,并大声喊叫着"她的头发烫的〔得〕太松""她是个八字脚"等。这种"无微不至"的批判,闹得女学生害怕上体育课,学校的体育部只好将她们专用的操场围上篱笆,杜绝男学生围观。①

不过,在一些校园里,确实可以感受到两性在运动场上的相互提携。浙江中学的女子篮球队曾指出,她们经常和男同学一起练球,球艺之能突飞猛进,便是受益于有机会和男同学练球。② 而上海大同大学成立女子排球队后,因为体育指导无暇兼顾,女同学找来四位男同学指导球技,短短两周之后,这支球队与著名的排球队——民立女中和务本女中赛球时,竟然仅以些微比分输给对方。③

只不过,这种"提携"有时会被女学生当成绊脚石。以上海交

---

① 《光华女生的体育》,《申报》,1930年5月25日,本埠增刊,第6版。
② 《浙江省立高级中学》,《浙江体育半月刊》,第36、37期合刊(1933年7月1日),第63页。
③ 《大同大学之女子排球队》,《申报》,1929年6月10日,本埠增刊,第7版。

通大学为例,当该校开始招收女学生时,男同学对这群"稀有动物"满怀好奇。① 其中,女学生的运动特别受到男学生的注意,为了游泳的问题,男女同学曾剑拔弩张。该校的游泳池向来是由男学生独享的,学校为鼓励女学生游泳,曾通知男同学游泳必须穿泳衣,以方便女生同时游泳;但女同学认为,男女同泳是可耻的事,于是全体联署,要求校方另外安排女学生游泳时间。在校方同意下,女学生终于拥有自由游泳的时间,却也因此引起男同学观赏的兴趣,女同学只好在游泳时间锁上大门,谢绝围观。男同学败兴而归后,有一天竟然以霸王硬上弓的方式,打开铁门直闯游泳池畔观看,女同学既气愤又无奈。② 这之后,男女同学便就游泳问题在《交大日刊》中展开笔战。男生的理由是:

> 现在既然提倡男女平等,男子游泳时,女子可以参观。为何女子游泳,男子就不能参观?③

他们还指出,体育馆是公共场所,在开放时间,谁也不能封锁。女生则反驳:

---

① 根据《申报》的报道,1929年该校女学生有12人。《交大本学期全校学生统计》,《申报》,1929年5月13日,本埠增刊,第3版。
② 《交大游泳池特辟女生游泳时间》,《申报》,1929年4月13日,本埠增刊,第5版;《交大游泳池的新布告》,《申报》,1929年5月23日,本埠增刊,第2版;《交大女生羞与男生同泳》,《申报》,1929年6月5日,本埠增刊,第5版;《交大女生游泳难》,《申报》,1929年6月9日,本埠增刊,第9版;《交大女生游泳之吁求》,《申报》,1929年6月12日,本埠增刊,第5版;《交大女生之呼吁》,《申报》,1929年6月18日,本埠增刊,第3版。
③ 绮城:《饶有趣味的两性间笔战》,《申报》,1929年6月26日,第21版。

> 美国是最文明的国家,但也没有男女同游。而且在女生没有答应男生参观之先,不应当就一哄而入。①

还有女同学表明,她们初次游泳不免畏缩,也不愿意被男同学嘲笑。然而,男同学却振振有词,认为女生的游泳技术不精,若能和男同学切磋,便能进步得更快,何苦"闭关自守,自甘小就"?他们还以清华大学和沪江中学早已实行男女同游的例子,讽刺交大女生过于保守。② 这个喧腾多日的游泳事件,因为报纸没有继续报道,最后如何收场,不得而知。不过可以确定的是,当时西方国家的游泳运动虽然起步较早,但观念并不是那么开放,比如美国的学校游泳池有许多是规定男女学生须分开使用的。③

除了好奇,有的男生还试图利用运动引起女同学的注意。笔名"墨达"的男学生指出,男学生运动时,最希望有女同学在场,他就读的工学院,自从有女同学之后,男学生开始注重形象,而且运动场上出现许多"新兴运动家",他们"一遇有女同学在旁的时候,玩得更特别起劲"。④ 但也有男同学以促狭的方式,引发女同学注意。复旦大学的溜冰场刚开幕不久,涌进许多男女同学,有男同学便故意拦阻溜冰女同学的去路,还有人跌坐地上刁难女同学;虽然有女学生因此摔倒,但和光华、交大不一样的是,复旦的女学生不

---

① 绮城:《饶有趣味的两性间笔战》,《申报》,1929年6月26日,第21版。
② 《反正男女同游之辩论》,《申报》,1929年6月28日,本埠增刊,第5版。
③ 潘大逵:《美国体育的一瞥》,《现代学生》,第3卷第1期,第3页。
④ 墨达:《独立学院》,收入十日谈旬刊社编:《学校生活特辑》,第32页。

从溜冰场退去,或和男同学激辩,反而是相互牵手,继续溜冰,来抵挡男同学的恶作剧。①

同样地,金陵女大体育系毕业的王明霞回忆,骑自行车是金陵女大体育系的必修课,不会骑自行车,就不能毕业。当时她们骑车上街,很引人注目,有些好事的男生常常有意撞上来,但王明霞并不怕,她说"你撞我,我也撞你,金陵女大的学生可不是好惹的"。② 1935年《玲珑》刊登盛履谦拍摄的这张题名《冲》的写真,似说明这时代女性的无所畏惧。最有意思的是,除了服饰不同,她们骑车的架势,和当下女性别无二致。

图16 冲(盛履谦摄)

男女学生互不相让的情形,在运动风气较兴盛的学校经常发生,甚至还引发冲突。1929年,上海劳动中学的校园便曾出现男女同学争夺球场的激烈场面。据报道,自该校球队与日俱增以来,因学校的运动场所和运动设备并未相对增加,为争取练球的机会,球队间经常发生争端,这场冲突便是因此而起。当日原是女子球队

---

① 徽茵:《复大的跑冰场》,"青年园地",《申报》,1930年6月6日,本埠增刊,第2版。
② 蒋为民主编:《时髦外婆——追寻老上海的时尚生活》,上海:上海三联书店,2003,第167页。

的练球时间,有两支男子球队竟要求女同学退场,让他们比赛,女球队早已因男子队赛球,牺牲多次掷篮机会,因此拒不退让。一名男同学便故意将女同学失手的球踢入水田中,女同学也不甘示弱,夺走男同学的球,同样丢入水田中。在双方情绪都失控的情况下,有一名男同学下水捡起他们的球,却将女同学的球丢得更远,女同学见此情形,倍感受辱,于是:

  也有一个密斯发义愤,连鞋袜也没有脱,踏下水田去,拾取这球,而且把男同学的一个也劫来,送交训育课。①

其后双方虽各派代表谈判,却相持不下,争辩达两个小时,直到训育主任再三规劝,这场纷争始告平息。②

  我之所以不惮其烦地呈现这些故事,是希望了解在男女共学的校园中,女子运动是如何发展的,女学生又是以何种方式突破男同学异样的眼光的。从上面这些故事来看,在男女共学的校园中,男女的运动场所越是被区隔开,越是带来问题,毕竟年轻男性对异性有相当程度的好奇,光华中学和交通大学便遇到这个问题。不过,从女性的角度来看,在刚投入运动或运动技术还不够成熟的时期,不是每位女同学都期待男同学观赏她们运动,或邀请男同学当体育指导,且男同学的揶揄或戏弄还会让她们退缩。再者,男学生以看热闹的心情去观看女同学运动,或摆出好为人师的姿态,都让这群知识女性无法忍受。但不管如何,女学生还是要从男性丛林

---

① 《劳中男女篮球队的小风波》,《申报》,1929 年 6 月 30 日,本埠增刊,第 5 版。
② 《劳中男女篮球队的小风波》,《申报》,1929 年 6 月 30 日,本埠增刊,第 5 版。

中走出去,因此随着运动竞赛的增加,女性逐渐摆脱她们的不自在,甚至勇于与男同学竞赛,在下一节中,我会描述这些情形。

事实上,根据罗文(Margaret A. Lowe)的研究,19世纪末和20世纪初的美国学校,也曾发生男女学生之间的运动空间问题。例如,专收女生的史密斯学院(Smith College),在没有性别压力的情况下,女学生非常投入体育活动,而在男女生兼收的康奈尔(Cornell)大学,运动场几乎被男学生霸占,女学生的体育活动受到限制。[①] 罗文的书中,没有进一步告诉我们,这时期的美国女学生是否像中国女学生一样极力为自己争取运动空间,因此,我们无法明白美国女学生的态度。不过,交大、复旦大学和劳动中学女学生的强烈反应让我们看到,过去很少在公领域活动的中国女性,一旦有机会在公领域活动,便不会放弃争取公领域的空间。即使是在男性操控的场域,她们也不完全退让,特别是在这个场域中的公平性被破坏时,她们会设法进入核心或诉求正义。其实这也是1920和1930年代许多中国女性的特质,她们争取的不只是运动的空间,还包括教育、政治和职业的空间。

第二节 体育运动走向校外

经过体育正课和课外运动的训练,有一部分运动技能卓越的女学生,不但在自己就读的学校操场上展现运动成果,还以运动选

[①] Margaret A. Lowe, *Looking Good: College Women and Body Image, 1875–1930* (London: The Johns Hopkins University Press, 2003), pp. 47–55.

手的身份走出校园,出席各种公开的运动竞赛:从学校联合运动会、区域运动会、全国运动会、国际运动会,到各种球类比赛,处处都有她们的身影。这群女学生一出场便成为社会的宠儿,参加的运动竞赛不可胜数,在正式比赛之外,还有非正式的比赛,包括友谊赛、邀请赛和表演赛等,甚至还到国外演出。至于比赛的对象也相当复杂,有中国人也有外国人,有女性也有男性。多样的运动竞赛,让走向校外女球员的身体和运动技术有很大的变化,也从中获得一般女学生不曾有的各种生活上的历练。

一、各式竞赛的参与

(一)从校际运动会、区域运动会到全国运动会

1.校际运动会

校际运动会是女学生最早参加的校外公开运动会。民国初年,由江苏省各学校分别举办的联合运动会,就允许女校学生参加。这时期,参与运动会的女校主要是展示各自学校的教学成果,并向社会大众宣传女子体育的重要性,因此重在表演,而不是竞赛;女学生演出的项目,都是学校平常的教学活动,像是前面提到的行进游技、舞蹈,甚至"尚武"的女子体育,也被搬上校外的运动场。爱国女学校在江苏省省立学校的第三届联合运动会中表演的新式棍棒、拳术、武器、篮球和场球,曾让人耳目一新。[1]

---

[1] 张世鎏:《参观江苏省立各学校第二次联合运动会记》,《教育杂志》,第7卷第12号,第90页;幻龙:《江苏省立各校第三届联合运动会记其二》,《教育杂志》,第8卷第12号(1916年12月),第70页。

1920年代之后，校际联合运动会日益普遍，运动项目也趋向多元，为了争取学校荣誉，出席运动会的学校，无不推出拿手的节目或选拔精锐选手上场。除了柔软操、美式舞蹈受到重视，球类运动、田径、游泳也渐渐成为大型运动会的重要项目，女学生也从体育表演转向运动竞赛。从1928年和1934年上海学校联合运动会女子五十米赛跑的写真中，可以明显地看到这些变化。有意思的是，在这两张照片中，还可以观察到女选手运动服装的大幅改变，过去高领长衫、长裙或长裤的装扮，被无领长衫、灯笼裤替代，接着又被短衫、短裤替代。翻看这两个时代其他地区女运动员的运动照片，更能证实这种现象，长衫、灯笼裤是1920年代中后期的时尚运动服款式，1930年代流行的则是短衫、短裤，而这样的运动穿着不仅和世界接轨，也和当下没有差别。①

2.区域运动会

随着近代体育的逐渐普及，各地区也分别发起规模不等的区域运动会。1913年，在北京召开的华北运动会，被认为是最早的区域运动会。② 这之后，华中、华东也分别举办区域运动会，在华东举行的运动会相当多，而能持续举办的，除了前面导言提到的江苏省中等学校联合运动会，还有江浙地区大学联合举行的运动会，它持续了相当长的时间。从1904年到1936年，先后有"中国大学联合会""华东六大学体育联合会""华东八大学体育联合会""江南大

---

① 游鉴明：《近代中国女子的运动图像——1937年前的历史照片和漫画》，第64—85页。
② 国家体委体育文史工作委员会、中国体育史学会编：《中国近代体育史》，第148页。

学体育联合会"等运动组织每年举行田径或各项球类比赛。① 联省的区域运动会之外,以单一省、市为单位的运动会更是普遍,几乎全国各地都有。② 光是上海这个城市所举办的大小型运动会或球赛,就不可胜数。

图17　1928年上海各学校联合运动会女子五十米赛跑终点

区域运动会的主要参赛者也是学生。不过,起初区域运动会的竞赛项目专属男学生所有,女学生只参加表演项目。大致在1920年代末期,女运动员才可以进入竞赛,1928年的第十三届华北运动会,1930年的华中运动会、江苏全省运动会和上海市运动会,

---

① "中国大学联合会"由五所大学成立于1904年,1909年解散。1914年在东吴大学倡议下,又有"华东六大学体育联合会",参加的大学共计六所;其后,有两所学校分别在1920年和1922年加入,该会改称"华东八大学体育联合会",到1926年,共举行十二届运动会。"五卅"惨案发生后,非教会学校退出组织,另成立"江南大学体育联合会",到1936年宣告结束;至于"华东八大学体育联合会",因为各校退出,最后只剩下四所学校,不久也解散。国家体委体育文史工作委员会、中国体育史学会编:《中国近代体育史》,第151—153页。

② 崔乐泉:《中国近代体育史话》,第62—63页。

图18 1934年上海市第三届中学联合运动会五十米决赛起点

图19 1926年华东运动会的女子赛球

都给了女学生竞赛的空间。① 女性加入区域运动会后,经常有亮眼

---

① 国家体委体育文史工作委员会、中国体育史学会编:《中国近代体育史》,第176页;袁宗泽:《江苏省运动会史略》,《体育研究与通讯》,第1卷第2期,第106—107页。

的运动成绩,不少选手因为在区域运动会脱颖而出,有机会被选派参加全国运动会或国际性运动会,这让她们在体坛大放光芒。由于女子体育学校多半设在上海,江南地区的女选手的表现更加突出。

图20 1933年第五届全国运动会女子掷铅球的姿势

3.全国运动会

早在清末,就已经有全国性运动会,到第二次中日战争之前,中国曾举办过六届全国运动会。1910年在南京召开的首届全国运动会,和区域运动会一样,只接受男性运动员参赛,这项规定到第二届全运会仍然没有改变。一直要到1924年在武昌召开的第三届全运会,女性运动员才有崭露头角的机会,但也只能参加球类运动的表演项目。尽管如此,长江流域的女学校还是相当捧场,为了参加这场运动盛会,有女校代表从上海、江西等地搭船前来,其中上海的两江女体师和沪江女子体育学校,分别派代表表演舞蹈、球类运动和团体操。①

女运动员得以在全国性运动会中具备正式参赛资格,是在国民政府主导的第四届全运会(1930年),女运动员终于不再以表演方式在国人面前亮相;而此后的每一届全运会,她们都能和男性一样,在运动竞赛中大显身手。不过,女运动员的竞赛项目并不是一开始就比照男运动员项目设立的。1930年,女子的比赛项目只有田径、篮球、网球和排球四种。到1933和1935年的第五、第六届全运会时,女子比赛项目才增加至七项,在原先的项目外,增加了游泳、垒球、国术三项。这时除了没有女子足球,男女运动员的竞赛项目完全一致,女运动员因此有了更广阔的表现空间。

在这三届全运会中,江南地区的女运动选手特别耀眼,例如,第五和第六届的女子田径、篮球、排球三项锦标,都落在上海队手中。而这三届女子田径和女子游泳个人锦标的12位得主中,钱行素、马骥、陈荣明、李森、陈荣棠、潘瀛初6位,都来自上海的各大体育专门学校,其中钱行素、潘瀛初出身江苏。②

---

① 女学生在运动会中演出的节目,除了有湖北地区各级学校的团体操,还有湖南女校选手的篮球、网球表演,上海两江女体师的舞蹈、队球(排球)比赛,九江诺立书院的篮球、队球比赛,以及上海沪江女子体育学校的篮球、棒球和团体操演出。《时报》,1924年5月22日,第2版;《时报》,1924年5月23日,第2版;《时报》,1924年5月25日,第2版。
② 全运会三届田径、游泳个人锦标的12位得主,分别是孙桂云、钱行素、马骥、李媛芬、张洁琼、陈荣明、李森、邓银娇、陈荣棠、原恒瑞、潘瀛初、杨秀琼。

(二)国际运动会

杰出的女运动员除了参加国内运动会,也被网罗出席国际运动会,包括远东运动会(Far East Games)和奥林匹克运动会。

远东运动会是20世纪亚洲的重要运动会,它的影响力仅次于奥林匹克运动会。这个运动会在1913年到1934年间,曾举行十届,由中国、菲律宾和日本轮流担任主办国。在中国举办的有第二届(1915年)、第五届(1921年)和第八届(1927年),这三届远运会的地点都在上海。在第五届远运会中,中国女学生以团体操表演,首次在国际运动会中露面。1923年,为倡导女子体育,远运会加入女子排球和女子网球的表演赛,中国也派了排球女选手前往日本表演。此后,虽然远运会的女子项目也还是表演性质,中国的女选手却不曾缺席。[①]

图21 参加1923年第六届远东运动会的中国女选手

[①] 游鉴明:《近代中国女子的运动图像——1937年前的历史照片和漫画》,第143页。

图 22　1923 年第六届远东运动会中女子队球(排球)比赛(背对镜头的是中国队)

奥林匹克运动会是世界体坛的一大盛事,但直到第十届奥运会(1932 年),中国才正式派 1 名选手参赛。至于选派运动团参赛,是在 1936 年的第十一届奥运会,当时派出 77 名运动员前往德国柏林(Berlin)。在选手群中,田径选手李森,游泳选手杨秀琼,国术表演选手翟涟源、傅淑云、刘玉华这 5 名女性选手最引人注目,[①]她们都是第六届全运会中的风云人物。可惜的是,在这次奥运会中,中国男女代表的成绩并不理想,最后铩羽而归。

尽管出席国际运动会的女运动员仅是少数,她们的竞赛成绩也不甚理想,但出席这样的运动会却是国内女性迈向国际体坛的嚆矢,也是当时不少女学生梦寐以求的事。

---

① 王振亚:《旧中国体育见闻》,第 224—225 页。

(三) 球类运动比赛

球类运动虽存在没有太多场地或设备的问题,但除在大型运动会有球类比赛外,一般时间也经常有球赛的举办。球类运动最鼎盛的1930年代,报纸的体育版到处看得到各种男女球赛的赛程和赛况,上海举办的球赛次数,在全国更是首屈一指。

其中篮、排球比赛是女学生的最爱。以篮球为例,前面提到,女篮运动先从校园开始,再延伸到校外,原本只是投掷表演,逐渐发展为竞赛运动。为了展现实力,参加球赛成为一种趋势,1929年,上海"中华女子篮球会"成立不久,由该会举办的球赛便吸引了不少上海校队参加,将女子篮球赛带入高潮。为争取篮坛霸主之位,每一场球赛都竞争激烈,其中,两江女子体专的女篮队蝉联后座最久。[1] 顶着明星球队的光环,两江女子体专的球队不但在远东运动会和全国运动会有杰出成绩,还经常受邀出席友谊赛,也在全国各地巡回表演或比赛。1931年,两江女子体专篮球队更是访问了日本和韩国,成为国内第一个出国访问的女子篮球队。之后,该队又和东南女子体专、东亚体专的女篮队先后受马来西亚和新加坡华侨的邀请,前往当地表演。[2] 1934年,东亚体专和第五届全运会女杰钱行素受邀组"东亚南游团"到南洋时,新加坡当局特别把

---

[1] 游鉴明:《近代华东地区的女球员(1927—1937):以报刊杂志为主的讨论》,《"中研院"近代史研究所集刊》,第32期,第80—81页。

[2] 游鉴明:《近代华东地区的女球员(1927—1937):以报刊杂志为主的讨论》,《"中研院"近代史研究所集刊》,第32期,第83—84页。

"南游团"的活动照片制作成一套明信片发行。①

图 23　1931 年 5 月两江女子体专篮球队摄于平壤,左起第一人为领队陆礼华

至于女子排球运动,也是从学校发迹,再逐渐发展到校外比赛的。远运会和全运会增加女子排球赛之后,许多女校组队参加。1923 年,远运会决定增加女子排球表演赛之后,当时在上海女子排球界颇负盛名的裨文和民立两所女校,以华东区代表为名,和华南队一道参加远运会的女子排球表演赛。② 女子排球虽然没有像女子篮球一样被邀请巡回表演,但受女学生喜爱的程度不在女篮之下。

不管走出校园的女运动员是如何风光,在大大小小的运动竞

---

① 戈民:《一代田径女杰钱行素》,收入中国人民政治协商会议上海市委员会文史资料委员会、上海市体育运动委员会文史委员会编:《体坛先锋》,上海:上海人民出版社,1990,第 37 页。
② 《女子队球表演》,《申报》,1926 年 6 月 11 日,第 11 版。

赛中,她们参赛的真正目的究竟是什么?在"强国保种""体育救国"的呼吁声里,这种期待始终被放在运动员的身上,但我们还是可以找到不同的声音。运动员多半来自学校,学校把校队的比赛当作校内大事,只是因各校理念不一,有不同的期许。以上海的教会学校崇德女中为例,该校的篮球队向来在篮坛颇具知名度,有一次,球队凯旋,校长在祝贺对联中题了"为神为国为崇德""尽心尽力尽忠诚"这两句话。① 从字面看来,崇德队的荣耀是归给神、国家和学校的,但"神"是在"国"的前面,从该校的性质来说,以运动成果来荣耀神其实无可厚非,却也反映出"体育救国"对部分学校来说不是唯一或至高的体育目的。

最有意思的是社会各界对两江女子体专赴欧美赛球动机的讨论。1933年正逢日本侵华、国难当头的时刻,两江女子体专提出环游欧美的计划,希望借机发扬民族精神、观摩世界体育及联络与各国国民间的感情,并与世界女性一较身手。② 这项计划披露后,引起各界不同的回响,虽然获得不少支持,反对的声浪却更大,不赞成的理由多半是对耗费巨资远行的质疑。③ 一位署名"现人"的作者在《大公报》中为文讽刺,他指出该校西征固然在联络中美感情,但过去该校曾到过日本,并和日本建立情谊,而今却不见有日人相

---

① 《德音半月刊》,第1卷第5期(1932年11月15日),第39页。
② 两江环游欧美计划大纲的宗旨如下:一,发扬中国民族精神,联络世界妇女感情,增进我国之国际地位;二,观摩世界教育之状况与体育之设施,以作国内体育实施之参考。《两江篮球队——环游欧美计划大纲》,《申报》,1933年2月10日,第16版;《中国体育界之空前壮举》,《申报》,1933年2月8日,第17版。
③ 《潘月英上两江校长陆礼华书》,《申报》,1933年2月16日,第14版。

助。① 受到各方的压力,再加上经费筹措困难,该校最后只好放弃远征的计划。无论外界是否误解两江女子体专,都可以看出,两江不断远行比赛的实际效应很明显地受到质疑。因此,当球队成名之后,"体育救国"的口号是否已流于形式化?球队所做的是否只是为了沽名钓誉?当我将这样的看法投射到个别的运动员身上时,发现情况更加复杂。在以下章节会继续分析。

二、在竞赛中成长

从前述清末到 1930 年代女学生参加的各种校外运动竞赛来看,她们将自己的体能做了极度的发挥。而在大型运动会或国际运动会叱咤风云的女选手,和当前女运动员似乎没有两样,都勇于向观众展现自己的运动技术,并努力挑战或打破过去的运动纪录。除此之外,她们通过参赛得到的宝贵经验,不仅仅是运动技术的提升,还有其他的历练和收获。

诚如前面所提,由于比赛活动的层出不穷,女球员是所有女运动员中最忙碌的一群,她们被报道的机会也远比其他女运动员来得多。因此,要观察运动竞赛为女运动员带来何种影响,包括运动技术、身体锻炼、竞赛常识和生活体验等,则唯有从女球员着手,才能掌握到较丰富的面向。故此处的分析将集中在女球员身上。

众所周知,不管是个人赛还是团体赛锦标得主的产生,都必须经过初赛、复赛和决赛三道关卡。除了少数特例,代表地方或国家

---

① 现人:《球场漫话:两江与国难》,《大公报》,1933 年 2 月 26 日,第 10 版。

出席运动会的选手,光靠学校的训练是很难过关斩将的。通常在参赛之前,代表单位会聘请专家培训女运动员,经过筛选,再正式派员参赛。这种培训的过程究竟如何?根据1935年上海全运会前训练女篮队员的办法,可以略了解到女球员接受训练的情形。这项训练分前后两期,先选出16人进行一个半月的前期训练,每周训练三次,三周后开始进行友谊赛,增加球员之间的互助合作;训练完毕,正式选出10人代表上海市参赛,并对这10人进行每周四次的后期训练,直至大会开幕,培训才算完成。[①] 明星球队能够马不停蹄地接受挑战,以及赛前的紧密训练,确实对她们的球技和体力的锻炼有不小的帮助。因此,经过有规划的训练,在许多比赛场合,女球员不仅能和同性竞争,也可以和异性一较短长。

其实不只是身体和运动技能起了变化,随着各种运动竞赛的展开,以及运动竞赛规程的订定,女运动员不但在行为举止上有所改变,知识见闻和语言能力也跟着成长,这都是一般学生不曾有的经验。

在1920和1930年代陆续设立的运动团体,几乎都订有比赛规则,详细规定会制、会费、赛规、服装、球员资格及球队人数,这些规定既有助于球赛的进行,也对球队和球员有制约作用。在普遍缺乏守时观念的那个时代,各种赛程对运动员能否准时出席比赛,订定了严格的规定,例如"中华女子篮球会"以弃权、没收保证金、取

[①]《本市参加全运会》,《时报》,1935年7月24日,第7版。

消会员资格等办法,惩罚不准时上场的球队。① 最重要的是,这类规定并不受球队声望影响而破例。有一次,两江女子体专的两两队因为迟到一刻钟,被大会要求弃权,该队只好退出比赛。②

此外,第五届全运会更以《运动员十不要与十要》的标语,要求全体运动员遵守。③ 这所有的规定,不外乎要求运动员要有守时、守纪、禁欲、爱国、讲究卫生、遵守道德等观念,而且没有性别差异。尽管很难确知每位女运动员所受到的影响程度如何,但为配合团队行事,女运动员的生活习惯或认知多少会因此而改变。以球赛为例,早期报纸经常有球队怯场或无故缺席的报道,到了1930年代,这类新闻大幅减少,宣告弃权的球队多半是万不得已。

运动会会规不但让女运动员学习了如何规范自己的行为,也

---

① 1929年该会曾要求球队"如遇特别事故不能如期比赛时,须征得对队之同意,先一日缮具理由书,派人向主席委员申请改期,否则作弃权论",再者"弃权一次,扣除保证金五元,弃权两次,保证金没收"。1933年,该会将此项规定进一步修订为:球队弃权一次,没收保证金,弃权两次,即取消其会员资格。至于在规定时间内不出场比赛的球队,每个组织都视之为弃权,鲜少宽待。《上海女子篮球会定本月十一日开幕》,《申报》,1933年11月6日,第13版。

② 其中除"中校体联"曾对车辆中途发生事故者予以通融外,其他会规通常规定逾5或10分钟即视为弃权。以上规定参见《上海女子篮球会续讯》,《申报》,1929年11月23日,第17版;《中校体联昨开临时会议》,《申报》,1935年11月25日,第12版;《西青女子篮球会强南崇德加入》,《申报》,1929年12月10日,第9版;《上海女子篮球会定本月十一日开幕》,《申报》,1933年11月6日,第13版。

③ 内容如下:(一)不要晏起晏睡,要早起早睡而又有定时;(二)不要贪口腹,要少吃而多嚼;(三)不要始勤终惰,要到底不懈;(四)不要畏难,要百折不回;(五)不要争胜,要有真正工〔功〕夫与实在力量;(六)不要欲速,要渐进不已;(七)不要饮酒抽烟,要淡泊;(八)不要好色纵欲,要宁静;(九)不要贪财好货,要廉洁;(十)不要侥幸犯规,要遵重运动员之道德及比赛时之规则。《运动员十不要与十要》,《申报》,1933年10月10日,第35版。

让其从中懂得争取竞赛权益,包括防范资格不符的运动员参赛、抗议裁判员(或称公正人)判决不公等。裁判的公平与否更是受到运动员关切,也因此,运动场上经常出现球员与裁判员对立的情况,甚至发生殴打裁判的暴力行为。① 虽然女运动员的表现未曾如此粗暴,但仍可看到剑拔弩张的场面。在诸多争端中,和外国人的比赛问题最多。以球赛为例,起初中国女球员多采全体退场,而不是据理以争的抗议方式,直到球场经验日渐丰富,她们不再轻易地俯首称臣,而是懂得检具证据,正式向大会提出对裁判的抗诉。② 且不论这些事件是否涉及民族情绪,都可以看到在与外国球队的比赛中,女球员已经越来越熟悉如何运用国际运动会的规则,让自己球队的权益得到重视。

近代体育运动原本来自西方国家,运动员不仅要了解这些国家制定的各种球规和赛球方式,还要懂得比赛时所使用的英文术语,否则很容易失误或出糗。就以民立女中和大夏大学的排球会战为例,在这场比赛中,曾闹了一个笑话:裁判员在比赛中用英语高呼"Once more, Sir!"(再一次,先生),裁判员急促的发音,让在场观众误听为"One bore chow!"(黄包车)。③ 从这则笑话来看,如果球员不明白裁判的意思,这场球赛必然无法进行。除了国内的比赛如此,有机会和国际球员交锋的女选手,更把英语当成她们必

---

① 1934年,交大与暨南举行江南大学(简称"江大")足球比赛中,交大因败北而迁怒裁判员,致有学生殴打裁判成重伤的不幸事件。宸:《体育诉讼》,《申报》,1934年3月8日,本埠增刊,第1版。
② 游鉴明:《近代华东地区的女球员(1927—1937):以报刊杂志为主的讨论》,《"中研院"近代史研究所集刊》,第32期,第86—87页。
③ 《民立女中与大夏混合队之排球战》,《申报》,1929年6月5日,本埠增刊,第5版。

备的工具,经常与外侨赛球并远征国外的两江球员便惯用英语,她们甚至将英语生活化。①

不过,在东北沦陷之后,1933年召开的全运会特别注重民族精神的宣导。全运会筹备委员会便指出,运动场中使用英语会削弱民族自信力,应将运动术语译为中文,并规定无论职员、裁判员还是运动员都不准使用英语。② 但中国各地方言千差万别,在该届全运会的游泳赛中,因为游泳选手多半来自广东,就发生了大会唯恐他们听不懂国语,在点名和解说规则时,先说国语,再译成粤语的情况。③ 因此,在实际执行时,使用英语有时反而能消除运动员之间,或是运动员与裁判之间的语言障碍,让运动会顺利进行。

虽然无法知道女运动员的英语能力是深是浅,但可以了解的是,球员至少要能听、能说运动场上的英文术语;而从报纸对女球员生活实况的报道里,也确实看到她们将英语或中英夹杂的语言带入了日常交谈中。④ 在会讲洋文是象征摩登的1930年代,女球员显然随着球赛进入了摩登的行列。

除此之外,体育活动让女运动员有机会增广见闻,这些往往不

---

① 游鉴明:《近代华东地区的女球员(1927—1937):以报刊杂志为主的讨论》,《"中研院"近代史研究所集刊》,第32期,第89页。
② 《全运会术语不准用英语》,《申报》,1933年8月23日,第16版。
③ 《粤语翻译员》,"大会花絮(二)",《玲珑》,第3卷第37期(1933年10月25日),第2006页。
④ 《申报》记者"搏九"曾如实地记载1929年中国公学的健身房清晨的一幕:"'Ball, here! Ball, here'的嫩嫩底莺声……不断地吹向我们的耳鼓来了。"上海《时报》也报道"江大"篮球比赛时场外球员的一段对话:"……她打篮球打得很好,跳center,你也是吗?""我也是中锋,不过脚伤了。"《中公女子篮球队》,《申报》,1929年6月10日,本埠增刊,第7版;《江大篮球京沪男女四场:复旦中央金陵分别胜光华暨南持志》,《时报》,1934年3月20日,第7版。

是在课本中可以学到的。因为到外地出席运动会,一方面能借机观摩其他运动员的运动技能,另一方面还可以开阔眼界。1918年,务本女中首次到南京参加省校联合运动会,临出发前,该校校长对参赛代表表示:"非但望运动之优胜,尚可得游历之乐也,是诸君此行增加见识,未可限量。"① 这段简短的期许,充分说明女运动员参加体育活动,不只是有机会在运动场上演出,还有增加见识的好处。

曾任职警界的陈湄泉,提及1930年她代表东北地区参加在杭州举行的第四届全运会时,曾乘机游览各地风光的事。当年年仅16岁的她,对比赛的情形没有太多记忆,反倒对沿途的新鲜经历难以忘怀,有感而发地说道:

> 对我这个初出茅庐的孩子来说,沿途风光简直目不暇给,东北的树叶全枯落了,关内的树叶却还青绿,因此对我而言,南方的所有事物尽是新鲜有趣。②

能到国外赛球的球员更是得天独厚,东亚体专的女子球队到香港等地赛球时,该球队负责人即表示,香港之行让她们印象深刻,因为与西方人多所接触,在运动精神或技术上得到深切的认识。③ 另外,在旅途中,球员可以参观各地的名胜古迹、体验民情风

---

① 许维一:《欢送赴宁运动员序》,收入上海县立务本女子中学校编:《上海县立务本女子中学校第二届毕业纪念录》,上海:务本女子中学,1920,第22—23页。
② 许雪姬等访问,曾金兰记录:《陈湄泉先生访问纪录》,台北:"中研院"近代史研究所,1996,第13页。
③ 《转战港粤:东亚女球队返沪》,《申报》,1937年5月4日,第10版。

俗或新奇事物。随两江队外访的《申报》记者黄寄萍,在《两江女校篮球队东征记》一文中,曾将日、韩两国的景致和生活文化一一记载下来,尽管这些观察不是来自两江球员的,但从该文可以得知,这次的东征之旅,无论记者还是两江球员都受益匪浅,体验到不同国家的文化差异。① 而两江队南征时,因为是乘豪华邮轮前往,该队球员冷雪(按:应是陈白雪的笔名),把邮轮上参观到的各种现代化设备,翔实记载。②

图 24　1935 年上海两江女子体专篮球队南征回上海

---

① 黄寄萍记载道:"愚等留日,虽为时至暂,而耳目所及,千端万绪,……简括言之,如舟车交通之灵便,工商事业之兴盛,教育体育之普及,社会秩序之安定,似可与欧美诸先进国家并驾齐驱。……日本西部乡间农产物,就车中所及,则以稻、麦、桑、茶为大宗,民间生活似甚安乐。……路旁学校,每行三四里,必有一所,校舍甚简朴,而运动场之设置,较吾国城市学校尚完备。工厂不限于城市,乡间亦所在多有,日本工业之发达,于此可见一斑。……韩人男女老幼,皆衣素服,冬夏不变,城乡所见者,大半劳工,顶负巨物,或肩荷重载,凄凉景象,满目皆然。同一乡村,而彼此判若天壤,此殆国家强弱所使然欤。"黄寄萍:《两江女校篮球队东征记》,《申报》,1931 年 5 月 22 日,第 8 版。
② 冷雪:《两江篮球队南征日记》,《时报》,1935 年 2 月 18 日,第 7 版。

很显然,运动员到外地参赛或出国比赛,能让她们在竞赛之余,获得新的生活体验。特别是接触先进文化的女运动员,比起其他女性先一步获得近代化的洗礼。

第三节 从运动看女学生的反应

对江南地区的女学生来说,当地孕育的女子运动氛围,远在其他地区之上,因为1930年到1935年间的这三届全运会,分别在杭州、南京和上海举行,她们不但被学校要求就近前往观赛,也从中得到较多的运动经验。尽管体育活动通过各种形式进入学生的生活,让全体学生都接触到体育,但有机会参与运动竞赛的,毕竟只是一小部分具有运动长才的学生,绝大多数的女学生,对体育的喜好是"如人饮水,冷暖自知";同时,她们对运动选手的态度也各有不同。

一、体育运动的苦与乐

(一)痛苦的体育课

1937年出版的《新女性的日记》中记载着:

今天我恐怕要考体操,难过了半天,弄得上什么课都是形式,只希望天下雨,而天公真不做美,体操课一退就下起雨来了。

  本星期五要考跳远了,下星期还要考掷篮球、排球、赛跑,叫我怎么办呢?女体操教员真讨厌!尤其是这个可恶的张美珍,像煞有介事的,我本学期的体操分数,一定要拿零分了,这如何是好呢?①

在这一百多字的日记里,竟然满是对体育运动的厌恶,日记的主人翁甚至渴望老天能下场雨,让她躲过体操课。乍看之下,读者会以为这是一种夸张的表述,但读到南京省立第一女子师范学校陈令仪的《回忆》时,不得不承认这篇日记确实没有过度夸饰,因为陈令仪也有相同的反应。

  陈令仪回忆,在校时,她的每项科目都名列前茅,唯独技能科的成绩偏低,而体育课更让她厌恶。为了逃避体育课,她采取的办法是:

  正课的体操,要点名计分,不得不去,但每日的早操,总是设法躲避,有时会拿了一本书躲到浴室里去。

如此一来,她的体育成绩当然无法及格,但她仍我行我素,连体育老师也莫可奈何。②

  这种逃避体育课的现象,在马景星的《教会女校生活的写实》一文中,也有同样的叙述。马景星指出,上海徐家汇的某天主教女

---

① 陈笑梅:《新女性的日记》,上海:希望出版社,1937,第217页。
② 陈令仪:《回忆(续)》,《女青年月刊》,第15卷第4期(1936年4月),第50页。

校,聘请一位30多岁的俄国女性教导体操,这位女士每周只到校一个小时;①但学生对体操课缺乏兴趣,不少学生因为讨厌体操课,每逢体操课时间,不是躲到自修室,便是躲进厕所,因此厕所经常很热闹。②

不管是自白还是旁观,都如实地反映出女学生对学校体育课的厌烦与无奈。一位笔名"瘦嫣女士"的作者,也从一所有200多名学生的女校中调查到,喜欢运动的女学生其实只有30多位,她们偏重的运动只是舞蹈。③事实上,不喜欢体育课,是一个普遍存在的问题,不光是女学生讨厌体育课,男学生也一样。《忠告用功的学生》一文的作者就指出,注重体育的学生只是少数的运动选手,多数学生"听见上体育课要皱眉头,有体育课的日子,便希望括〔刮〕大风或下雨"。④

周作人曾以"式芬"这个笔名,写出他两个在小学读书的女儿,最怕的功课就是"体操",一知道今天有体操,他的女儿便说"这真窘极了"。在这篇文章中,周作人也很坦白地表示自己"嫌恶"体操,他回忆进海军学校时,学校聘请军人出身的人当体操老师,这位老师的教学方式过度严厉,导致许多同学反抗、逃避体操。⑤

不过,学生为何不喜欢上体育课?根据《忠告用功的学生》一文作者的观察,忽视运动的学生多半是用功的学生,这些学生不是

---

① 马景星女士:《教会女校生活的写实》,《新学生》,第1卷第4期(1931年4月),第152页。
② 马景星女士:《教会女校生活的写实》,《新学生》,第1卷第4期,第160页。
③ 瘦嫣女士:《女子运动的一般》,《大公报》,1928年3月23日,第10版。
④ 臧:《忠告用功的学生》,《大公报》,1928年4月20日,第10版。
⑤ 式芬(周作人):《体操》,"杂感",《晨报副镌》,1921年11月27日,第3版。

对运动缺乏兴趣,便是运动时曾受过苦痛。对他们来讲,体育是可有可无的学校生活,更何况家长并不在意子弟的运动成绩,因此,他们只专注读书。① 周作人则认为:

> 学校里的体操既经教育家承认加入,自有其重大的价值,但实际上怎样才能使他被领受有效用,……这实在是一个重要的问题。②

换句话说,体育教学方式、学生心理或家长态度,是造成学生排斥体育课的原因。但除此之外,男女学生的理由是否有不同? 洛阳中央军官学校教官朱晓初,根据他教导女子体育多年的经验分析,女学生不重视体育,除了与社会上错误的审美观念有关,也与女学生本身的态度有关,有的学生担心学习体育会变得粗野,有碍外观。因此,每当上体育课,要她们换下旗袍或跑跑跳跳时,她们便怨声载道;体育老师只好大发慈悲,以谈笑、做游戏,应付体育课。③

爱美之外,女学生还面临一个男学生不会有的顾忌,而这类顾忌有时是很无奈,甚至是超乎我们想象的。例如,瘦嫣女士发现,女童通常到了10岁以后,就被母亲限制行动,不能跑跑跳跳;她的一位同学,就曾因为剧烈运动造成处女膜破裂,痛苦不已,所以她很肯定地表示,处女膜的问题是阻碍女学生运动的一项因素。④ 瘦

---

① 臧:《忠告用功的学生》,《大公报》,1928年4月20日,第10版。
② 式芬:《体操》,"杂感",《晨报副镌》,1921年11月27日,第3版。
③ 朱晓初:《中国妇女之健康问题》,《勤奋体育月报》,第3卷第8期(1936年5月),第729—730页。
④ 瘦嫣女士:《女子运动的一般》,《大公报》,1927年3月23日,第10版。

娉女士的说法并非危言耸听,虽然"处女"迷思在"五四"以来已经被打破,但这个问题仍受到许多少女关心,在《玲珑》杂志的"信箱"专栏中,经常可以看到读者对处女膜破裂的恐惧。① 运动是否会伤害处女膜,也成为读者的隐忧。1937年,一位自称"佩年"的读者便因为学骑脚踏车,造成阴部疼痛,而日夜不安,于是她询问"信箱"的编辑,这是否表示她的处女膜已经破裂。编辑珍玲告诉她,在剧烈运动中,处女膜确实容易破裂,不过,还是得通过医师检验才能确定;有趣的是,珍玲安慰她,如果这是因运动引起的,那么她本身仍是冰清玉洁,是可以问心无愧的。② 这些说法,显示了在女学生排斥体育的理由中,有部分是难以启齿的,而这也是和男学生最不同的地方。

(二)把运动融入生活中

上述来源不一的个人自述或专家的调查、分析,呈现了部分女学生不喜欢体育的心声,但在一些注重体育或是以全方位方式发展体育的学校中,女学生的反应却是不同的。1934年,浙江嘉兴地区的一份调查显示,在嘉兴、中山和明德三所女中,学生最感兴趣的功课除了国语、英语、算学,便是体育;而最有兴趣的运动为篮球

---

① 孔令芝:《从〈玲珑〉杂志看1930年代上海现代女性形象的塑造》,南投:暨南国际大学历史研究所硕士学位论文,2006,第86—87页。
② 《骑脚踏车之后悔》,"信箱",《玲珑》,第7卷第15期(1937年4月21日),第1155—1156页。

和排球。① 再以松江女中为例,从前面章节中可以看到,该校在校方和学生自治会的努力营造下,全校充满运动氛围,无论是学生还是教职员都投入体育活动,也因此,该校女学生对运动的态度相当积极。

松江女中所做的三种调查,多少反映了这种情形。例如,1930年,松江女中对学生进行心理调查,在"学校生活最快乐的是甚〔什〕么?"的选项中,有运动、团体生活、上课读书、同乐会等,结果填写"运动"的人数最多,计32人,其次是"团体生活",有23人;"心里最高兴做的事"这项,有做事达目的、运动、读书、音乐、不补考、功课做毕6个选项,选择"运动"的有12人,仅次于"做事达目的"的14人;而在"最喜欢的学校娱乐(原记:学校里的娱乐顶喜欢)"这项中,167名学生选了运动、下棋和音乐。② 至于学生最有兴趣的运动又是什么,该校创校5年的调查显示,球类运动排名最高,其中篮球和排球更是深受学生喜爱。③ 另外,该校高中师范科三年级,对全校95名学生所进行的"本校学生职业兴趣调查"也表明,在116种职业中,学生最有兴趣的前3个职业是探险者、银行者、摄影师,并列第4的则分别是当篮球员和侦探员,占全体调查

---

① 接受调查的学生,嘉兴计195人,中山76人,明德42人,喜欢体育的依次是12人、10人、4人,对篮球感兴趣的为嘉兴77人、中山16人、明德9人,至于排球分别是17人、32人、3人。以上参见许敏中《嘉兴中等学生生活状及其志愿的调查》,《中学生》,第44号(1934年4月),第10、15页。另外,1931年松江女中的资料显示,在16种运动项目中,学生最感兴趣的运动也是篮、排球,对这两种运动感兴趣的学生分别占学生总人数的78%和72%。参见《松江女中校刊》,第19、20期合刊(1931年6月),第44页。
② 《松江女中校刊》,第11期(1930年5月),第12—13、14页。
③ 《学生对各种运动兴趣比较图》,《松江女中校刊》,第19、20期合刊,第44页。

人数的31%。①

统计数字固然可以说话,但毕竟是静态资料,而该校学生的叙述可以带给我们更真切的一面。王漱兰在《三年来之初中生活》一文中回忆,她就读的班级在运动方面特别出色,从初中一年级起,她的班级就注重运动,教室里挂满各式球类竞赛的锦标。她发现,年龄小的同学对运动特别有兴趣,因此,操场上经常遍布着初一学生的足迹。升上二年级之后,除了球类运动,又增添田径赛的练习,也不断有球赛及庆祝会或慰劳会的召开。受到这种风气的熏陶,很难有学生能不接受运动。王漱兰便表明,她很喜欢掷篮球,对打球原本没有太大兴趣,但渐渐地,她也爱打球了。她有感而发地说:"虽则很累,可是仍旧爱之不尽。"因此,在初中三年中,运动成为王漱兰的重要生活。②

从前述看到,女学生对体育的喜爱,主要来自学校的鼓励,但在被动的因素之外,是否有其他吸引力?撇开体育正课,具趣味性的体育活动,其实已逐渐成为学生日常生活的一环。一位笔名"雪城"的上海交通大学学生,在描写交大学生的生活时,便指出学生的生活可以分成衣、食、住、行、读书、运动和娱乐七大项。该校因为有宽阔的操场和游泳池,每到下午四时后,操场上到处是人;夏天时,游泳池也是挤满了人。③ 除了交大的学生,许多其他学校的

---

① 高中师范科三年级统计:《本校学生职业兴趣调查》,《松江女中校刊》,第29期(1932年6月),第7—10页。
② 王漱兰:《三年来之初中生活》,《松江女中努力团毕业纪念刊》,附于《松江女中校刊》,第12期,第13页。
③ 雪城:《徐家汇风景——交大生活素描》,收入十日谈旬刊社编:《学校生活特辑》,第4、12—13页。

学生在陈述校园生活时,也都会提到校园运动的情景。笔名"忍之"的作者记载医学生的生活时,便描述不少学生利用清晨或晚上健身,例如散步、翻杆子、跳高、跳远、练拳、击剑、打球等。① 曾在海军界服务的池孟彬在接受口述访问时,对运动的喜爱溢于言表。他提到小时候,上海很流行一种踢小皮球的运动,他曾是校队一员,而且因为非常喜爱足球,为了看李惠堂、周贤言的比赛,还和同学一起逃课。②

这三位的叙述主要针对男学生,但同样的现象也出现在女学生群体中。通过短文、自传、口述访问、校刊、日记和信函,我们不仅看到体育如何融入女学生的生活,也发现女学生做运动的理由相当多样。

金安平《合肥四姊妹——一段历史》这本书,曾对沈从文的妻子张兆和做过一些描述,例如,"她长的〔得〕黑,把头发剪得短短的,像个小男生,又胖又壮,样子粗粗的,没有闺秀气",以及从来没有家人注意她的容貌丰姿,等等。而19岁以后的张兆和,却吸引不少男性,仰慕者还给她取"黑凤""黑牡丹"这类绰号,因此,包括她的家人和她自己都十分意外。③ 还有,当张兆和在暨南大学住校读书时,沈从文因为记挂着这位"脸黑黑的美人",曾幻想着张兆和那种"晨起做操的生活规律"。④ 其实,光就"意外"和"幻想"的陈

---

① 忍之:《医学生》,收入十日谈旬刊社编:《学校生活特辑》,第15—16、20页。
② 张力、曾金兰访问、记录:《池孟彬先生访问纪录》,台北:"中研院"近代史研究所,1998,第10—11页。
③ 金安平:《合肥四姊妹——一段历史》,郑至慧译,台北:时报文化出版企业股份有限公司,2005,第204页。
④ 金安平:《合肥四姊妹——一段历史》,郑至慧译,第214页。

述,我们无法明白个中原因,幸而1929年和1931年的《申报》给了答案。就《申报》的报道,当年张兆和是中公中学女子篮球队的队长,还邀请复旦大学女子篮球队赛球。① 这些讯息清楚地告诉我们,张兆和是一位擅长体育的女性,在倡导"体育能带来健康美"的时代,张兆和既胖又壮、既黑又粗的样貌,正迎合了当时的时髦口号,难怪能吸引众多男性的青睐。而运动显然成为她生活的一部分,否则沈从文不会对张兆和产生"晨起做操"的想象。

至于女学生做运动是为了什么。资料显示,有的人抱着崇高的想法。例如,毕业自爱国女学校体育科的张载飞便表明,她之所以远离四川,千里迢迢地到上海念体育,是因为受到"有了健强的身体,然后能作伟大的事业","要有健强的身体,非提倡体育不为"这些观念的影响,再加上当时四川缺乏体育人才,于是她毅然决然地到上海求学。② 无独有偶,浙江鄞县女中赵美珍也认为,该校同学每天踊跃地做各种运动,目的就是"想为学校争名誉,为个人争光荣"③。

但有的人只是为了锻炼身体或个人兴趣。曾宝荪记得,10岁时(1903年),她就会练气打坐,还传授给家中的姐弟们;④谢冰莹也提及,就读湖南益阳信义女校时,她每天主动打哑铃,练身

---

① 《中公女子篮球两大战》,"妇女生活",《申报》,1929年6月16日,本埠增刊,第7版;语溪:《复旦中公篮球赛》,《申报》,1931年5月7日,本埠增刊,第9版。
② 张载飞:《入本校前的一段历程》,"体育栏",《爱国女学校年刊》,第1期,第9—10页。
③ 赵美珍:《运动会的预备》,《竹洲》,第3期(1934年3月),第61页。
④ 曾宝荪:《曾宝荪回忆录》,收入张玉法、张瑞德主编:《中国现代自传丛书》,第1辑(7),第18页。

体。① 而为健康而运动的女性,还包括女运动员。第六届全运会的短跑高手李森回忆,在四五岁以前,她的身体并不好,因为喜好运动,她的身体才逐渐强健,所以她感悟到"一个人底身体健康,倘若自己肯努力锻炼,就不愁不会改进"。② 至于吴舜文,则表明,进中西女塾念书时,学校已经有健身房和网球场,个性活泼的她,因身手矫捷,曾是排球、篮球、垒球的校队队员,因此,当时多半女同学憧憬着爱情,而她却喜欢流连于户外活动。③ 一位署名"蕙芳"的女学生在日记上写着,她很注重运动,经常邀约同学到校园拍球,有一次,因为很久没有拍球,她竟然感到"心殊怅怅"。④

还有人不仅自己注重运动,也鼓励自己的同学做运动。例如,袁琰希望她的同学不要颓废沮丧,在给同学的信中,就提出以"动"来调适身心的观点,她认为"玩玩球艺或者习习拳术",能使心境愉快,体魄强健。⑤ 就读于上海持志大学的钱小姐,更是古道热肠,除了自己常利用课余向男同学或初中部的同学学习射击,还主动为同学组织篮球队,聘请专家担任教练,而且每天清晨,她就吹着银笛,叫醒同学们练球。⑥ 有意思的是,有的女同学还劝导异性运动。蕙芳的日记曾记载着,她鼓励男友利用课余打网球,她的理由是

---

① 谢冰莹:《女兵自传》,第37页。
② 李森:《其十、乙:我的体育生活》,"名人生活回忆录",《良友》,第110期(1935年10月),第17页。
③ 温曼英:《吴舜文传:中国最有影响力的女企业家》,第29、51页。
④ 喻血轮:《女学生秘密日记》,上海:大东书局,1918,第32页。
⑤ 袁琰:《谈动》,《明宪校刊》,第54、55期合刊(1937年1月),第23—24页。
⑥ 剑锋:《持志新产两球队》,《申报》,1931年4月20日,本埠增刊,第10版。

"此事可尝为之,且于卫生有益"。①

由上可知,有部分女学生是以主动的态度接受体育运动的。更重要的一点是,在"尚武""体育救国"的声浪中,固然有女学生也高喊或认同这些口号,就如第一章曾提到,女学生经由文章的书写,表达这类看法;但回归到个人的生活,可以看到女学生的运动观,不全然围绕着国家民族,有的人是为了乡里、学校,而更多的是为了自己。

二、从啦啦队助阵到崇拜运动员

学生的体育活动,不只是体育正课、早操和课外活动,有时还要观看运动会:一方面观摩别人的运动技术;一方面为自己学校的运动选手加油打气,甚至还得配合学校,为选手们举办欢迎活动。在这些过程中,学生和运动选手之间,孕育着微妙的关系。

(一)啦啦队的助威

我在搜集的资料中,看到不少学生排斥体育,但在观看运动比赛的这部分,却找不到反弹的声浪,可这不能代表所有学生都喜欢观赏运动会,因为有时学生到运动场捧场,是受学校指派,她们是否情愿、乐意,就不得而知。不过,看别人运动和自己做运动,是有很大的不同,因此,有人乐在其中,就像前述的池孟彬曾和同学逃

---

① 喻血轮:《女学生秘密日记》,第6页。

课看球赛,而上海女中王凤翙的描绘,也让我们感受到学生对看运动会的热情。根据王凤翙的叙述,第六届全运会召开当天,该校许多同学在东方刚发白时,便到了学校,六点钟,大家争先恐后地坐上开往运动场的车子;她们观赏的足球比赛,一直到下午一点才开始,等比赛结束,已经是太阳西沉。① 这一整天,王凤翙和她的同学都泡在运动场上,虽然很累,但她们还是看完所有的演出才离场。

观看运动比赛时,免不了要为同校学生或自己的偶像助阵,其中,最能把运动气氛带到高潮的是啦啦队,它对比赛的胜负产生极大的影响。② 这种模仿自国外的助威组织,究竟在何时以何种方式传进中国,尚不得而知,但却成为运动会上学生们为各自选手助威的重要队伍。为助长各自选手的声势,每个啦啦队无不挖空心思,采用各式技巧压抑对方,其中呼口号或呐喊最为普遍。1929 年,在交大与暨大的足球决赛中,双方啦啦队都铆劲助威,其中暨大的男女啦啦队花样甚多,除队长带动练习,编制凯旋歌、啦啦调外,女同学还全体化妆出场欢呼,内有滑稽腔,稀奇古怪,为球场增色不少,同时队中备有锣鼓、喇叭等助战。③

从暨大啦啦队的组成可以看到,啦啦队没有男女区分。虽然有的人喜欢女生啦啦队出马,例如,上海总商会干员虞永谷就认

---

① 王凤翙:《参观第六届全运记》,《上海女中校刊》,第 1 卷第 12 期(1935 年 12 月),第 157 页。
② 《申报》记者曾谓:"二军胜负,端赖锐气,啦啦队之组织即所以鼓励作战之精神,而达到胜利目的者也。"《今日万人争看交大暨南决战》,《申报》,1929 年 11 月 30 日,第 12 版。
③ 《今日万人争看交大暨南决战》,《申报》,1929 年 11 月 30 日,第 12 版。

为,女性较能激励运动健将,建议在比赛中组织女子啦啦队;①《东南日报》的记者也对第四届全运会没有女子啦啦队,感到有点遗憾,他认为:

> 我们希望会有娘子军组成的拉拉〔啦啦〕队出现,不管是口琴也好,锣鼓也好,婉转的娇喉,一定会叫全场的观众的耳目为之一新。②

有人却认为,组织各校女学生而成的啦啦队是病态现象。③ 不过,在运动场上,啦啦队有纯女生队也有纯男生队,或是男女混合队。

事实上,不仅啦啦队不分男女,男女相互助威的情形,也早在男女尚未同校的时代,就已经开始。以圣玛利亚女校为例,该校和圣约翰大学相隔甚近,每逢圣大和南洋大学比赛足球时,该校教师便带领学生前往观战,特别为比邻的圣大呐喊助威,这项活动让圣玛利亚女校的毕业生记忆鲜明。④ 到了男女同校日盛的1930年代,男女同学相互助威更是普遍,这种情形不仅能激励运动员的士气,还有利于两性关系的建立。1927年,复旦大学女篮队与爱国女学校进行友谊赛时,男同学曾经给予极大的助力,球队队员事后指出,她们能"振足军容,不为爱国攻破",要归功于男同学的助

---

① 《组织女子啦啦队》,《申报》,1931年1月24日,第10版。
② 《花花絮絮》,《东南日报》,1935年5月3日,第8版。
③ 《体育诉讼》,《申报》,1934年3月8日,第1版。
④ 张娴如:《十年前拾零》,收入 Porterfield、Kinnon、张德苑编:《圣玛利亚女校五十周年纪念特刊》,第11页,上海档案馆藏,档号 Q235-3-138。

威。① 就因为啦啦队助威的对象,不在于是男性或女性,只在乎对方是同校、同乡或同一国籍的人,所以,女运动选手受到的鼓励,不在男运动员之下。例如,在1930年全运会的篮球初赛上,南京啦啦队看到该地男篮队惨遭滑铁卢,便把希望转向女篮队,卖力呼喊。② 而1934年的万国女子篮球赛中,也出现类似的情形,当男篮队挫败后,观众转为女篮队呐喊助威,最后女篮队不负众望地荣获篮球锦标,而报纸也以"中华女儿果为须眉吐气"称颂女篮队。③

为了替自己学校球员打气,学生啦啦队往往和球员一同前往竞赛地点。1931年,复旦大学和中公中学进行篮球锦标赛,复旦的男女球员和啦啦队员,就共乘三部汽车到达球场。④ 不过,啦啦队为女选手助阵的每一幕,在署名"汉公"者的笔下,却变成男啦啦队逢迎女球员的戏码:

> 号称紫金城的女生宿舍,发出一阵笑声来,门口停着四辆山马大学自备汽车……,汽车引擎轧轧响了……,车头上高高插上一面红旗,……刺绣"山马大学女子篮球队"九字,……第一辆压道车当然是男子啦啦队,中间两辆不想可知,定属女性所有,最后的保镖式的一辆,王省三领队,大唱敬祝胜利歌,这一路上浩浩荡荡,威风不可一世。……山马大学女运动员下车后,啦啦队先呼后应,王省三用了生平之力,让开一条肉路,

---

① 《女生篮球队,大胜爱国》,《复旦旬刊》,创刊号(1927年11月5日),第84—85页。
② 《初赛结果》,《申报》,1930年4月5日,第18版。
③ 《中华女儿果为须眉吐气》,《时报》,1934年3月23日,第8版。
④ 语溪:《复旦中公篮球赛》,《申报》,1931年5月7日,本埠增刊,第9版。

女将们心犹不足,尚嫌太窄,其中有一个较小一点的居然异想天开,想令啦啦队背进去,这事终因不雅观,卒得忍气吞声,姗姗进场。①

这个故事固然对女球员的态度和男子啦啦队的行为做了夸大的描述,但在现实的生活里,社会大众或学校对运动员的礼遇、吹捧,并不是不存在的,我将在下面段落和第六章进一步讨论。

此外,值得一提的是,学生啦啦队的表现显示出民国时期中国男女学生洋溢着的热情和活泼,他们之间的互动也相当频繁,而运动竞赛的紧张氛围,让他们相倚相扶、同仇敌忾。但反过来看,在同一时期,日本殖民统治下的台湾,虽然经常举办各种运动会,却看不到这类令人动容的两性相互助阵,主要是当时台湾的中学采男女分校制度,因此男学生要想一窥女学校的运动会,大多不得其门而入,遑论结伴为运动员打气。②

(二)崇拜运动员

为表示学校对参加运动比赛选手的重视,除了指派同学前往

---

① 汉公:《体育外史(续)》,《体育周刊》,第 2 期(1931 年 10 月),第 11 页。
② 1916 年,台北大稻埕女子公学校举办的运动会,曾邀约邻近学校的女生参加,却不准男学生参观,这是因社会风气尚未开放,还能被理解;但在运动风气蓬勃、女性参与运动竞赛日益频繁的 1920 年代后期,仍有女校的运动会谢绝男学生入场观赏。据报道,1927 年台南第二高等女学校举办运动会,会场座无虚席,其中有不少是中学男生,他们尽管持券入场,但不久之后,竟被无故驱逐出场。《稻江女校运动会》,《台湾日日新报》,第 5882 号,1916 年 11 月 16 日,第 6 版;《台南第二高女运动会的不解放》,《台湾民报》,第 183 卷(1927 年 11 月 20 日),第 4 页。

运动会场助阵,许多学校还会为凯旋的选手们举办盛大的欢迎会,从女子体育学校、女子中学到女子大学,处处可以看到盛大的欢迎情景。

1924年,代表江南地区参加第三次全运会的沪江女子体育学校学生乘船返回上海时,该校教师特派四辆汽车到码头迎接,一路鸣放爆竹,直到返抵校门才结束。① 松江女中的学校行事历(日程表)中,也多有关于运动员参加省运会或全运会时,学校派代表至车站送行,获胜归来时,全体师生可放假半天前往车站欢迎的各种记载。例如1929年,该校师生在车站举行盛大的欢迎会,除放鞭炮、喊口号外,还唱欢迎歌。②

而向来对体育活动不遗余力又设有体育专修班的金陵女子文理学院,也对女运动员呵护备至。1933年,金陵女子文理学院参加国父诞辰纪念日运动会比赛时,该校的厚生团(学生自治会)特赠了鸡蛋和点心;结束比赛后,又在校门口燃放爆竹,欢迎运动员。③ 该校体健部还发行简报,节录会场的精彩活动,让无法前往参观的师长或学生及时获知比赛情形。④ 运动会结束当天,金陵女子文理学院和金陵大学的运动员联合游行,两校同学也加入游行队伍,欢声响遍行经地区。⑤

值得一提的是,这种礼遇女运动选手的欢迎场面,不只是中国

---

① 《沪江女体专学生之凯旋》,《妇女日报》,第145号,1924年6月3日,第2版。
② 《本校大事记》,《松江女中校刊》,第5期(1929年5月),第3页;《本校大事记》,《松江女中校刊》,第11期,第1页。
③ 《会场拾零》,《金陵女子文理学院校刊》,第108期(1933年12月),第5页。
④ 《会场拾零》,《金陵女子文理学院校刊》,第108期,第5页。
⑤ 《会场拾零》,《金陵女子文理学院校刊》,第108期,第5页。

大陆的特色,同时期的台湾也曾出现相同的场景。根据媒体报道,当时台湾女学校迎接获胜女选手的仪式非常隆重,除了全校师生到车站迎候,家长、地方百姓还会出动欢迎。① 这充分显示这时期中国大陆和台湾的学校,都把运动员比赛的成果当成学校的重要绩效,也没有因为性别不同而有差别待遇。

除了运动场上的助威和欢迎会的召开,还可以通过校刊,看到学生们如何仰慕女运动选手。就举相当重视体育的上海清心女学校为例,由于能在运动竞赛中获胜是该校各个班级极力争取的一种荣誉,因此,运动比赛成为该校不少学生的美好回忆。湘云为1936年毕业的四维级班编写《级史》时发现,在三年的学校生活中,该班最被称道的就是运动成果,无论田径、垒球还是篮球比赛,四维级班都位居全校之冠。② 湘云还根据运动、性格和其他学艺上的特长,对班上8位篮球高手中的朱耀信、杨亦娟、邹秀宝、蒋心英做了细腻的描写。③

---

① 例如,1930年,鹿港女子公学校在运动会中获胜返乡时:"街民荣之,为表欢迎,满街燃爆竹。"《鹿港街民欢喜:女公优胜》,《台湾日日新报》,第10956号,1930年10月15日,第4版。这些情形还可参见《彰化:庭园凯旋》,《台湾日日新报》,第10159号,1928年8月2日,第4版;《鹿港:获得优胜》,《台湾日日新报》,第11082号,1931年2月19日,第4版。
② 湘云:《级史》,《清心女学》(1936),上海市档案馆藏,档号Q235-3-121。
③ 例如,朱耀信:"她是本级的运动健将,曾代表学校出席友谊赛,要是看见了她一手遒劲的汉碑体字,就会知道她手腕的有力。"杨亦娟:"运动是她爱好的,篮球尤为她的特长,曾为本级之体育股长;此外,她能唱很好听的歌儿,她的歌声真是'斯维脱'(sweet)。"邹秀宝:"前任的级长,有中和的性情,中和的技能,不狂喜、不暴怒、不顽皮、而好动。勤于学、擅运动,有灵活的体格,有超等的成绩,待人接物,温文可观。"蒋心英:"她有着健硕的体格,一个脸儿,比无锡大阿福还圆,她的口儿从不会紧闭的,终日的嘻笑自得,球儿是她的法宝,打出去总是百发百中,万无一失。"湘云:《级史》,《清心女学》(1936),上海市档案馆藏,档号Q235-3-121。

至于复旦大学的英文校刊 *Fall Tan Mirror*,曾刊登该校学生选出的10位著名女生,其中吴梅仙曾在第四届全运会代表哈尔滨获得跳远冠军,之后转至复旦就学,学生称誉她为"运动家"。①

还有人通过书信表达对女运动员的赞美。在一封《萧瑞年给徐智存的信》中,自称"萧瑞年"的女学生,先是夸奖徐智存在第二届全省运动会中,竟能在女子百米和二百米径赛中获得锦标;接着,她批评多数女同学不注重体育,显现弱不禁风的形貌,而学校虽然在各方面尽善尽美,却忽略学生身体的锻炼,因此,她期待徐智存:

> 领导一般同学,提出"注意体育"的口号,使每个同学都锻炼出一个健全的身体,养成一般大无畏的、勇敢的、百折不挠的精神。②

萧瑞年还认为这可以帮助"女子做妇女解放运动的急先锋"。③

由于不是每个地区的学生都能亲眼目睹运动盛会,她们对运动竞赛情况的掌握,多半是通过报纸。笔名"子冈"的作者发现,北平的女学生对球员名字耳熟能详,一旦在报上读到她们的名字,不是惊叹就是狂呼,亢奋至极。④ 而北平的男学生更是有趣,他们除了把运动当成茶余饭后的聊天素材,还把从画报上剪下的女运动

---

① 文干:《东宫即景》,收入十日谈旬刊社编:《学校生活特辑》,第83页;勤奋书局编译所编:《女运动员名将录》,上海:勤奋书局,1936,第8页。
② 孙季叔:《女学生书信》,上海:北新书局,1933,第124—126页。
③ 孙季叔:《女学生书信》,第126页。
④ 子冈:《北平的女学生(上)》,《女声》,第3卷第2期(1934年10月),第5页。

员照片,和女明星、西洋裸体美女、女子艺术照片,一起贴在学生公寓里。①

不过,崇拜女运动选手的,只是学生群中的一部分,还有些人对女运动员是不满的,至于他们为什么不喜欢女运动员,将留待第六章讨论。

小　结

女子体育主要是为了改造女学生的身体,增进女运动员的运动技术,那么女学生和女运动员如何看待运动?对江南地区的女学生来讲,由于许多运动会都在该地举行,她们远比其他地区的学生更有机会接触到体育。她们对体育的反应,大致可分成三种类型。一种是通过学生自治组织倡导运动,组织球队,安排趣味化的体育活动或刺激的运动竞赛,甚至积极争取运动设施,参与建设的工程;而这群女学生的体育活动,有时是为了呼应学校的体育政策。第二种是把运动融入自己的日常生活,通过女学生的作文、书信、日记、回忆录、传记或问卷调查,可以看到有不少女学生热衷于运动,她们除了为自己安排运动,还鼓励同性甚至是异性观赏运动会或做运动。值得一提的是,在这些自我表述的文类中,绝大多数人的运动是不涉及国家民族的,而是出于兴趣或为了健康。还有一种是厌恶体育课,其实有不少男女学生,都有逃避体育课的经验

---

① 濠人:《公寓生涯》,收入十日谈旬刊社编:《学校生活特辑》,第183—184、188页;丽生:《公寓里的学生生活》,《健康生活》,第1卷第2期(1934年8月),第71页。

或渴望,女学生不愿意接受体能训练的心理,有部分和男学生相似,但有部分是因为害怕运动会破坏女性特质。

有意思的是,当校园体育逐渐风行后,男女学生的关系也起了变化,不少男学生对女学生的运动充满好奇,还试图教导并干预女学生运动;而女学生的反应,从抗拒男学生观看运动、与其互争运动空间,到与其互相切磋运动,无奇不有。不过,女学生的体育活动不限于自己学校,随着各种运动会接纳女性参与,运动技能杰出的女学生有机会走向校外,拥有运动员身份的女学生,更经常出席大小不一的运动会,而且其参赛项目从运动表演渐进到了运动竞赛。

通过女学生参与运动的文字叙述和照片,可以了解到女学生的肢体活动已出现惊人的变化,无论是陆地、水中,还是跑、跳、投掷、翻滚,每一种需要体力和运动技术的动作,都有突破,反映出这时期的体育训练和运动竞赛已为中国女性塑造了新的身体。更重要的是,这群社会的新群体,从参与运动竞赛的过程中,可以得到一般女学生没有的成长经验,特别是开阔了视野,接触到了近代文明。面对这群因运动而崛起的学校精英,学校对她们十分礼遇,但其他学生的态度各有不同,有人把女选手当偶像来崇拜,并通过啦啦队激情地为她们助威,也有学生对她们持保留态度。

第二部

媒体、社会大众与女子运动竞赛

上海社會之現象

婦女亦乘腳踏車之敏捷(碧)

自腳踏車風行滬地後。初惟一二矯健男子取其便捷。相乘坐。近則閭閻中人亦有酷喜乘此者。每當馬路暑稀之地時有女郎三五。試車飛行。與樽俎釣遊聲輝順堪入畫。圖作是圖并填踏莎行一闋。

〔踏莎行〕

馬路人稀。當鈴韵細。飛鳧賴軋輕輕過。名姝鬭敏管他誰。臨風亂撒柳腰覺。

蜨不理。鸎慵睇。娉婷迥互頻招遞。旁扶道句亦姍姍。煙柳嫋娜迎風起。

第四章　新闻媒体与女子运动竞赛

　　运动会是公开展示的活动，不管在校内或校外举办，总是吸引大批群众观赏，记者就是其中之一。每当有运动比赛时，他们就蜂拥而至，把竞赛过程、比赛结果，乃至观看的心得刊载在报刊上。对无法到现场观看运动比赛的民众来说，报纸是提供体育消息的重要管道，特别是在区域、全国性或远东运动会举办的日子，人们只要打开早报或晚报，运动会的活动情景便尽收眼底。媒体对运动会新闻的报道，大致有两种形态。有时媒体以政府代言人的姿态宣传运动会举办的目的，并介绍体育常识，以及运动会的章程、规则、比赛技巧等，形成一种价值或规范，让社会大众接受。但不可否认的是，严肃生硬的报道方式很难吸引大众，也令报刊的销路受到影响。为了迎合大众的口味，有时记者必须以活泼的笔调，激发大众对运动的兴趣，而运动竞赛的娱乐性，正给记者提供了这类素材，所以记者在报道各项竞赛时，不是仅着眼于运动技术、比赛的胜负，运动选手在场内、场外的八卦新闻，也都成为报道的重点。

由于运动员和演员一样,都是公众人物,观众对她们充满好奇,也喜欢对她们评头论足,于是媒体掌握了社会大众的这种心态,让运动员无所遁形。本章分成四节,第一、二节观察记者如何描写女运动员在运动场上的演出和竞赛,以及记者用何种笔调报道与竞技无关的新闻,怎样刻画运动员在运动场外的各种活动。第三节探究媒体对明星女运动员的各种报道。另外,运动员固然是运动会中的焦点,但许多媒体也注意到运动场边的观众,因此本章最末一节,将分析记者眼中、笔下的观众呈现了何种景象。

第一节 运动场上的形形色色

报道体育新闻的记者,通常以全方位的方式,去观察运动会或运动选手,除了把女子体育表演和运动竞赛的过程当成报道的重头戏,他们对女运动员的姿势或技术,也十分注意,不但细腻描述,还会发表个人评论。在文字形容之余,摄影记者还通过照相机这一现代化设备,向观众展现她们各种真实的样貌,其中有运动场上的竞赛动作,也有无关竞技的各种风姿,这种文字与照片的刻画,让观众对运动员的印象更加深刻,也是带领大众走入体育世界的好办法。

一、描写运动竞赛

(一)从团体表演到球类比赛

前面章节提到,在倡导尚武精神的清末民初,兵事体操固然被列入体育教学中,但女学生并没有被要求必须接受军事化的体能训练,仅部分女校仍进行这类运动,甚至把成果呈现在运动会或游艺会中。1905—1910 年,在《申报》《教育杂志》对沪苏地区学校运动会或校际联合运动会的报道中,不时可以看到女校学生的运动项目,不限于一般体操、游戏、舞蹈或球戏,还有许多超乎我们想象的尚武表演。由此看来,这时期学校对女学生身体的训练,做了很大的调整,处处向男性运动看齐。

当女学生以"尚武"的姿态出现在运动场上时,记者或大众以何种眼光观看她们的表演？有资料显示,最常见的描述不外是"精神活泼""步伐整齐,异常娴熟"。① 也有不少媒体从阳刚、男子气概的角度,写下他们的感想。例如,有记者看完中国女子体操学校的第三次运动会,立即认为"中国女子多柔弱,今可一革此风矣"②。除此之外,民国初年有关女学生运动会的报道,更不乏这类字眼。上海女青年会举办的各私立女校联合运动会中,记者用"活泼强健,不让男子"这几句话,形容参加拍球和障碍竞走的女运动员。③ 爱国女学校在江苏省立学校第三次联合运动会上的篮球游戏表演,则被媒体当成破天荒的事,并指出:"服式装束,悉仿上海女青年会体育专修科之定制,大有欧风。弄球而驰,视男子略无逊

---

① 《清华女学运动会志盛》,《教育杂志》,第 1 年第 6 期(1909 年 5 月),第 46 页;《女学联合运动会纪盛》,《申报》,1910 年 11 月 21 日,第 1 张,第 3 版;《会事类志:无锡翼中女学》,《教育杂志》,第 5 卷第 10 号(1914 年 1 月),第 91 页。
② 《女子体操学校开运动会》,《申报》,1910 年 5 月 20 日,第 2 张,第 3 版。
③ 《女校联合运动纪事》,"本埠新闻",《申报》,1915 年 6 月 8 日,第 10 版。

色,洵可嘉也。"①至于浙江中等学校第一次联合运动会的女校运动会,更被定调为"以作尚武之精神,救文弱之积习,使浙水东西之士女,咸知欲强其国,先强其种,欲强其种,先强其身之理"。②

由于这时期的女子体育正处在萌芽阶段,又着眼于团体演出,媒体关注的不只是全体表现,还包括运动的指导人。1915年,中国女青年会在晏摩氏女学堂召开女子运动会时,女青年会的外籍体操教习(教师)殷(译音)女士,以灵活的动作指挥全体运动员,抢尽全场风头,在场的《大陆报》记者对殷女士的指挥和女性观众的反应,做了丝丝入扣的描述:

> 殷女士始终蹀躞场中,以全副精神发号施令,如军队中之教练官然。有时参列之学生过多,指挥形势,虑不明晰,则立桌上居高指画。其登桌也,但须退后数步,略作奔驰之势,一跃而上,殊不费力。女宾中之旧习未化者,始而瞠目直视,俄而作不以为然之笑,未几似赞成矣,未几拍手矣;又未几则欢笑赞叹,若心理全变者。③

从这段记载很明显地看出,在记者眼中,这位女教师不是普通女

---

① 心宏:《江苏省立各校第三届联合运动会记》,"特别记事",《教育杂志》,第8卷第12号,第66页。
② 编者不详:《浙江中等学校第一次联合运动会会场纪要》,上海:商务印书馆,1916,第3页。
③ 据《大陆报》报道,出席这场运动会的,全是上海的女学校,观众除少数有特权的男性外,大多数为外国女宾及学生的女性家长。《女子运动会纪事》,"纪闻",《教育周报》,第90期(1915年6月27日),第26页。

性,而像是战场上的指挥官。

随着女子运动从表演走向竞赛,再加上体育新闻成为媒体的重要版面,大众争相目睹的女运动员成为体育版的焦点,各大报刊的记者无不使出浑身解数,以生花妙笔描述运动场上女运动员的百态,而且着重个人风采。在各种报道中,记者对女球员的诠释多半超越性别,"勇敢善战""神出鬼没""百发百中""勇于攻守""矫若游龙""万夫莫敌"等字词,经常出现在女子球赛的报道中,其中身材壮硕的女球员多半被喻为男性。例如,崇德女中的陈新元"气力砍大,有如男子"①。此外,在记者笔下,每位女球员仿如战场上的骁将,她们的身手超越常人。例如,复旦大学女子篮球队队长陈淑贤的球艺被形容为:

> 攻守兼能,任前锋与"钢钻"无异,针针见血,记记成功;任后卫与"铁柿"〔"铁柿"又称"象牙树"(diospyros ferrea)〕相若,弄得敌人不能越雷池一步。……全校同学呼之为"雌将军"。②

动作矫捷、精于抢球的东南女子体专王志新,更是神奇:

> 每见其玉臂初展,球即如吸铁石席卷而去,诚有如常山赵

---

① "附录一:全国女子篮、排球名将录""附录二:1929年江苏地区校园女子篮、排球名将录",游鉴明,《近代华东地区的女球员(1927—1937):以报刊杂志为主的讨论》,《"中研院"近代史研究所集刊》,第32期,第112—118页;《女子篮球赛昨日结果》,《申报》,1929年12月18日,第11版。
② 《复旦的篮球女明星》,《申报》,1930年3月16日,本埠增刊,第8版。

子龙在千万马中如囊中探物也。①

这种把球场当战场的书写方式,似成为一种流行风尚,不只是记者,即连球员本身在描述队友的球艺时,也采用类似的笔法。一位浙江省立中学女篮队队员曾这么写道:

> 每次作战,我队员都具有坚决的应战心,故愈战愈起劲,有合作美妙的传球,常以短传推进,使敌方难以摸捉:在三传五递之后,即至敌人腹地,冲锋陷阵,人到球随,予观者以难忘之回意〔忆〕。马不离鞍,随来疾射,美妙的动作,时常活现在观众眼帘之前。②

而振华女学校的球员,则以作战和马戏表演来看待该校女篮队与苏州慧灵女中的一场表演赛。③ 就因为这群来自校园的明星女球员被众人视为女战士,所以她们在校园中的封号也非常阳刚,例如

---

① 《篮球名星王志新女士》,《体育评论》,第 14 期(1933 年 1 月),第 3 页。
② 《浙江省立高级中学》,《浙江体育半月刊》,第 36、37 期合刊,第 63 页。
③ 在洪鹤龄的文中可以看到:"一霎那间,在空中的只见球往来不绝,上下滚着、忽进忽退,大地上的沙泥混乱地在空中飞扬,两旁雄壮的呐喊声振起了双方的精神。各各准备着,急切而带着竞争的态度,大家好似猛虎般跳跃不息,有的倒在地上,跌交〔跤〕是不留意的,而起身却也特别的加快,看来好像在交战,挺起了两足好像在做着马戏,张大了两眼如狼如虎,后来终被我们占〔战〕胜了。"洪鹤龄:《比球》《石珠》,收入《苏州振华女校级刊》(1931),第 17—18 页,苏州档案馆藏,档号 J6-1-10。

复旦大学有"三将军",东吴大学有"四大金刚"①,爱国女中有"飞将军",其中东吴的"四大金刚",还是男同学送给她们的雅号。②

除了文字描述,当时球赛的激战实况,经过相机的拍摄,一幕幕地呈现在时人和当今我们的眼中,女运动员的确给人雌雄莫辨、勇敢善战的印象,从以下各种球赛的写真照,即见一斑。

(二)男女共赛

早期的运动会多半男女分开举行,1916 年 11 月,浙江中等学校举办第一次联合运动会时,前两天是男校运动会,后一日则安排女校运动会。③ 在第三章中,也可以看到许多女学生不愿意男学生干预或观看她们运动,但随着女学生参与运动竞赛的普遍化,不只是运动会的竞技项目不再有性别区隔,啦啦队的成员也混合着男女学生。当球类运动成为流行风尚时,男女学生经常相邀赛球,在非正式的运动场合更出现了男女共赛,由于这类比赛不被列入正式比赛,又难得一见,因此,相当引人注目。而记者对女运动员在男女共赛中的精彩表现,往往赞不绝口,上海《时报》曾对一幕男女排球赛情形做了如下报道:

---

① 这类称呼当时流行于女界,也有女学生以"四大金刚"自称。张元和便表示,她就读大夏大学时,和三个同班女生结为死党,自称"四大金刚",几乎每逢周末都去游乐场看戏。金安平:《合肥四姊妹——一段历史》,郑至慧译,第 136 页。
② 《复旦的篮球女明星》,《申报》,1930 年 3 月 16 日,本埠增刊,第 7—8 版;《东吴大学的四大金刚》,《申报》,1929 年 7 月 11 日,本埠增刊,第 3 版;《爱国女学体育科毕业生》,《申报》,1929 年 7 月 19 日,本埠增刊,第 2 版。
③ 编者不详:《浙江中等学校第一次联合运动会会场纪要》,第 3 页。

图 25　1931 年海星、务本女排球队交战情形

图 26　1935 年第六届全运会女排上海对广东决赛

图 27　1933 年第五届全国运动会女子篮球比赛情形

图 28　1935 年第六届全运会山东对河北女子垒球决赛

对垒者为晨钟及东燕，前者属娥眉倒竖之娘子军，后者系威风凛凛之少爷兵，交绥之下，娘子军非同凡响，以三比一击退伟男子东燕队，为妇女体育界生色不少。①

参与男女共赛的女球队多半实力雄厚，她们之所以应战，一部分原因是受男球队邀请。1929年5月，在上海男子排球界素负盛名的大夏大学男子队，向当时勇敢善战的民立女中排球队下战书。由于大夏队没有事先说明邀战的是女生还是男生，因此，当民立队发现她们的对手是男生队时，十分不悦，当场要求对方必须改派女生队出马，她们才愿意应战；但因为女生队不容易召集，大夏队只好临时组成男女混合队出战。两队比赛三局后，民立队才答应与男生队交战二局，这五局比赛历时三个小时，民立队虽然战果不佳，却毫无倦态，深受观众钦佩，记者把这场比赛称为"女界罕有、空前未见的剧战"。②

男女共赛的另一种原因，是为了增进球技，出战的也多是首屈一指的球队。例如，女子篮球竞赛原本没有男女共赛，当两江女篮队成为上海所向无敌的女子篮球队之后，该队曾采男子规则练球，在1930年，先后与童子篮球队、上海体育新闻记者团、交大篮球队

---

① 《一幕男女排球赛：晨钟胜东燕》，《时报》，1934年6月26日，第8版。
② 《民立女中与大夏混合队之排球战》，《申报》，1929年6月5日，本埠增刊，第5版。

比赛,开了篮坛男女共赛的先例。①

不过,男女共赛不完全是严肃的演出,有时也以轻松的方式进行。1933 年,杭州"浙江建设运动会"闭幕后,上海各报特派记者应厅长之约,与厅长组成球队,对抗东南女专和两江女专的球队。由于这场比赛是余兴表演,因此比赛时笑料百出,与一般球赛大异其趣。② 面对逗趣式的比赛,记者当然不会把女球员英雄化,但类似这样的比赛逐渐流行后,引来不少非议,这部分留待第六章讨论。

值得注意的是,这一连串关于运动技艺的描绘,与倡导"尚武""强种"的国族论述相互吻合,呈现的是"愿巾帼、凌须眉""励志愿、作女英雄"的女国民形象。不可否认,这群记者或球员在虚拟情境,把读者带入战场,并将女运动员英雄化;即使是在讲求"健康美"的 1930 年代,也不乏这类叙述。对照前章女学生和男学生互争运动空间的例子,此处更进一步说明,女性介入过去被视为具有男性气质的运动时,不但不输给男性,还挑战"女性身心不及男性"的这类论调。然而,这种报道方式,只是体育版面的一部分,有的记者还喜欢观看运动场上女性的其他活动,更有兴趣描绘女运动员的穿着打扮,或是刻意凸显女运动员的真性情。

---

① 《两江女子篮球与男子战》,《申报》,1930 年 5 月 17 日,第 12 版;《男女篮球战童子胜两江》,《申报》,1930 年 6 月 17 日,第 11 版;《篮球战一分之差:女子胜男子》,《申报》,1930 年 6 月 18 日,第 11 版;《今日下午七时:男女篮球战》,《申报》,1930 年 8 月 14 日,第 10 版。

② 《杭州浙江建设运动会闭幕》,《申报》,1933 年 1 月 7 日,第 18 版。

二、无关竞技的报道

(一)女人的运动会?!

当女性有机会在运动场参加竞赛时,记者观察到她们受到的待遇,以及她们的表现,连男性都得退避三舍,这种情形在第四到第六届全运会中,最为明显。

第四届全运会是中国女性第一次在全国性运动会上正式登场,因此,深受媒体关切。《申报》的编辑在该报"全国运动大会特刊"的引言中,把女运动员参加第四届全运会这件事,视为这次大会的特色之一:

> 我国女子素以娇小文秀为美观,不出远道为习尚,而今一般肌肉丰满、短衣露腿、矫健美丽之女子,雄纠纠〔赳赳〕驰骋于运动场上,虽东北西南两隅,亦不嫌路途之跋涉,均来比赛:可见我国体育已普及于女子。①

而大会也对与会的女性相当礼遇,开幕的游行队伍,以女性在前,男性殿后,代表演说或领取奖品等,同样是女先男后。② 其实比第四届全运会早半年召开的江苏省运动会,邀请当时任职于中央

---

① 崇淦:《引言》,"全国运动大会特刊",第1号,《申报》,1930年4月1日,第11版。
② "时报全国运动会特刊",第1期,《时报》,1930年4月1日,第1版;《轻男重女》,《申报》,1930年4月12日,第17版。

研究院的杨杏佛颁奖时,也是先颁女性,再颁男性,一时传为美德,而杨杏佛这样的做法,主要在提倡"女子体育"。①

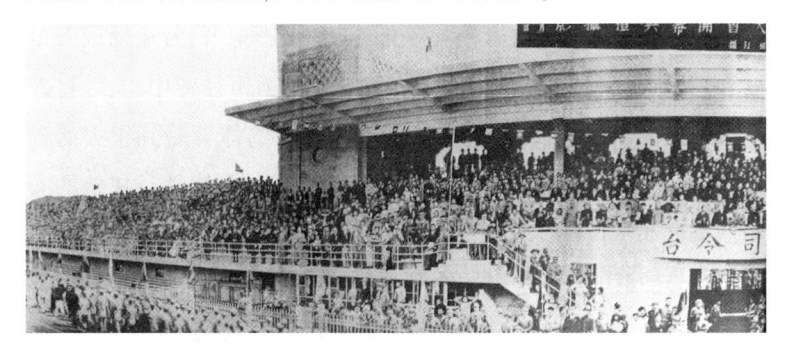

图29 1933年第五届全国运动会开幕典礼

事实上,这之后女性选手不但有机会在全国运动会亮相,她们出席的比例也不断增加,而竞赛的成绩更是杰出。例如,1933年的第五届全运会是在东北沦陷之后举行的,会场设在新盖好的南京中央大运动场,规模相当宏大,可容纳6万名观众,开幕期间,运动会场人山人海。出席这次运动会的选手共有2259名,其中男选手1632名、女选手627名,是历年来女性参加运动会人数之最,其中上海、北平、河北、天津、广东、南京的女选手占绝大多数,大约90%。②再加上女子竞赛项目的增加,女性参赛的人数远超过第四届,女子篮球就有17队,选手人数计100多人,女子排球也有

---

① 肇平:《趣屑》,《女光》,第1卷第12期(1930年3月23日),第94页。
② 另有一说,实到单位30个,运动员共计2248人,男选手1542人、女选手706人。参见成都体育学院体育史研究室编《中国近代体育史简编》,第133页。

14队。①

到第六届全运会时,女选手更成为大众瞩目的焦点。据《时报》记者南方张的调查,不管是新闻记者、摄影记者、看运动或看报的人都承认这个事实。② 这次运动会上,11项田径赛中,女性打破全国纪录的占了7项,领先男性,因此,女子的体育受到很大的肯定。③ 同时,这次参赛的女运动员较多,大会对女运动员住处的安排比男运动员优厚。女运动员的宿舍在体育馆内,只是环境较嘈杂;男运动员的住处则地方狭窄、光线不佳、空气不流通。对于这个有天壤之别的待遇,有男运动员忍不住感叹:"但愿生为儿女〔女儿〕身。"④

除此之外,在大型的运动会里,有不少女性穿梭其中,参与各种活动,这也引起记者注意。南方张就指出,第六届全运会中处处都看得到女性的身影:女童子军、女招待、女护士之外,还有负责颁奖的要人妻子、女性播音员、女记者、女速写漫画家;而在女选手宿舍服务的,从管事到侍役,都是女性;至于场外商店的职员或接待,也无不是女性。因此,南方张夸张地说:"全运会是属于女人的!"⑤

---

① 民国二十二年全国运动大会筹备委员会编:《二十二年全国运动大会总报告书》,上海:中华书局,1934,第109—110、116页。
② 南方张:《全运会是属于女人的!》,《时报》,1935年10月14日,第9版。
③ 7项中,没有包括上海队的四百米接力赛,上海队虽然在该项接力赛上破了纪录,但因为跑错跑道,最后被取消资格。第六届全国运动大会筹备委员会编:《第六届全国运动大会报告》,上海:第六届全国运动大会筹备委员会,1935,第88页;《艰危中的奋发》,《大晚报》,1935年10月16日,第2版。
④ 《男女宿舍之比较》,《娱乐周报》,第1卷第15期(1935年10月12日),第365页。
⑤ 南方张:《全运会是属于女人的!》,《时报》,1935年10月14日,第9版。

（二）争奇斗艳

事实上，面对运动场上的众多女性，记者最感兴趣的还是女运动员的一举一动。而对女运动员来说，运动会是一种公开活动，为赢得观众的好感，她们不仅向观众展示运动技术，也讲究自身的外观，甚至以摩登、新派的装束引领时尚，让记者得以借题发挥。女运动员参加竞赛时，究竟应该梳何种发型，穿何种服装？关于这些，早期并没有硬性规定，随着运动竞赛规则的日趋严格，运动选手的服装开始受到重视，在大型的运动会中，为了与不同队伍做区隔，每一团队都有自己的装束，许多团队更以特殊造型包装自己，以吸引观众。

1930年在杭州举行的全运会，共有36个团体参加，女选手计200多人，每个地区都展现不同的姿容或服装。据记者报道：

> 辽宁女选手，则姿势挺拔，且身度较高，广东则英武活泼，长江一带，则流丽矫健，服色在北方多深沉，中部多鲜艳，南方多奇异，颇足以代表各地之风俗习性。①

---

① 《大会花絮》，收入马国亮编：《全国运动会图画专刊》，上海：良友图书印刷公司，1930，第15页。

图 30　1933 年第五届全国运动会选手绕场游行

其中发型的款式更成为焦点。以 1927 年的远东运动会为例，当时代表中华队参赛的华东女排队员，全体梳着短发出场比赛，与束着发辫的对手——日本女选手，形成强烈对比，在短发才刚流行的时代，华东队的发式确实"艳惊四座"。《申报》记者林泽苍在报道这一幕之外，还引了胡适的话指出，日本各界反对剪发，并取"摩登"（modern）的谐音，讽刺短发为"毛断"，但在林泽苍眼中，中华球员的短发是新女性的标志。[1] 事实上，蓄短发，穿着白衣黑裤、软底鞋和短筒袜的女运动员扮相，在 1930 年代已经成为国际运动赛中的标准打扮，但对中国的观众而言，这是最摩登的式样。[2] 也因此，

---

[1] 林泽苍:《余之会场见闻》,《申报》,1927 年 8 月 28 日,第 12 版。
[2] 叶华女士:《体育表演记》,《申报》,1932 年 6 月 21 日,第 13 版。

以这种造型上场的女运动员便顶着摩登和新女性的标志,吸引着记者和观众的目光,一旦女运动选手都以短装短发出场,其他的妆扮就都变成另类。在1930年的全运会中,上海女选手殷林贞没有剪发,便有记者认为,这给人"美中不足"的感觉。①

(三)场内拾遗

记者最常叙述的是女运动员出糗的一幕。1935年第六届全运会有38个团体参加,人数达2670人,记者记下许多花絮。例如,五十米短跑预赛时,王文琴和友人不断交谈,没有听到裁判的指令,她的教练急得跳脚,大喊:"文琴,时候到啦,赶紧脱掉裤子,快一点脱啊!"观众听了,群起拍手,弄得教练十分尴尬。② 其他如聂其炜指责随军医士没有在她腿上抹油,让她"弄不快";③孟健丽在摔角比赛时,被对手拉破汗衫,观众大喊"春光泄漏";④等等。这些口误或黄色笑话成为当时最令观众开心的事。

至于运动员错失锦标而痛哭流涕的一幕,在全国性或国际运动会的花絮报道中,更是到处可见。在第六届全运会上,《玲珑》杂志的记者以"女选手的眼泪"为题记下失意队伍的伤心:"福建队因一分之差输给上海队,队员多'泣不成声',而田径落选的也多'痛

---

① 《大会花絮》,收入马国亮编:《全国运动会图画专刊》,第55页。
② 《王文琴脱掉裤子》,《玲珑》,第5卷41期(1935年10月23日),第3625—3626页。
③ 《聂其炜弄不快》,《玲珑》,第5卷第41期,第3626页。
④ 《孟健丽春光泄漏》,《玲珑》,第5卷第41期,第3632页。

哭一场'。"①至于女运动员比赛时的表情或动作,记者也都不错过,包括"比赛时不戴眼镜""打球时手系红帕"这些小细节。② 两江的女运动员席均喜欢穿长裤、戴翻边白帽上场打球,观者认为那种雄赳赳、气昂昂的姿态无异于男性。③ 记者对女球员的关心,不止于前述;他们还从环肥燕瘦等不同角度,刻画女球员呈现在大众面前的容貌姿仪。④

相对于把女运动员英雄化、神化,上述的报道方式更能展现女运动员真实的一面,带着读者走入女运动员的多元世界。然而不能忽略的是,有的记者其实是带着偷窥的心态,去满足读者的好奇的。在紧接着要讨论的女运动员场外活动的这节中,可以很清楚地看到记者如何费尽心思挖掘、渲染女运动员的生活,使之呈现出与运动场上不一样的面貌。

---

① 《女选手的眼泪》,"大会花絮(一)",《玲珑》,第3卷第37期,第2000页。其他如《申报》和《大公报》都曾刊载"全运"或"远运"中球员挫败后的悲伤场面;而《女学生生活素描》的作者曾迺敦也指出,女运动员因球赛失败而痛哭的新闻常见于报纸。《女子篮球决赛》,《大公报》,1930年4月17日,第5版;《女子排球公开表演》,《申报》,1934年5月14日,第15版;曾迺敦:《女学生生活素描》,上海:女子书店,1935,第45页。

② 裴顺元、沈镇潮编:《女运动员》,上海:上海体育书报社,1935,未编页码;《评东吴大学女生篮球队的球艺》,《申报》,1929年7月27日,本埠增刊,第3版;《劳大的女生篮球队》,《申报》,1929年6月16日,本埠增刊,第7版。

③ 《球经(续)》,《时报》,1935年2月24日,第7版。

④ "附录一:全国女子篮、排球名将录""附录二:1929年江苏地区校园女子篮、排球名将录",游鉴明:《近代华东地区的女球员(1927—1937):以报刊杂志为主的讨论》,《"中研院"近代史研究所集刊》,第32期,第112—118页。

第二节　运动场外的花花絮絮

大众对这个社会新群体的关注，不止于她们在运动场上叱咤风云的那一刻，还包括她们在场边或场外的各种动向。为了满足大众，女运动员离场之后，记者仍如影随形地跟踪她们，试图通过文字和摄影镜头，将她们再现于大众眼前，因此，女运动员在场外活动时，几乎无所遁形。针对这类花边新闻，各报刊记者采用"花絮""写生""巡礼""快镜"等专题，尽情报道，完全不顾报道方式或内容是否侵犯了运动员的隐私。值得一提的是，在全国性运动会上，记者不仅留意性别差异，也注意地方属性，因此，随着记者观察角度的不同，女运动员给读者的印象是相当多面的，甚至是超乎运动场上所看到的。

一、从公共场所到私密空间的女运动员

运动会期间，运动场是女性运动选手的主要活动舞台，观众席、宿舍或街头，都有她们的身影，她们的角色也是多变的，可以从演出者转为观赏者，或是消费大众，做任何她们想做的事。然而，和一般大众不同的是，女选手无法自由自在地闲逛，她们的身旁始终围绕着各种关注的眼神，媒体记者更是寸步不离。特别是大型运动会开幕后，各报纸无不以特刊连载运动会的实况，直到运动会闭幕。

(一)观众席的一隅

由于女运动员离场后的活动不是记者能全盘掌握的,为了炒热运动会新闻,多半的报道是即兴式的,所以其中一大特色是,媒体笔下的女运动员形象,和竞赛时的有很大的落差。以观赛为例,在第六届全运会的一场球赛中,《玲珑》的记者发现,坐在观众席的许多女选手都带着绒线编织,看得兴奋时,还以脚代手不断地击着地面,记者以"有如鸟儿在笼中挣扎"来形容这滑稽的一幕。[①] 从这则报道中,读者不只看到一群女运动员如何地手脚并用,也认识到来自学校的女运动员其实和多数女学生没有两样,运动仅是她们生活的一部分,闲暇时,她们和其他女学生一样,都喜欢织毛衣,因此,当时织毛衣的流行文化,被她们带入运动场边。[②] 而这则报道还凸显了运动员的性别特质,因为如果是男运动员观赛,不可能有织毛衣这样的动作。

(二)街头店家巡礼

到了运动场外的街头,女运动员又呈现何种样貌?例如全运会主要在大城市举行,对来自各地的运动员来讲,除了参加运动竞赛,他们很难不被城市散发出的诱惑吸引,像是在杭州、南京和上

[①] 《女选手以脚代手》,《玲珑》,第 5 卷第 41 期,第 3634 页。
[②] 1920 到 1930 年代的校园写真或电影中的校园生活,到处可以看到女学生或是女教职员手上织着毛衣的镜头。

海召开的全运会,更让内地的运动员流连忘返,甚至大方消费。前章提到的陈湄泉,她的父亲因为对她能代表学校参加全运会非常兴奋,特别给了她两百银元的旅费。参会期间,她游览太湖、梅园和西湖,还到上海的永安、先施两大百货公司大采购,把父亲给她的两百银元,花到只剩五六十元。① 报道第五届全运会的《大晚报》记者也发现,当各项运动比赛结束后,女选手纷纷"脱却征衣,换上红妆",终日旗袍革履,徘徊在各地。②

一位《玲珑》的记者以"采风"为名,观看第五届全运会不同地区女运动员在街上的穿着和行谊。记者指出,山西、湖南等省因风气闭塞,女选手"谨谨克克,规规矩矩,把大腿紧紧缚在长长的运动袄里",而香港选手就大为不同,把"雪白或黝黑的大腿,赤裸裸的露了出来",站在街上争买水果点心,结果引来南京"道地土老儿"争相来看"香港大腿",把南国女儿包围得水泄不通,而这群沙场老将,却面不改色。③ 另一位《玲珑》的记者,则把游泳冠军杨秀琼在良友书店买大会纪念册,巧遇电影《体育皇后》女主角黎莉莉的一幕,记载了下来。当时,两人惺惺相惜,互相在手帕上签名,杨秀琼还当场答应教黎莉莉游泳。④ 这些由记者挖掘出来的小道消息,充分反映了女运动员生活化的一面。

---

① 许雪姬等访问,曾金兰记录:《陈湄泉先生访问纪录》,第11、13—14页。
② 《场记菁华录》,《大晚报》,1933年10月15日,第4版。
③ 《港女选手大腿》,"大会花絮(三)",《玲珑》,第3卷第37期,第2015—2016页。
④ 《美人鱼俨然做老师》,《玲珑》,第5卷第41期,第3636页。

(三)休息室和宿舍的轶事趣闻

女运动员在公众场所的活动,是多数人能够看到的,但她们在休息室、宿舍这些私密空间的活动,却不是一般人看得到的,记者掌握了读者偷窥的心态,对这方面的报道着力甚深。

运动大会提供给运动员的休息室通常是男女分开的,但《全国运动会图画专刊》的记者发现,不同地区的运动员对休息室的使用,有不一样的因应态度。例如,虽然第四届全运会的男女选手休息室是各自分开的,但辽宁与广东两队的男女运动员却不分彼此、共处一室。不过,这位记者倒是相当开明,对于这个很容易引人非议的情况,他指出:这是男女平等的时代,运动会又在光天化日下举行,休息室实在没有必要分开男女;他甚至夸赞这两个地区"已得风气之先矣"。[①] 有的媒体则不只描写休息室的风光,还拍下现场景况供读者观赏。1931年9月出刊的《玲珑》杂志,就出现这张运动员在休息室穿鞋子的照片。

[①]《大会花絮》,收入马国亮编:《全国运动会图画专刊》,第29页。

图 31　女运动员穿鞋子的一幕

　　除了硬件设施,记者更有兴趣挖掘女运动员在私密空间的轶事。例如,身材魁梧的陈金钗在出席全运会时,曾装扮成美少年,因为雌雄莫辨,闹出被排拒于女球员宿舍外的趣闻。① 这则新闻显然不是出自记者的亲见亲闻,而是其他人的传述;但有些新闻的确是来自记者的直击。《吴县日报》记者王淑贞曾大剌剌地进入女运动员宿舍,揭露宿舍秘辛。例如,在电影业发达的 1930 年代,看电影是许多学生的消遣活动,能够在运动会上看到自己仰慕的电影明星,更让这群运动选手兴奋不已。一位河北选手因为有机会看到当时颇有名气的电影明星黎明晖、黎莉莉,竟然在睡梦中大喊

---

① 保郑:《东亚巾帼别传》,《时报》,1936 年 3 月 14 日,第 7 版。

"黎莉莉真好!",而这个趣闻就在王淑贞撰写的《女选手宿舍写生》中披露出来。①

当时女选手宿舍采共浴方式,女选手如何解决沐浴问题,当然是一则劲爆的新闻。王淑贞也在《女选手宿舍写生》一文中,把她在宿舍掌握到的消息向读者爆料:"南方姑娘能坦率宽衣入浴,北方女选手却着衣沐浴。"②另一份《娱乐周报》也提到令女选手感到难堪的淋浴问题,指出:一般怕羞的女选手,因为不愿意在陌生人面前裸体,不敢使用浴室,造成寝室原本欠佳的空气更为恶浊。③

不过,记者们在宿舍中最大的发现,就是宿舍里摆放着不少化妆品。1933年,《时报》的记者参观江苏省第三届省运会的女运动员宿舍之后,特别把宿舍墙隅地角堆满运动员化妆品的情景报道出来。④《吴县日报》的另一位记者更自诩为"侦探",以"女宿舍巡礼"为标题,写下他在第六届全运会女选手宿舍的观察。记者除了介绍宿舍床位的摆放和沐浴设备等,还品评女运动员的装扮,他指出:广东、上海和香港女运动员"服装轻俏、行动坦率";北平的选手个个"浓妆艳抹";山东的女选手中,虽有少数人"趋向摩登",但大体朴素、敦实;至于四川选手,比沿海各省"挚诚"。⑤ 针对这样的发现,记者觉得自己"有些迷糊",因为他不知道女运动员究竟是现身"竞技场"还是"赛美会"。⑥

---

① 王淑贞:《女选手宿舍写生》,《吴县日报》,1935年10月17日,第8版。
② 王淑贞:《女选手宿舍写生》,《吴县日报》,1935年10月17日,第8版。
③《体育馆内叫苦连天》,《娱乐周报》,第1卷第15期,第363页。
④《参观女运动员宿舍》,《时报》,1933年9月20日,第8版。
⑤《女宿舍巡礼》,《吴县日报》,1935年10月14日,第11版。
⑥《女宿舍巡礼》,《吴县日报》,1935年10月14日,第11版。

而女选手为何如此重视涂脂抹粉？《时报》对 1935 年全运会的山东女选手进行观察后指出：山东女选手因为发现港粤沪等地的女选手满脸涂红抹白，到处受人注目，所以为了不让他人专美于前，特别在大会的临时商场购买大批胭脂和霜粉，准备和她们一较"艳色"。① 不管这个说法是否正确，它都清楚地指出，女运动员注重"面子"的情形，广泛受到记者的注意，同时也招致各种批评，这部分将在第六章详细分析。

二、纵身社交圈的女运动员

竞赛结束后，成名球队或女运动员的日常生活并没有因此趋于平淡，反而更加多样而复杂。除了参加与运动有关的表演赛、友谊赛，还要应对各种人际关系，参与各种社交活动。而比较常见的是参加公益活动或倡导运动的表演赛，其中受邀赞助赈灾的活动，更不胜枚举。例如，1929 年，为筹募陕甘豫赈款，上海女篮赛的冠、亚军得主——强东队和崇德队，一起受邀参加女子篮球慈善赛，券资所得悉数赈济灾荒。② 此外，运动选手也协助体育影片的拍摄，例如 1934 年轰动上海的电影《健美运动》中，便有东南和两江学生表演运动的镜头。③

---

① 《花花絮絮》，《时报》，1935 年 10 月 15 日，第 9 版。
② 《崇德女学篮球队最后表演》，《申报》，1929 年 6 月 29 日，本埠增刊，第 7—8 版。这类活动尚可见于《交大校庆女排球赛》，《申报》，1936 年 4 月 11 日，第 13 版；《今晚七时男女六校》，《申报》，1934 年 12 月 19 日，第 13 版；《大同大学定期举行赈灾男女篮球赛》，《申报》，1934 年 12 月 16 日，第 18 版。
③ 费念祖：《"健美运动"我评》，《申报》，1934 年 11 月 21 日，本埠增刊，第 9 版。

图 32　1934 年东南女子体专摄制运动表演影片

除了集体受邀，以个人身份出席的运动员，也不在少数。1934年，江西省为了响应新生活运动，举行首届女子运动会，特别邀请全运会的出名女运动员杨秀琼和钱行素前往表演，并要求全市女校学生全体出席。这场运动会很显然是借她们的表演，倡导女子体育。①

正式运动竞赛或表演赛之后，邀请单位或各界人士，通常备有餐会或各式交际应酬，以款待运动员。前述的陈湄泉曾表示："走到那〔哪〕儿都有同乡会招待，所吃、所用都是我从未见过的。"②显然这些社交应酬让陈湄泉大开眼界。不过，当女运动员参加社交

---

① 《一月来之运动比赛：江西首届女子运动会志略》，《勤奋体育月报》，第 2 卷第 3 期（1934 年 12 月），第 262 页。
② 许雪姬等访问，曾金兰记录：《陈湄泉先生访问纪录》，第 13 页。

活动时,记者也穷追不舍地报道女运动员应酬的整个过程,包括参加哪些应酬、在应酬中的穿着或应对情形。

在第六届全运会中,马来西亚华侨选手邓银娇,因跳远创新纪录,大出风头。当她与马来西亚选手一起参观暨南大学时,该校侨生热烈欢迎。为了请邓银娇签名,学生们把邓银娇包围了近半小时,结果记者发现,邓银娇签名时"含笑蹙额,大有啼笑皆非之概〔慨〕"。① 女运动员有被群众包围的经历,但同样地,她们也会包围自己的偶像。

1935年10月,上海国货工厂联合发起招待全运女选手的茶会,在场记者一方面描绘女选手浓妆艳抹、穿着华丽,一方面注意到茶会结束后,许多女选手包围着杨秀琼,请杨秀琼在她们的题名册上签字。② 这则报道,让读者看到脱下运动服后的女运动员,其实和一般人没有不同,就如同前面提到的杨秀琼和黎莉莉的相遇,还有河北女选手的梦中语,她们自己虽然是观众包围的偶像,但遇到自己崇拜的偶像时,也是如痴如醉。

图33　女球员梁丽芳

---

① 《邓银娇暨大受包围》,《玲珑》,第5卷第43期(1935年11月6日),第3798—3799页。
② 南方张:《全运女选手茶会快镜》,《时报》,1935年10月18日,第2版。

社交活动固然让女运动员大开眼界,却也有人因此而沦落不振。有报纸曾报道,知名球员梁丽芳因为周旋交际场中,不再参加球赛;①而《勤奋体育月报》的"体育人事"专栏,也曾刊登一位两江女子体专毕业生朱珍如被人诱骗,堕入青楼的新闻。②

三、离校后的女运动员

运动竞赛带给这群来自学校的女选手不同的求学记忆和生活经验,但这种生活毕竟是要随着学业结束而告终的,许多女运动选手离开学校之后,就不再与运动结缘。一位笔名为"眉君"的女性提到,她在中学、大学时代是一位活跃的运动员,但自从结婚生子之后,每次读到报纸的运动消息,或看到选手们精神饱满的照片时,不免感慨万千,因为当今的家庭生活,让她不再像过去一般欢喜、活跃。③

不过,在媒体的追踪下,有些女运动员离校后的活动,并没有像眉君一样画下句点,反而还经常成为新闻。从报道中看到,有运动员毕业后,再度进入校园,从事体育教学的工作,把自己的体育技术或知识传授给下一代,其中,体专出身的运动员占绝大多数。以1929年从东南女子体专毕业的学生为例,当年8月,仅有一名学生没有找到教职,其他人都分配到各校任教。④ 而记者对女运动

---

① 裴顺元、沈镇潮编:《女运动员》,未编页码。
② 《女体育家身堕青楼》,"体育人事",《勤奋体育月报》,第3卷第11期(1936年8月),第1033页。
③ 眉君:《或人的生活》,《女声》,第2卷第3期(1933年11月),第13页。
④ 《一人独留》,《申报》,1929年8月17日,本埠增刊,第7版。

的教学成果也相当留意,只要得知运动会锦标得主的指导人是某位明星女运动员,就绝不错过报道的机会。①

还有运动员毕业后继续展现球技,她们集结志同道合的校友组织球队,参加非正式比赛,这些球队有民立校友队与黑鹰队等。② 其中,民立女中校友排球队的一举一动,深受媒体瞩目。因为该校排球队曾风光一时,所以记者对毕业后的队员是否还能展现实力做了详细报道,例如苦练球技,以及再度在球坛造成轰动等。③ 同时,记者也报道她们被迫离开这个舞台的经过。1929年,上海市第一体育场举办女排赛时,大会为不影响其他新兴排球队的球兴,劝止该队参加,该队因此失去问鼎锦标的机会。④ 而不到半年,也因为球员先后结婚适人,这支球队终于解散。

---

① 1935年,上海市举办小学运动会,女子锦标分别由务本和广肇两所小学获得,结果记者发现,这两校学生的体育教练,都来自东南女子体专,而且是当年的篮球健将。李贤影:《体育杂话》,《时报》,1935年6月13日,第7版。
② 黑鹰队是由东南、崇德两校校友组成的。《上海市女篮球》,《时报》,1935年9月21日,第7版。
③ 民立女中校友队的陈彩凤、苏祖琦均曾出席"远运"。《暑期中的女子排球练习》,《申报》,1929年7月4日,本埠增刊,第5版。《民立女中校友排球队募捐》,《申报》,1929年7月11日,本埠增刊,第3版;《民立女中校友与复旦比赛排球》,《申报》,1929年6月7日,第10版;《民立女排球与男子比赛》,《申报》,1929年7月1日,第12版。《今日男女排球混合赛》,《申报》,1929年7月12日,第12版;《今日男女排球练习赛》,《申报》,1929年7月15日,第11版;《男女排球赛:民立校友胜高商队》,《申报》,1929年8月3日,第12版;《民立女校排球队胜熊队》,《申报》,1929年9月8日,第17版;《民立校友排球胜南洋》,《申报》,1929年10月6日,第17版;《民立校友女子排球队赴京战绩》,《申报》,1929年10月16日,第12版。
④《民立校友女子排球队到南京比赛》,《申报》,1929年10月8日,本埠增刊,第2版。

第三节　侧写明星女运动员

在中国历史上,原本没有"运动员""球员"或"运动选手"这类称谓,也不曾有"女运动员""女球员"或"女运动选手"等名称,有了近代运动会之后,各类传媒无不以这类词语称呼运动会表演者或参赛者。[①] 具有前述称谓的女性,成为社会的新群体,就如第三章提到的,吴梅仙被复旦大学的同学誉为"运动家";松江女中把"篮球员"当作学生可以选择的一种职业;至于能在地区或全国运动会中打破纪录或总成绩荣获第一的女运动员,更是这个新群体中的精英,深受众人景仰,而她们也像女演员般受到媒体宠爱,有高度的曝光率。例如《申报》的"体育"和"妇女生活"专栏,经常挖掘女校体坛健将的生活。[②] 比较完整的是第六届全运会前后出版的《女运动员》和《女运动员名将录》这两本册子,它们对历年来明星女运动员的运动成绩,以及离场后女运动员的活动,做了较全面的介绍;同时,通过图文并茂的解说,让读者得以看到女运动员缤纷多彩的样貌,有穿运动服的,也有着洋装、旗袍或礼服的。

[①] 目前看到最早的以"运动员"称呼运动会的女性表演者的资料,是1910年的《时报》。参见《常州通信》,《时报》,1910年11月23日,第3版。

[②]《人才》一文指出:"自从申报栏辟了这一栏'妇女生活'之后,各校里的特出的密司们的芳名和才干,于本栏上都显了出来,谁说我们中国女界的学识幼稚,谁说我们中国女界的身体孱弱,你看本栏里不是每天装满女文学家、女音乐家、女政治家、女运动家、女律师……吗?我们中国的女界,大有欣欣向荣之概。"《人才》,《申报》,1929年7月19日,本埠增刊,第2版。

这两本册子偏重对明星女运动员正面形象的报道,但有许多媒体关注的是她们的小道新闻,其中,明星女运动员的感情世界,更是记者炒作的焦点,即使是空穴来风或恶意中伤,媒体也照单全收。这种捕风捉影或扩大渲染的报道方式,在当时的中国媒体中十分普遍,社会大众也在不明就里的情况下,大肆批评运动员。然而,从另一角度看,在媒体的不断炒作下,女运动员固然受到一些伤害,但她们的知名度也跟着水涨船高。至于被媒体当成活广告,作为报刊代言人的女运动员,更因此打响了自己的名气。针对这些现象,本节将讨论媒体如何报道明星女运动员,以及明星女运动员怎样回应,或如何替媒体宣传。事实上,不是所有的明星运动员都有被炒作的新闻,因此,此处仅针对部分人做分析。

一、明星女运动员的众生相

(一)明星女球员:陈荣明、陈聚才、邵锦英

陈荣明毕业自两江女子体专,擅长田径、篮球和标枪,在第五届全运会中,曾有杰出的表现。除了个人的标枪成绩创了全国最高纪录,她所参加的上海女子篮球队,也获得锦标。之后,陈荣明率领两江篮球队到菲律宾,参加远运会,声名远播。[①] 陈聚才也来自两江女子体专,和陈荣明一样,都是第五届全运会中上海女子篮

[①] 裴顺元、沈镇潮编:《女运动员》,未编页码,收入勤奋书局编译所编:《女运动员名将录》,第18页。

球队队员,被称为"技术精进,为人镇静不乱,上球场一如其人"。① 不过,记者感兴趣的,不只是她们的球技,还有其男性化的一面。陈荣明被形容为"全无女子气",陈聚才则是"奋勇而精战",②有趣的是,她们私下也曾女扮男装,其刊登在《女运动员》的男装扮相,不仅梳男性发型,还穿西装、打领带。这样的造型,反映了当时拟男风气如何在部分女运动员的日常生活中发酵。③

图34 《女运动员》上的陈荣明　　图35 《女运动员》上的陈聚才

---

① 裴顺元、沈镇潮编:《女运动员》,未编页码。
② 勤奋书局编译所编:《女运动员名将录》,第15页。
③ 华玮发现,"拟男表现"早在明清时期就成为妇女创作上的特色,吕芳上则在清末以来的英雌论述中,找到在实际生活中的女扮男装,他还以谢冰莹的自白,指出1920年代的"拟男化"比1910年代的"拟男主义"更为严重。周慧玲也指出,受1930年代好莱坞电影中女身男装的影响,中国的电影出现了拟男扮相。由此可见,从明清以来,"拟男"风气已进入中国女性的生活。华玮:《明清妇女之戏曲创作与批评》,台北:"中研院"中国文哲研究所,2003,第98—153页;吕芳上:《"好女要当兵":中央军事政治学校武汉分校女生队的创设(1927)》,收入鲍家麟编:《中国妇女史论集》,台北:稻乡出版社,2008,第8集,第315—321页;周慧玲:《表演中国:女明星、表演文化、视觉政治,1910—1945》,台北:麦田出版社,2004,第144—147、171页。

图 36　花间独坐的邵锦英

  同样是两江女篮名将的邵锦英,记者对她的关心,除了她"所向无敌"的球技、毕业后的教学状况,还包括她退出比赛后的婚恋状况,①邵锦英婚变的新闻,曾被大肆炒作。1934 年 4 月,《体育评论》以《女篮球健将婚变记》的醒目标题刊载邵锦英的情史:邵锦英原与毕业于复旦大学的高兆烈订婚,两人形影不离,是众人眼中的天成佳偶;讵料情海生变,邵锦英另与之江大学体育主任刘雪松订婚,因此震惊各界。②《体育评论》即转引刊于《北洋画报》的注语慨叹:

---

① 勤奋书局编译所编:《女运动员名将录》,第 15 页。
② 《女篮球健将婚变记》,《体育评论》,第 81 期(1934 年 4 月),第 271 页。

......情场变幻,竟有如是莫测,亦可谓骇人听闻矣。刘邵之爱情,成熟之速,亦非有特列快车所能及之叹。古人云,朝秦暮楚,令人不寒而栗。噫!①

(二)明星田径运动员

女田径运动员虽然比女球员发迹晚,却在区域运动会和第四到第六届全运会中屡创佳绩,甚至破全国纪录。第四届全运会的孙桂云、第五届全运会的钱行素、马骥、李媛芬、张洁琼、陈荣明,以及第六届全运会的李森、钱行素、邓银娇、陈荣棠、原恒瑞、潘瀛初,都曾让人刮目相看。然而,其中有不少运动员却因为盛名之累,饱受困扰,那些负责体育新闻的记者,有如影剧新闻的记者一样,不断挖掘她们的秘辛,甚至加油添醋,导致遭受无妄之灾的女运动员必须四处辟谣。

1.孙桂云

当女性首次有机会以竞赛而不是表演赛的方式,在第四届全运会露面时,她们的表现深受众人瞩目。特别是来自东北的孙桂云,以赛跑成绩在这届全运会中夺魁之后,立刻成为当时运动界名人,也是最早在田径界出头的女性。② 各媒体无不以头版新闻报道孙桂云的成绩,也拍下她在运动场上或场外的各种样貌,甚至为她制造不少花边新闻。在饱受困扰之下,1931年,她特别通过《玲珑》,

---

① 《女篮球健将婚变记》,《体育评论》,第81期,第271页。
② 孙桂云的个人总分荣获第一,她赛跑的最高纪录是五十米七秒四、一百米十三秒八及二百米二十八秒二。勤奋书局编译所编:《女运动员名将录》,第8页。

图 37 参加 1933 年第五届全运会时的孙桂云

向读者报告她的近况,也希望媒体不要再无中生有:

> 最近的我,对田径格外的努力,这虽是于〔关于〕我个人的荣誉,可是一半我却为着我朋友们的冀望。从前有人说我近来颇浓烈的研究情爱问题,这事不确,并且根本上没有这回事。大约是人们爱戴过甚,而有意造出来的惊人新闻吧!我并非草木,也许会走到情爱的路上去。可是现在还未到这种生活的时期,希望以后不再有人来追随着问我,免得使我听了恼恨,而妨碍我所要努力的工作。①

---

① 孙桂云:《我的近况》,《玲珑》,第 1 卷第 2 期(1931 年 3 月 25 日),第 49 页。

之后,孙桂云在远东运动会因偷跑而被判出局的事件,引起各界议论,她的声望跟着下跌。"九一八"事变之后,孙桂云转到北平女子文理学院就学,放弃田径,改练篮球,并在第五届全运会中,担任北平队中锋,但她代表的北平队,没有特殊表现,复赛时就遭淘汰。① 事实上,从远运会之后,这位体坛的风云人物,逐渐被人们遗忘,连第五届全运会的童子军,都因为不认识孙桂云,而做出阻挡孙桂云参观篮球赛的举动,而这尴尬的一幕,被《玲珑》杂志的记者捕捉了下来。②

2. 钱行素

图38　1933年全运会女子总分第一的钱行素

---

① 裴顺元、沈镇潮编:《女运动员》,未编页码;勤奋书局编译所编:《女运动员名将录》,第8页。
② 《孙桂云尝闭门羹》,"大会花絮(一)",《玲珑》,第3卷第37期,第1999—2000页。

第四章 新闻媒体与女子运动竞赛

钱行素进入上海东亚体专后,才开始接受运动训练。1931年,她在上海的万国运动会中,以二百米赛跑及跳远冠军,让众人刮目相看。第五届全运会时,她更是大展身手,不管赛跑还是跳栏都破全国纪录,成绩远超过孙桂云,国民政府考试院特别颁给她"全国新纪录"奖旗。1934年,她还应华侨陈嘉庚邀请,前往南洋巡回表演,受到华侨的热烈欢迎。① 1935年的第六届全运会,钱行素虽然没有得到满贯纪录,但在低栏上,以十四秒五的成绩,刷新了个人的全国纪录。②

她和孙桂云一样,成名之后,遭到无的放矢的攻击。例如1933年,《东南日报》刊登一则"钱行素杨逸农协议离居"的启事,一些被新闻误导的朋友,纷纷问钱行素何时结婚,带给未婚的钱行素极大的困扰。为了制止这则张冠李戴的消息继续"延烧",钱行素只好去函该报,请该报刊登她的说明函,函中的大意是:

> 顷由友人寄来十一月十六日贵报一张载"钱行素杨逸农协议离婚启事"一则,同时亲友亦纷函询问。按我国同姓同名者,固属常有之事,惟外界不明底蕴,易滋误会。行素寓居沪上,专心研究体育,至希贵报将此发表,借明真相为荷〔何〕。嘉定钱行素寄。③

---

① 游鉴明:《近代中国女子的运动图像——1937年前的历史照片和漫画》,第165页。
② 第五届全运会时,一百米成绩十三秒四,二百米成绩二十七秒七,八十米低栏成绩十四秒五。参见裴顺元、沈镇潮编《女运动员》,未编页码;勤奋书局编译所编《女运动员名将录》,第4—5页。
③ 《张冠李戴》,《娱乐周报》,第1卷第22期(1935年11月30日),第530页。

图39 1933年第五届全国运动会女子八十米跳栏(图中是钱行素)

3.李森

图40 1935年第六届全运会李森起跑姿势

李森从湖南省立中学毕业后,到上海的东南女子体专就读体育,记者形容她是"现代少女中一位难得的模范女学生,她不但是新时代文武双全的一位前进女斗士,而且还是一位守好家法的孝女"。① 李森很早就出道,但直到1935年的上海万国运动会,她才大出风头,并击败保持全国纪录的钱行素,当时上海报纸称她为"女跑王""四木小姐"(因为她的姓名由四个"木"字组成)。② 到了第六届全运会,她在跳远和赛跑上更加进步,五十米和二百米赛跑都改写全国纪录,获得冠军。③ 因此,第十一届奥运时,她是中国第一位出现在世界田径赛上的女选手,只可惜没有捷报。

原本李森没有绯闻事件,但出席奥运之后,受盛名所累,上海报纸刊登她与惠格先生订婚的消息,李森只好登报澄清,并以人格担保,这完全是子虚乌有。④

(三)游泳明星:杨秀琼

杨秀琼的父亲是南华体育会的游泳指导,自小杨秀琼就跟着父亲学习游泳,14岁曾获得香港游泳比赛女子组冠军,名闻香港游泳界。第五届全国运动会时,杨秀琼包揽游泳各项冠军;第十届远

---

① 南方张:《访问三少女选手》,《时报》,1935年10月16日,第9版。
② 金钏:《女跑王李森》,收入中国人民政治协商会议上海市委员会文史资料委员会、上海市体育运动委员会文史委员会编:《体坛先锋》,第33页。
③ 勤奋书局编译所编:《女运动员名将录》,第2页。
④ 李森刊载在《时报》的信上写着:"我从柏林回国后,因同学钱坤格女士之邀,就和母亲到青岛去玩去了。上海报纸登我和惠格先生订婚的消息,我以人格担保,是绝没有这种事情的。我于本月二十四日由青返沪后,明日(按,即今日)偕母还乡(湖南衡阳),预备教学,得机将著书一部,暇时望常指教,后会有期。"《人格担保,李森否认订婚——今日偕母返湖南衡阳》,《时报》,1936年12月31日,第7版。

图 41　1936 年代表我国出席世运游泳比赛的杨秀琼

东运动会上,她也独揽了各项泳赛表演的冠军;到第六届全运会时,因为在一百米自由式中输给刘桂珍,她失去了个人游泳总冠军的宝座。之后,杨秀琼和李森一道出席第十一届奥运会,但她的游泳成绩仍没有起色。①

不过,外表靓丽又具有"美人鱼"②美名的杨秀琼,始终是媒体的最爱,也是摄影师的宠儿,特别是在第五届全运会大放异彩后,

---

① 裴顺元、沈镇潮编:《女运动员》,未编页码;勤奋书局编译所编:《女运动员名将录》,第 1 页。
② 慧英曾对全运会的水陆女选手做了素描。她指出,杨秀琼有美国霍尔姆(Eleanor Holm)的风采,其"标准美""美人鱼"的称号,是名副其实。慧英:《水陆女将素描》,《玲珑》,第 3 卷第 37 期,第 2011 页。

第四章　新闻媒体与女子运动竞赛

她经常受邀表演游泳、演讲、剪彩或参加各种社交活动。① 当她出席奥运会时，即连国外的媒体也紧盯不放，将她的写真照刊登在德国《慕尼黑画报》(Münchner Illustrierte Presse)和法国《世界映镜》(Le Miroir du Monde)画报上，《世界映镜》的封面还特别题着："奥运美人——中国女游泳家杨秀琼。"② 而她所到达的地方，总是万头攒动，人们争看她的风采，她当然也引来了大众的评头论足。例如，这时期不管是男性还是女性游泳选手，都穿连身的深色游泳衣，杨秀琼在第六届全运会中，却穿了一套比基尼泳装，于是引发众人瞩目。③

图42　1935年第六届全运会游泳冠军杨秀琼

① 杨秀琼到菲律宾表演时，《星洲日报》把人们争睹杨秀琼的情景仔细地描写下来："菲列滨女子大学的宿舍中，每天都会挤满了新闻记者和侨胞，报纸上，不消说得〔的〕，每天都有她的新闻和照片，并且有几家按日刊着她不同姿势的照片，无论走到那〔哪〕里，碰到哪一国的人，他们谈起中国选手来，当先要谈到美人鱼，于是'中国出美人！''中国的美人鱼！'就不知不觉的当中传偏〔遍〕了菲岛。"王剑鸣：《美人鱼杨秀琼》，上海：光华书局，1935，第86—87、115—162页。
② 《时报》，1936年8月22日，第6版；《时报》，1936年9月8日，第5版。
③ 杨秀琼穿这袭新款泳衣下水时，有人竟以为她穿的是"乳罩"，因此，《杨秀琼的乳罩》的作者批评道："作此语者，只显出其没有见识，且不注意杨之技术，而注意其乳罩，着眼点也实在太坏了。"《杨秀琼的乳罩》，"体育周报"，第2集，《娱乐周报》，第1卷第15期，第369页。

至于杨秀琼的感情世界,更让记者大做文章。第五届全运会后,行政院秘书长褚民谊特备马车充当杨秀琼车夫与之逛街的新闻,被炒得沸沸扬扬。① 不过,以香港《南强报》报道,杨秀琼将嫁给广西银行总顾问陈向元当第八妾的传闻,最为耸动,经两人郑重否认,谣传才没有延烧。② 针对记者缺乏自制的不实报道,曼娜女士以香港的记者为例指出,这些记者专向"有名誉和有财资的女性敲竹杠",杨秀琼被记者诬称"和陈某订婚",便出自他们的手笔。③ 由此可见,体坛的明星女运动员不但得面对记者的空穴来风,还会遇到他们的需索敲诈。

二、女运动员与广告文化

专门给女性阅读的《玲珑》,因为读者绝大多数是女学生,其中与女学生有关的体育新闻相当丰富。除了刊载体育论文,它还介绍国内外的体育消息,刊登女运动员的运动姿势或休闲照片,借此鼓励读者效法女运动员的运动精神。④ 1934 年 1 月,《玲珑》曾刊登第五届全运会的明星运动员陈荣明、颜秀容和马骥等人的签名

---

① 侃侃:《褚民谊养成完人误》,《晶报》,1934 年 8 月 7 日,第 2 版;梅屑:《国府要人与马车夫》,《社会日报》,1934 年 8 月 9 日,第 1 版;大风:《为美人执鞭之要人》,《社会日报》,1934 年 8 月 11 日,第 2 版;阿彬:《御车谣》,《社会日报》,1934 年 8 月 27 日,第 2 版。
② 《妇女消息:杨秀琼否认作妾》,《玲珑》,第 3 卷第 41 期(1933 年 11 月 22 日),第 2295 页。
③ 曼娜女士:《谈谈香港的报界记者》,《玲珑》,第 3 卷第 45 期(1933 年 12 月 20 日),第 2510—2511 页。
④ 孔令芝:《从〈玲珑〉杂志看 1930 年代上海现代女性形象的塑造》,第 25—38 页。

照,女子标枪冠军陈荣明只提供签名照,①但垒球掷远破全国纪录的颜秀容签名照下,还有一段颜秀容写的小文:

"玲珑"这个名字,确是娇小玲珑,但虽是娇小,而内容却极丰富。她是我们全国妇女唯一的喉舌,解决我们痛苦与烦闷,指导生活与方针,内容分体育、卫生、常识、法律、美容顾问、儿童健康、电影及信箱解决疑难问题,内容是这样的丰富,正是指导妇女唯一的生路,可称为"妇女必携"了。②

曾获女子铁饼、铅球冠军的马骥,也给该刊题词:"《玲珑》杂志是全国妇女的喉舌,也是全国妇女生活的指导。"③

图 43 1934 年陈荣明在《玲珑》上的签名照

---

① 《玲珑》,第 4 卷第 3 期(1934 年 1 月 17 日),第 157 页。
② 《玲珑》,第 4 卷第 3 期,第 158 页。
③ 《玲珑》,第 4 卷第 3 期,第 159 页。

图 44　1934 年颜秀容在《玲珑》上的签名照

图 45　1934 年马骥在《玲珑》上的签名照

至于荣获第六届全运会铁饼和铅球冠军的陈荣棠,则为《时报》题词:"我很高兴看时报,因为消息很正确,而且每天有画报。"①由此看来,这群明星女运动员已成为报刊的活广告。

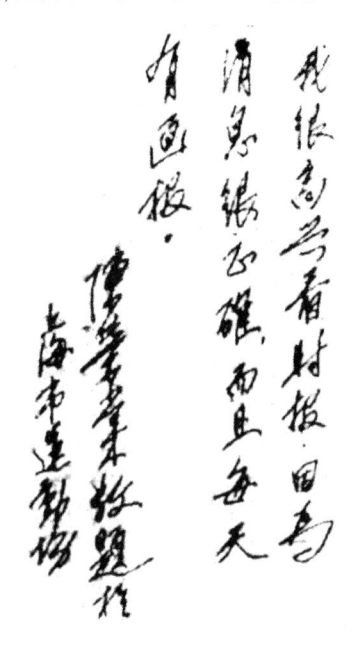

图46 陈荣棠为1935年10月16日的《时报》题词

第四节 直击观众百态

一场没有观众观赏或掌声的球类比赛或运动会赛,将会黯然失色,因为观众在这些场合有一定的角色和分量。如果运动选手

---

① 《时报》,1935年10月16日,第9版。

是竞赛场合的"红花",那观众就是"绿叶",只有红花绿叶的相互衬托,才能让一场运动竞赛有活力,因此,细心的记者在报道运动员的活动之余,也把焦点转到观众席中。这类报道多半出自记者的现场观察,真实地反映观众对运动竞赛的态度,也让读者了解到:在政府对体育运动的积极倡导下,群众究竟应该用何种眼光去看待运动员和他们的演出;特别是由女性担纲的运动竞赛,群众要怎么回应,关注的是什么。而观众观赏女性运动的态度,是否因时代而不同?

一、从有条不紊的观众席到失序的会场

早期运动会中的观众,多半是家长、学生或社会名流。在风气还不是很开放的清末民初,主办运动会的单位刻意以性别、阶级区隔观众,让运动会场秩序井然,从侯鸿鉴记载的江苏省立第二女子师范学校第二次运动会,即见一斑:

> 此次会场布置,运动场甚为宽敞,东设男宾席,南设女宾席,西设女校学生席,北之中设官厅席,北之左设男宾特别席、饮茶处、职员休息所、新闻记者席,北之右设女宾特别席⋯⋯。会场整肃无哗,但见旗帜飘扬,乐歌徐走,运动员行列整齐。①

而在空间有限的会场,最常见的是"男东女西"或"男左女右"的席

---

① 侯鸿鉴:《参观江苏省立第二女子师范运动会记》,《教育杂志》,第7卷第9号,第69页。

第四章　新闻媒体与女子运动竞赛

位安排,男女有别,成为当时不少运动会场的特色,彼此互不越雷池一步。①

清末民初的学校运动会,具有鼓励学生运动的目的,主办学校除了邀请外校学生联合运动,也开放给各校学生观摩,因此,观众席中有男学生,也有女学生。② 或许是受席位性别设计的限制,再加上这时期男女同校是被严格禁止的,观看运动会的男女学生都谨守分寸,甚至不露声色。以"幻龙"为笔名的作者,在江苏省立学校联合运动会里就看到:

> 观夫学生团体之整列,足见秩序之有条不紊;观夫女学生体操游技之时,男学生团体不轻易拍掌,足见其临时之谨饬,纵有时以演竞技运动之故,往往后先不能分明,致启争竞之风。③

然而,到女子运动竞赛风气日渐盛行的1920年代和1930年代,秩序井然的观赏情景,在媒体的报道中不复出现。这时期,运

---

① 《女学联合运动会纪盛》,《申报》,1910年11月21日,第1张,第3版;《嘉兴女校运动会》,《申报》,1915年12月7日,第7版;《江苏省立第一女子师范运动会纪事》,《申报》,1915年5月22日,第7版。
② 清末的运动会鼓励女性参观,即使是男学生的运动会,也不例外,为的是倡导女子体育。例如1907年5月,苏州高等学堂的运动会,除来宾外,观众席中有苏苏女学、兰陵女学、大同女学、女子初级师范小学、振华女学等女校,均整队前来观赏;江苏常州小学拟开运动会,也特别设有女座,以备各女校参观。参见《高等学堂运动会记盛》,《申报》,1907年5月21日,第12版;《小学将开运动会》,《申报》,1908年5月2日,第2张,第3版。
③ 幻龙:《参观江苏省立学校联合运动会记事》,《教育杂志》,第6卷第10号(1914年12月),第32页。

243

动会多数在公共体育场举办,并开放给社会各界观赏,观众的来源变得复杂。尽管许多运动竞赛需要凭票入场,但没有一定经济能力或社会地位的人,不可能前往观赏。① 因此,观众不是学校指派参观的学生,便是中上阶层的民众,但这群看似有教养的观众,却不是个个守法,场外脱序的状况层出不穷。观众的基本角色是观赏演出者,有的观众则反客为主,从观看者变成表演者。通过这时期记者的现场描绘,我们不仅看到观众观看运动的反应,也看到观众的各种状况。

有的状况与场地太小、观众过多有关。1929年11月,两江女子体专举办秋季运动大会,借用中华田径赛场举办田径赛,结果涌入三万名左右的观众,一时间看台上下、田径赛场四周,甚至跑道两旁全挤满观众,虽然童子军、捕房警探都出面维持秩序,大会也向观众说明状况,但观众依旧向前拥挤,大会主席迫不得已宣布散会。② 一场可以展现女性运动的盛事,就这样化为乌有。尽管这次的紊乱现象是源于运动场地过于狭窄,不过,也有许多状况是人为造成的,而且不乏无理取闹的场景。南京全运会举行女子垒球赛

---

① 1935年在上海举行的第六届全运会,入场券的价钱高达15元,爱好运动的一般百姓仅能望场兴叹。这种把运动大会变成营利性质的做法,失去了体育大众化的意义。《大会现形:票子太贵》,《娱乐周报》,第1卷第15期,第362页。
② 《两江田径赛运动会》,《申报》,1929年11月11日,第9版。

第四章　新闻媒体与女子运动竞赛

时,就出现女童军与硬闯田径场的三名男选手追逐的尴尬场面。① 事实上,许多运动会的主办单位并不是没有三申五令,只要看到观众失控,多半会通过广播提醒观众,但观众显然不买账,依然故我。例如:

> 播音机里不时警告场里的观众,请到看台上坐,几处跳坑,自始包围着运动员的同学。漂亮的女子由她的意中人伴着,仍不妨跑进场去。②

从这则报道,还可以看到一个和清末民初很不一样的现象:不但运动会场不再硬性规定男女分席而坐,男女学生还可以相携观赛、相互助阵。

观众失序的状况在女子运动竞赛时,显然更加严重。据报载,第五届全运会进行女子篮球比赛时,一群官兵因观球位置不佳,竟跨越栏杆,易地参观;童子军出面制止,官兵却以手枪相对,并抢夺童军棍,打伤前往劝阻的学生,直到观众呼救,警卫队赶到,他们才仓皇出场。③

---

① 据《申报》报道:"十三日晨,女垒球赛时,西司令台大门入场口有四男运动员,跑进田径场,站岗之女童军,向前阻止,但顾此失彼,三人已跑至场中,仅拦阻一人,强欲其外出,该男选手当时任其推阻,假向出场口去,而突然间向后飞奔场中,该女童军自不知趣,急反身追赶。但男选手炼〔练〕就两条飞毛腿,女童军焉能及之,追去约五十米,乃负负而返,一时见者轰然,咸谓女童军钉梢。该娘子军面红耳赤离场,愤愤而不知他往。"《娘子军钉梢失望》,《会场琐记》,《申报》,1933年10月15日,第19版。
② 槐:《田径杂话》,《申报》,1937年5月16日,第11版。
③ 《女篮球赛紧张声中突演惨剧》,《大晚报》,1933年10月14日,第4版。

245

二、醉翁之意不在酒?!

球队或女运动员一旦成名,或坐上冠军宝座后,在公共场所比赛的机会更多,不少机构或地方以倡导女子体育为名,邀请她们前往表演赛。以两江女篮队和东亚女篮队为例,由于盛名远播,她们除了在体育馆和运动场演出,还受邀到其他省市或至国外比赛,每到之处,总是引起骚动。

1930年10月,两江队首度展开到外地的系列友谊赛,这也是全国第一支与外省市球队联谊的女子篮球队。从媒体报道中,处处看得到两江队受观众欢迎的场景,譬如,该队抵达天津后,天气相当寒冷,但连续三天的密集式友谊赛,仍吸引不少观众前往观赛。① 而当两江队赴北平赛球时,有天津市民因未及观赏该队球技,特别到北平观赛。为了让天津观众一饱眼福,球赛结束,该队再度折回天津赛球。② 1933—1936年间,两江队又出师华南、华中等地,与厦门、香港、集美、汉口、安庆、芜湖和青浦的球队进行友谊赛。③ 据《申报》报道,两江队在青浦的两场比赛,更是轰动全城。

---

① 《两江女篮球队在津获胜》,《申报》,1930年10月29日,第10版;《两江篮球队在津又胜》,《申报》,1930年10月30日,第8版;《两江篮球队又胜两次》,《申报》,1930年11月1日,第11版。
② 《两江北征篮球队获胜纪》,《申报》,1930年12月5日,第9版。
③ 在华中的12天中,共计出赛10场。《两江篮球队出征闽粤》,《申报》,1933年6月22日,第14版;《两江女校篮球队凯旋》,《申报》,1933年8月11日,第14版;《两江篮球队奏凯:远征华中战绩》,《申报》,1936年12月26日,第8版。而同时期,东亚女篮队和田径队受星华篮球总会邀请,到南洋倡导女子体育,备受侨胞欢迎。《东亚女篮球田径南游》,《申报》,1935年3月21日,第15版。

因为当地还没有女子篮球队,两江的对手是两支男子球队,为一睹球员风姿,观者人山人海,各娱乐场所也因此停止营业,盛况空前。①

《申报》的这则报道透露了青浦的观众之所以倾巢看球赛,是冲着女性运动员而来。其实这种现象普遍出现在有女性运动员表演的场域,女学生只要参加运动竞赛,总是吸引大家围观。一位笔名"由之"的学生便描写,北平的女学生占全部学生的四分之一,在一支夏季混合球队中,她们的人数又只是十比一,但"看的顾客也分外起劲"。②

图47 1931年天津女师与上海两江举行篮球比赛

球赛之外,游泳场所也经常挤满观看的民众。自从游泳运动在1930年代成为风尚,以及各地游泳池陆续兴建之后,有兴趣游泳

---

① 首场观众有三四千人,而第二场竟达五千人之多。《两江篮球队由青返沪》,《申报》,1935年1月19日,第16版。
② 由之:《故都中学生》,收入十日谈旬刊社编:《学校生活特辑》,第99—100页。

的人开始增多。对许多大众来说，游泳是一种新玩意儿，不会游泳的人也乐于观摩，因此，到游泳池看人游泳的人潮，远胜过球赛，而女性游泳所招来的观众数量，更不在话下。例如1933年8月，济南游泳池正式启用，逢女性游泳当天，全市为之轰动，大有万人空巷的态势，但直到下午，才先后有四人入内，这种千余观众，相对四人练习游泳的场面，成为趣闻。① 而在游泳活动较其他地区盛行的广州，这种情况特别夸张：有记者发现，一到夏季，广州的游泳池便出现男男女女，妙龄女郎的曲线因为格外动人，成为男性眼光的焦点，于是岸上观看的男人排列成墙。② 从第六届全运会游泳场边人山人海的写真照，正可以感受到这种盛况空前的情景。

但"女运动员"这个新群体，以及女性的运动，究竟有何种吸引力？观众想从女性的运动中看到什么？以下观众的举动和对话，或许能让我们找到一些端倪。

图48　1935年第六届全运会游泳池全貌

---

① 震：《济南游泳池的巡礼》，《体育评论》，第48期（1933年9月3日），第138页。
② 《夏季绿波中开始浮动红男与绿女》，《大晚报》，1934年5月19日，第5版。

第四章　新闻媒体与女子运动竞赛

祥鼎的《运动会》一文,把学校运动会中观众的行动、对话如实记载下来。作者写道:这场运动会的观众原本寥寥无几,看的人不是"打不起精神",就是"活现着一副无聊面孔",等到"绝无仅有的六位女英雄表演时,又当作为别论……但见争先恐后,前挤后拥,好一派杂沓光景"。就在这时,人丛中冒出这样一句话:

> 为什么娘儿们干事,总叫人兴奋?其间究竟含着什么哲理?

可是谁也没有本领回答这个疑惑。

更有意思的是,每当六位女英雄表演完一个项目,就有十多只摄影机对准她们。有人说:"他们才是道地的艺术赏鉴者。"学校里的汽车夫阿三却说:

> 乖乖!姑娘们真好福气!有这许多人化〔花〕了本钱来替她们拍照!

把听的人都逗笑了。①

听了这两人的话,我们或许还看不出所以然,但从观众对观看女子游泳的态度中,应能看出瑞倪。第六届全运会的游泳比赛开赛前,男女选手竞相在泳池练习,当某单位的女选手下水时,有两位男选手开始说三道四,《吴县日报》的记者记下了他们的这段

---

① 祥鼎:《运动会》,《申报》,1934年5月29日,本埠增刊,第1—2版。

249

对话：

> 看呵！大姑娘光屁股，太好看了。
> 喝！这家伙，这还了得，大姑娘、大小子，她们不害羞。呵！

这位记者也随笔发表他的观感，指称他们"语言猥亵、态度轻蔑"，并深为选手痛心。①

《玲珑》杂志的记者在第五届全运会中则发现，南京人居然把"游泳比赛"当成"洗澡比赛"。② 柏霖更以《奏着狂骚曲的游泳池》为标题，讽刺泳池畔的群众：

> 有久立在岸上的男子，他们是醉翁之意不在酒。他们的目的不是游泳，而在鉴赏女性美。也有专坐在草铺上的女子，她们的目的也不是游泳，而是在欣赏男性美。③

有意思的是，这番话不但道出部分男性观看女性游泳的企图，也让我们看到部分女性观众抱着同样的心态，只是她们看的对象是男性。

不能否认的是，观众群中有不少人不是从运动技术这个角度观赛，而是抱着偷窥、色情狂的心态而来的。造成这种现象的原

---

① 王淑贞：《女选手宿舍写生》，《吴县日报》，1935年10月18日，第8版。
② 《看洗澡比赛去》，"大会花絮（一）"，《玲珑》，第3卷第37期，第2000页。
③ 柏霖：《奏着狂骚曲的游泳池》，《大晚报》，1935年6月19日，第7版。

因,可以从许钦文的说法中获得部分解答:

> 在禁欲主义的旧礼教的环境中生长的男子,多少总有点色情狂,看了这样的"女学生",难免骨头发松,魂不附体了。①

许钦文所谓"女学生"便是"有着两条粗壮的腿,会拍网球、打排球,还会在水中游来游去,会高耸着小嘴巴唱歌,又会飘动着旗袍跳舞"者。②

观众的围观,多半是为了一睹运动者的风采和身体,有人还把女运动员当成择偶的对象,观众席因此变成"选秀"的场域。1930年代初,在大小军阀盘踞的四川,就出现过这种现象。由于四川的不少学校是由军人创办的,他们常借提倡体育的美名举办运动会,如此既可饱览女生姿容,又可乘机选择对象。据说:

> 有些高级军官,认定秀丽的运动员的号数,随意召见,施展其权势,不难由腻友而进为配偶。不然就毫无廉耻地在校前胡调,且呼女生运动号数,竟也有不少如愿以偿!③

虽然这种传闻不是发生在江南地区,但利用运动会寻找"猎物"或借机吸引异性的例子,从有女学生参加运动会演出开始,就

---

① 许钦文:《论女学生》,《申报》,1933年9月26日,第17版。
② 许钦文:《论女学生》,《申报》,1933年9月26日,第17版。
③ 萍子:《四川的女学生——为军人解决老婆问题?》,《玲珑》,第5卷第2期(1935年1月16日),第70页。

已经出现。清末的小说曾以运动会为引子,叙述两性邂逅的故事;①到两性交往开放的1930年代,这类故事更是屡见不鲜。值得一提的是,当我们为女性运动中所潜藏的危机忧心时,在风气开放的上海,有的女学生反而利用观赏运动会,招蜂引蝶。1936年的上海第四届运动会中,记者便指出不少女教师"穿着艳装",尽管女校禁止女学生浓妆涂脂,但运动场上的不少女学生仍是"烫发作飞机形"。② 除了女老师和女学生,不少时尚女性也借运动会展现自我,这种穿着时髦、刻意引起众人注意的"作秀"观众,往往成为运动场边的焦点,她们受瞩目的程度不亚于运动场上的女运动员。

坦白说,观赏运动会的群众来自各界,每一个人观赏女运动员比赛的态度,都有很大的差别,从一些评论女子运动竞赛的文章,便可得知(这部分将于第六章分析);不过,把现场观众的举动和对白记载出来的花边新闻,虽然不免掺杂了记者的个人批判,却也相当难得,因为记者把现场观众对女子运动的反应,做了最直接的呈现。

小　结

运动会是展示体育教学成果的场所,通过女运动员的表演或

---

① 《女子权》这部小说,描写武汉地区的女学堂举办运动会时,小说中的女主角袁贞娘在运动会中获得优胜,观众都为她齐声拍掌,其中,一位穿军服的少年男学生,也就是小说中的男主角邓述禹"见贞娘技艺超群,尤为耽耽注视",最后两人滋生情愫。思绮斋:《女子权》,上海:作新社,1907,第一回,第9—10页。
② 《花花絮絮》,《时报》,1936年10月23日,第7版。

竞赛,社会大众才能看到女子体育的发展,因此,每当运动会公开演出时,总引来大批人潮。其中报刊媒体更是争先恐后地以一手新闻,向大众报道运动竞赛的情况,从中可以看到媒体和社会大众怎样看待女子运动竞赛和女运动员。

在记者的眼中、笔下或照相机里呈现出的运动场面,有如万花筒般缤纷多彩。报刊媒体不仅借着运动竞赛向大众宣传女子体育的重要性,为了争取销路,迎合一般普罗大众的口味,也着眼于运动场上和场外的各种花边新闻。虽然比起运动赛程和比赛胜负,这些报道所占的版面不十分起眼,但它们却带给观众全方位的观察视角。在运动场上,记者关注到女运动员的各种表现,他们对女运动员英雄化的描绘,令人雌雄莫辨;但在非竞技的一面,他们又刻意展现女运动员的争奇斗艳或情绪起伏。此外,记者特别注意到女性在运动会上的参与率和角色地位,从全国运动会中,记者发现运动会让女性也拥有一片天。

对于离场后的运动员,记者一样穷追不舍,不仅留意性别差异,也比较地方属性,并试图从公、私领域挖掘女运动员的各种活动,即连离开学校而不再参赛的女运动员,也在记者的掌控中。这类新闻除了采用哗众取宠的方式报道,也刻意揭露运动员的秘辛,以满足观众偷窥的意图。其中,最让记者感兴趣的是明星运动员的新闻。有记者强调女运动员的运动技术或美好形象,试图建构教化典范;有记者却喜欢炒作她们的八卦新闻,或是失意的生活,带给运动员极大的困扰。不过,从另一方面看来,女运动员知名度也跟着提高,特别是被记者要求刊登签名照或题词的明星女运动员,虽然成为报刊的活广告,却也打响了自己的知名度。

除了女运动员，另一群令记者关注的是运动场边的观众。这群观众有不少是没有声音的，他们不会用笔墨表达自己的观感，他们的反应基本上靠记者的描绘；尽管记者也是观众之一，但他们关注女运动员之余，连带地把一般人很少注意的观众行为呈现出来，让我们可以从另一个视角，诠释当时人如何看待女子运动。透过记者的刻画，我们可以看到清末民初的观众席是男女分坐的，观众则是井然有序地观看运动会；1920年代之后的观众席，没有刻意区分男女，经常出现失序的状况。由于观众素质的不一，他们观赏运动会的重心不完全放在女运动员的运动技术上，而是别有居心。这种非自我陈述，是记者和摄影师听闻或观察到后反馈的观众心态，其实更贴近实际。

第五章　广告与艺术文化中的女子运动

除了报刊,商业广告与视觉、听觉等艺术文化作品也通过传媒,把女子运动带入人们的日常生活。虽然这些产品或创作所反映的时代背景、社会情境,大多取材自政令宣导或新闻报道,但创作者为深入人心,让一般大众都能心领神会,采用了浅显易懂的方式表达。本章将以广告、漫画、电影、歌曲为文本,观察这类型文化如何向大众宣传或诠释女子体育,和其他宣传有何不同,又如何把当时热闹非凡的运动竞赛带入商业广告与艺术文化中。

第一节　广告运动/运动广告

当报纸、杂志成为民众生活的一部分之后,精打细算的生意人,看准报刊的流通性,开始在报刊上刊登各式商品广告,这些经过设计的广告文案,成为促销商品的重要方式。《申报》是中国最早有广告的报纸，1872年创刊那年，该报就替商家刊登广告，第二年还出现带有药水图案的广告。① 随着报刊发行量的不断增加，清末民初的商业广告更有了着力点，它们行销的对象广及各行各业的消费大众，因此，广告的设计者不仅讲究文字与构图的美观、创意，也把流行文化、时代思想加入其中。当时倡导体育的宣传到处可见，运动员又是众人瞩目的对象，不少商业广告抓住大众的心理，把和体育运动有关的口号、人物放入广告文宣中，借此激发读者消费的兴趣。本节将以报刊的体育运动广告为文本，观察这批广告如何结合体育运动，采用了哪些文字和图案，而对女子运动又有何种意义。

一、与运动有关的广告

（一）体育用品广告

体育用品广告推销的是运动书籍和运动器材，因为适用于男女消费大众，所以没有性别上的强调，但广告的内容却五花八门。清末民初，"强国强种"的声浪此起彼伏，运动书的广告抢搭时髦列车，例如，商务印书馆在《教育杂志》刊登的广告，就以四个男童高举"强国强种"四个大字为图案，图案的下方写着"欲强国必先强种，欲强种必一般国民皆注重体育"，并注明该馆应时势需求，聘请海内专家编辑了数十种拳术书和体育书，最下端罗列了书名和

---

① 赵琛：《中国近代广告文化》，台北：台湾形象策略联盟，2002，第72页。

价格。①

图 49 体育书籍广告

而大东书局出版的一套《家庭体育用书》,则以"吃一年补药,不如练一月体育"的抢眼标题,呈现在《新家庭》这本刊物的广告栏中。②

至于运动用品的广告也别出心裁。"兄弟球鞋"以两位女球员抢球的景象,让读者一目了然。③ 专门贩卖运动用品的环球运动器具公司的广告,更是噱头十足,广告上,先出现"要养成强健的身

---

① 《教育杂志》,第 9 卷第 6 号,第 34 页。
② 《新家庭》,第 1 卷第 2 号(1931 年 2 月),未编页码。
③ 《兄弟球鞋》,《大晚报》,1933 年 5 月 14 日,第 4 版。

体,非'运动'不可！要挽救懦弱的中国,尤非'运动'不可!"这两段大标题,再以较小的字号说明,该公司是受这伟大的使命和应着时代的需要,实行"标准货品""经济价目",忠实地为运动界服务的。

每逢各大型运动会举办期间,厂商更是铆足劲头大力宣传自家的运动产品。例如,位在上海的中华书局,特别在第六届全国运动会会场附近,设置两个招待处,欢迎全国运动会的各省市选手及观众,前往参观该公司出产的运动用品；中华书局还把这项消息披露在《大晚报》的广告栏内,推销的意味相当浓厚。①

(二)医疗保健广告

运动竞赛需要有充沛的体力,不少厂商纷纷推出具有强身效果的产品,并以运动员为主打的对象。例如,到 21 世纪的当下,仍深受消费大众喜爱的"桂格麦片",早在 1920 年代,便标举该产品是运动员应该饮用的滋养品。当时桂格麦片的广告,画了一位左手拿网球拍、右手举着装了桂格麦片杯子的女性,女性的右侧写着"智力勇"三个大字,下方的细字是"此三种要素为各项运动求胜利者所必需,而此三要素乃来自每日一杯之'桂格麦片'"。② 除了通过报纸打广告,桂格麦片公司还在 1930 年全运会举办期间,送给各选手、指导员、裁判员优待券,凡是持有优待券的人,都可以到杭州青年会西餐部品尝一次免费的桂格麦片；这张券上还说明,桂格麦

---

① 《大晚报》,1935 年 10 月 10 日,特刊,第 3 张,第 1 版。
② 《申报》,1925 年 11 月 13 日,第 7 版。

片具有养生保健的功效。① 又如，国产的"蝴蝶牌卜〔葡〕萄汁"也强调："此汁功能补血强身，运动家无不乐饮之。"②

事实上，强身的广告不但提供给女运动员，也针对一般女性消费大众广泛宣传。这类广告通常附上女性正在运动的画面，借此强调产品的效能，从养身补药"威古龙丸"（Vigoron Tablets），即见一斑。③

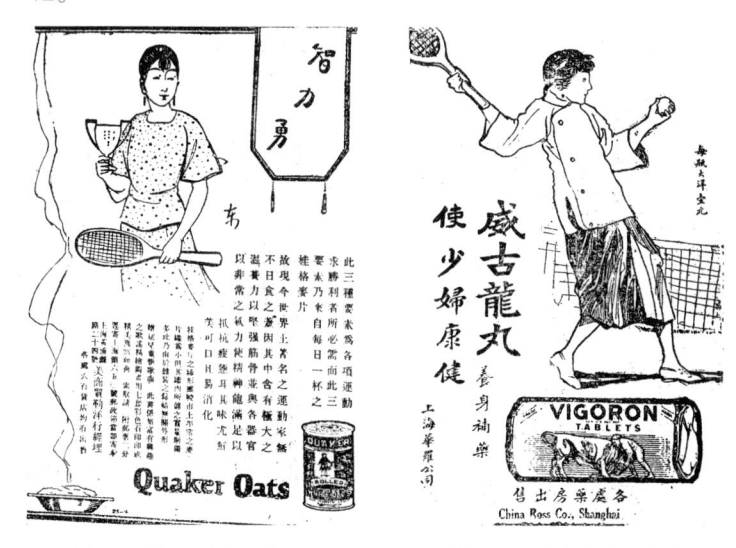

图50 "桂格麦片"广告　　　图51 "威古龙丸"广告

除了把女性运动当成广告图案，"健美"这个时尚词语也派上用场，厂商认为有养身补血效果的产品，有不少被套上"健美"或"健康美"的广告词。例如，上海科达西药厂标示着"要健而美的体

---

① 《推广外货》，"全国运动大会特刊"，第11号，《申报》，1930年4月11日，第12版。
② 《东华》，创刊号（1933年10月10日），第12页。
③ 《申报》，1922年5月23日，第11版。

格和增加体重请速服:'双虎牌'牛肉汁('Double Tigers' Meat Juice)"。① 其中,保健和药物的广告更离不开"健美"二字,与调经补血、促进内分泌或新陈代谢有关的"健美宝"、生殖素、"美奴宁",治疗皮肤病的"如意膏",养生补品"维他赐保命",分别通过广告或医生的介绍,强调它们具有增进健美的功能。②

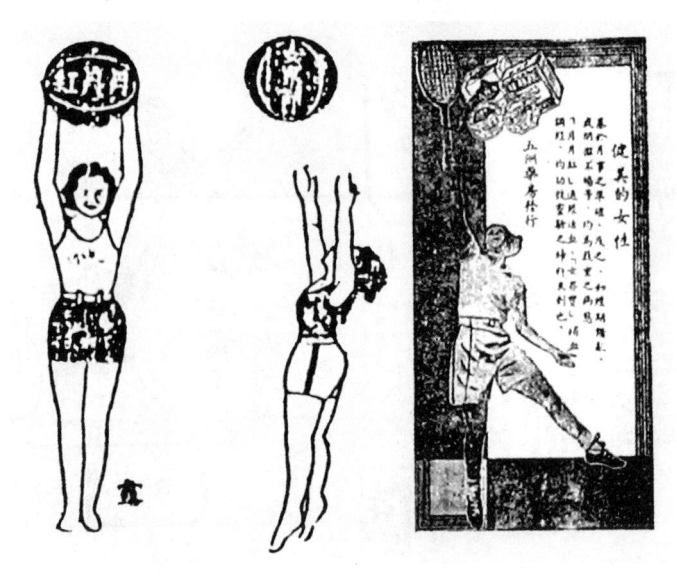

图52 "月月红"和"女界宝"广告

上海新亚药厂制造的"当归儿"广告,不但指出他们的产品是

---

① 《申报》,1932年10月10日,第7版。
② 《申报》,1938年3月6日,第1版;姚崇培:《女性的健美与幸福》,《申报》,1939年1月24日,第10版;詹念曾:《乳峰与女性健美》,《申报》,1938年12月18日,第16版;姚石年:《健康对于女子的终身问题》,"新家庭与卫生",《申报》,1936年8月14日,第17版;《良友》,第70期(1932年10月),第43页;《良友》,第119期(1936年8月),第17页。

能"增加妇女健美之最新药物"①,上面还排着四帧两江女子体专健身体操的照片,其用意相当明显。最费心思设计的是上海五洲药房的"月月红"和"女界宝"广告,该公司特别请专人撰写《健美的女性》宣传短文:

> ……成为一个健美的女性,并不是天生来就是健美的,她必须随时的修养锻炼,并且要随时克服自己体内的疾病,……譬如她是患月经秘[闭]结,或是经来涩少的,就应该购买通经活血的妙药"月月红"吃。她是患体虚血亏,或者是经水不调的,就应该购买滋阴补虚的圣剂"女界宝"吃,这样,就不难成为一个健美的女性。②

广告上,还附上穿着运动服掷球,以及手持网球拍挥舞的女性图像,而这些女性正是当时健美的象征。③

---

① 《健身新术》,《健康家庭》,第 3 期(1937 年 7 月),第 28 页。
② 明媚:《健美的女性》,《申报》,1937 年 2 月 4 日,本埠增刊,第 1 版。
③ 《健美的女性》,《时报》,1936 年 4 月 24 日,第 8 版。另外,五洲药房针对"女界宝",还做了如下宣传:"现时提倡女界体育,已为社会多数人所注意,如参加各种运动,都是对于她的体育上很有关系的,但健身除运动之外,滋补确亦重要。"《贡献四种名品》,《康健杂志》,第 3 卷第 9 期(1935 年 9 月),未编页码。

（三）养颜护肤广告

图53 "明星花露香水"广告

运动能为女性带来健康美,却免不了使肌肤受风吹日晒的伤害,许多女性因此拒绝运动。于是针对这一点,不少肌肤保养品的广告也抢攻运动市场，纷纷推出使人运动之后仍可保有动人容颜和肌肤的产品。

"明星花露香水"的广告，颇令人玩味。广告中央画着一瓶明星花露香水和一位跃入水中的女游泳选手，旁边的两行大标题是"世运女子游泳赛"和"杨秀琼各方瞩目"，内容为"杨女士每于泳罢，必以'明星花露香水'搽擦全身，施行皮肤清洁，故其肌肉发达健全，肤色甚美。是以'明星花露香水'，各界仕女，欲达健美目的，当常备一瓶，不仅泳罢已也"。广告的末端则醒目地横书"明星香水香水明星"。① 这则广告虽然没有采用杨秀琼的真人照片，却利用杨秀琼的知名度大打广告，和前章报刊把明星女运动员当活广告的手法，如出一辙。

除了香水，面霜广告最常与体育运动结合。例如，美商公司出产的"旁氏白玉霜"在《申报》刊登的广告中，画着一位正在打网球的女性，并以"最能保护肌肤，勿为风日尘埃所侵。常作户外运动者，更宜搽此霜，以得其益，不仅为美颜而已"为广告词。②

上海出产的永美牌"扁瓶霜"，也画着一位手持球拍的女性，广告词则是：

> 运动家每喜用永美牌"扁瓶霜"，盖以其能保护肌肤，不为风日所侵也。③

---

① 《世界女子游泳赛杨秀琼各方瞩目》，《时报》，1936年8月9日，第6版。
② 《申报》，1928年9月9日，第22版。
③ 《申报》，1931年10月10日，第20版。

"冷蝶霜"广告更以"学校生活与'冷蝶霜'之蜜〔密〕切关系"为标题,呈现四则图文,其中一则是正在跑步的女学生,广告设计者很有技巧地把"冷蝶霜"的用途,带进女学生的生活里:

> 野外运动,沙灰扑面,常呈黑气,胰皂洗涤不去者,可用多量"冷蝶霜"涂敷面部约二分钟,再用细毛巾擦去,面色明艳异常,终日不改(可代香皂)。①

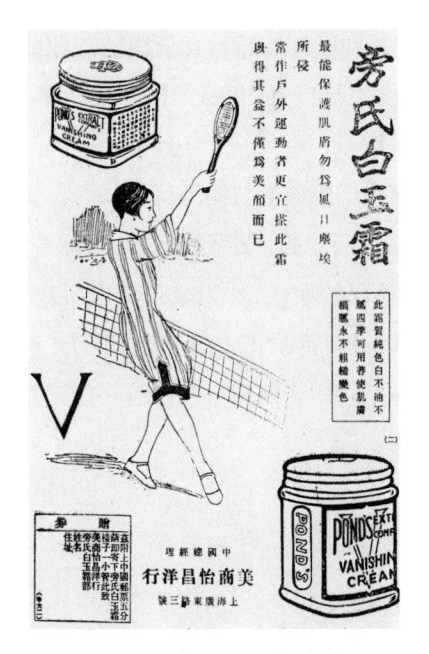

图54 "旁氏白玉霜"广告

---

① 《申报》,1935年1月18日,第11版。

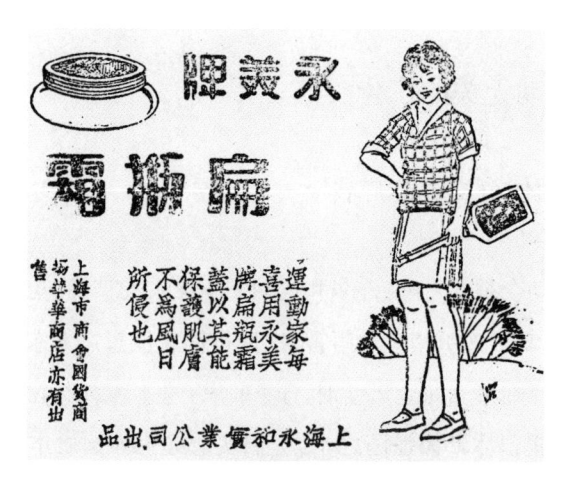

第五章　广告与艺术文化中的女子运动

图 55　"扁瓶霜"广告

图 56　"冷蝶霜"广告

二、与运动无关的广告

(一)运用体育文宣的广告

当运动会举办之际,许多和运动完全无关的产品,也借机大做广告,而且巧妙地引用运动语言,以博得读者注意。大东钢窗公司就刻意选择在第五届全运会时,于《东华》这本体育刊物中刊登广告,并以"提倡体育为强国之本,提倡实业亦为强国之本"为标题,内文却是:

> 本公司为国人创办之实业,与体育界更有密切之关系,正在新筑之中央大学、武汉大学、浙江大学所用钢窗,均由本公司承办。因体育界乃国家之智识分子,能鉴别本公司之出品确有胜人之处,故乐为采用。①

"皇后霜"的广告词,也牵强附会:

> 运动选手——如果没有健强的身段,难获胜利,皇后霜风行在各地,如果质地不佳,就无处立足。你要信仰,胜利是属于健强的运动员,你要信仰,能够使你满意的雪花是皇后霜。②

---

① 《提倡体育为强国之本,提倡实业亦为强国之本》,《东华》,创刊号,第12页。
② 《全国运动会今日在京开幕》,《大晚报》,1933年10月10日,第6张,第1版。

(二)利用运动图像做广告

1925年,杭州广生行出产的"双妹嚜超等牙膏""双妹嚜白鞋帽粉"的广告,画了一位站在网球场上手持网球拍的女性。她穿着黑色长袜,脚上是一双雪白的鞋子。图画的旁边,有一位称"湘君"的人题着:"运动队里不让男儿身手。"没有其他广告语,然后在画面的右上角和下方,才呈现该公司的产品。①

图57 "双妹嚜超等牙膏""双妹嚜白鞋帽粉"广告

---

① 《浙江民报画报》,第138号,1925年8月18日(武林印书馆铅印石印),未编页码。

而最有意思的是，出产拍照用的底片的公司也来插一脚。德国制的"矮克发"干片软片，以"拍网球"为题，说明网球运动最适合女性，并特别指出，采用该产品摄取拍球时的姿势，则"历年体质之增进，可罗列而供将来之参考"。①

图 58 "矮克发"干片软片

严格来说，这类产品虽然多以正在运动或摆出运动姿势的女性图像主打广告，广告的内容却不完全针对女性，这显然是为引起读者的兴趣所呈现的视觉效果。

此外，香烟广告也不落人后，向运动市场进攻，例如"使馆牌"

---

① 《申报》，1925 年 5 月 2 日，第 17 版。

的广告是"具有真实功夫者,人始敬之、慕之;于运动然,于香烟亦何独不然"。① "美丽牌"香烟则写着,"运动之后,体力衰疲,吸烟一枝〔支〕,其乐无比","网球既毕,吸烟一枝〔支〕,兴奋精神,乐而不倦"。② 这三则香烟广告上不是画着正在游泳的女性,便是画着男女二人拿着网球拍的图画。

从前述看来,广告不管与体育运动有无关联,几乎都循着一定的设计轨迹——既有经过巧思设计的广告词,也有以女性为模特儿的运动图像。③ 研究中国近代广告文化的赵琛认为,广告中散发的女性的青春气息和提倡体育运动,对当时女性的解放,起着不可忽视的感召作用。④ 不可否认,这批广告向读者展示着新女性的形象,就像白露(Tani E. Barlow)所说,她们是年轻的都会女性,具体体现近代中国的社会价值,也肩负着国家种族改良的任务。⑤ 但这类广告究竟感召了哪些人?因为当时能阅读报刊的,绝大多数是知识分子,所以广告影响的层面有可能只是这群人中的一部分。再者,阅读广告的人,关注的是什么?是广告的图案设计,还是产品的实际效果?

---

① 《盛名岂能幸致》,《大晚报》,1936年7月2日,第3版。
② 《美丽牌香烟》,《申报》,1932年10月8日,第1版;《美丽》,《大晚报》,1936年9月7日,第2版。
③ 事实上,也有广告图案以运动男性为模特儿,但这类型广告并不多,例如"华福麦乳精""兜安氏保肾丸"之类的广告,便以男性图像为主。参见《华福麦乳精》,《大晚报》,1934年9月16日,第5版;《大晚报》,1935年4月28日,第3版;《兜安氏保肾丸》,《勤奋体育月报》,第1卷第11期(1934年8月),第45页。
④ 赵琛:《中国近代广告文化》,第238页。
⑤ Tani F. Barlow, "Wanting Some: Commodity Desire and the Eugenic Modern Girl," in Mechthild Leutner and Nicola Spakowski, eds., *Women in China: The Republican Period in Historical Perspective* (Münster: LIT Verlag, 2005), pp. 331-333.

必须一提的是，这些广告引入"强国强种""健美""运动"等时尚语言，与这时代的政策宣导、社论、演说、短评、报道文章相互辉映，虽然最终的目的是促销商品，却有意或无意地把运动概念带给读者。另外，这些名词的过度商品化，甚至滥用的现象，反映了当时中国各行各业的民众喜欢赶搭时髦列车的心态，以至于到处出现牛头不对马嘴或五花八门的语言文化。

第二节　漫画女子运动/女子运动漫画

中国近代漫画在清末民初、"五四"运动时期进入发展高潮，只不过，清末民初还没有使用"漫画"这个名称，到1930年代，因漫画刊物陆续发行，漫画又进入空前的发展阶段。[①] 清末民初的漫画，布局较完整、复杂，标题之外，还有副题说明画作内容，与后来以简单线条或简短文字呈现的漫画相当不同；但无论如何，把社会新闻、日常生活的各种现象，作为漫画的题材，并以讽刺与幽默手法呈现，是近代以来中国多数漫画家的画风，阅读者不仅可会心粲然一笑，也可获得一些启示。

当时深入都会大众生活的女子运动，带给漫画家不少灵感，有人取材自新闻媒体的报道，有人亲身观察，还有人则是通过他人的描述，将运动的形形色色借由画笔传递给读者。这些画作虽然没

[①] 清末民初的漫画主要刊载在报纸和画报上，当时人们把这一类的画称为"讽刺画""讽喻画""寓意画""时画""谐画""笑画""滑稽画"。毕克官、黄远林：《中国漫画史》，北京：新华书店，1986，第16、85页。

有形成系列创作,但一定程度上反映了当时社会大众对女子体育、运动员乃至观众的各种写实观感,同时,也让我们能和前章记者笔下的报道相互检证。

一、运动会景象

清末民初的漫画作家,对女性读报、上学、演讲、外出逛街等传统所不曾有的活动特别有兴趣,画下不少这方面的场景,而女学生参与运动会的一幕,更被漫画家写实地勾勒出来,而且从北京到上海的画报,都不曾错过。① 例如,《京师教育画报》中的《开会志盛》,呈现了一群挽着发髻、穿着短袄长裙的北京女子师范学校学生,正鱼贯进入运动会场,参加秋季运动会。②

另外,培养女子体育教师的上海中国女子体操学校,经常向外界公开运动成果,因此,该校的每一次演出都深受大众重视,不但报刊媒体争相报道,漫画家也用他们的笔把该校采用军操的场景细腻地画出。例如,第二章提到,1909 年 11 月,中国女子体操学校举行创校后的第二次运动会,获得各报刊媒体好评,题为《中国女子体操学校开运动会》的这幅漫画,不但勾画了这一幕,画上的题

---

① 陈平原从晚清北京的画报中看到,女学兴起后,女学校的各种活动如何成为画家丰富的画材。参见陈平原《流动的风景与凝视的历史——晚清北京画报中的女学》,收入梅家玲主编:《文化启蒙与知识生产:跨领域的视野》,台北:麦田出版社,2006,第 15—80 页。
② 《开会志盛》,《京师教育画报》,第 168 期(民国初年),第 5 版。

图 59 开会志盛

词和媒体的报道也几乎完全吻合。①

至于《中国女子体操学校举行毕业》这幅画,更如实地呈现该校举行第一期毕业典礼时,学生在号角的伴奏下,持着木枪表演军操的一幕;在画中,还可以看到观众席上,坐着前来验收该校体操

---

① 画上面的题词是:"中国女子体操学校于前日下午二时,特开第二次运动会,男女来宾约千余人。所演各节,材料新颖,姿势正确。其中如第三部棍棒,三人三木环,木棒薙刀,及各种舞蹈,尤为特色。而各个教授法及学生试教他校成绩,二者态度精神,均臻完美。他日出而教授,于女子体育前途,当大有裨益也。"《中国女子体操学校开运动会》,《图画日报》,上海:上海古籍出版社,1999 重刊,第 105 号,第 10 页。

第五章　广告与艺术文化中的女子运动

图 60　中国女子体操学校开运动会

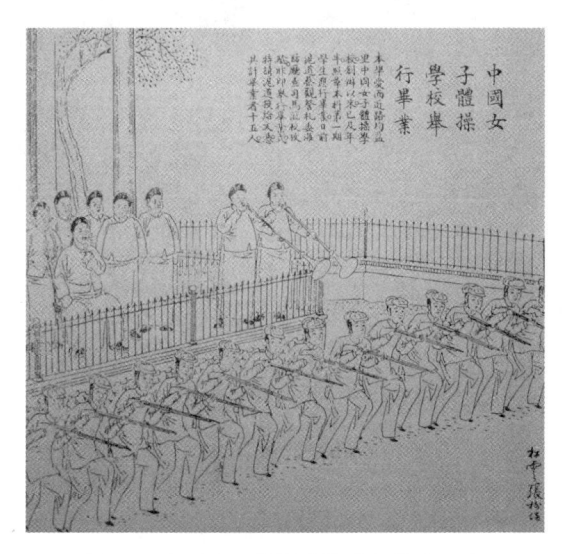

图 61　中国女子体操学校举行毕业汇演

成果的官员们。①

　　某次由青年会举办的运动会上,与会的女学校并不多,只有育贤和蓬莱两所,漫画家画下一群穿着长衫长裤的女学生,在做拉手环的舞蹈表演。但这幅漫画的标题竟然是《尚武精神》②,显示在军国民主义影响下,画家不只呈现女学生运动的实景,还把"尚武"二字广泛化。

图62　尚武精神

---

① 《中国女子体操学校举行毕业》,《图画日报》,第168号,第12页。
② 《尚武精神》,《图画日报》,第139号,第11页。

必须一提的是，上面这三张漫画中的器械体操、徒手体操及手牵手的围圈舞蹈，①和摄影家为女子体育留下的照片（本书第二章图6—图9）正可相互辉映，如实呈现清末民初女学生的运动形式。

1930年代，女子运动竞赛进入蓬勃时期，球赛活动更是此起彼伏，就如第三和第四章的叙述，当时无论校园或运动会里，都经常出现互不相让的争球场面，漫画家也巧妙地画出这些有趣画面。《争球的一幕》便画出女学生在球场上的你争我夺，其中一人正在掷球，另一人却猛扯她的裙子，不让她投掷，还有一人则跌坐在地。②

图63 争球的一幕

第一章提到，女运动员过度运动是否会影响女性气质或造成

---

① 也可参见游鉴明《近代中国女子的运动图像——1937年前的历史照片和漫画》，第19—33页。
② 《争球的一幕》，《号角》，第12期（1933年5月），未编页码。

身体变化的问题,曾引起不少争论;而漫画家允元以"女子体格将来的进化"为题,嘲讽地画出三种不同运动家过度运动的可能结果。例如,女跳舞家足部特别发达,女排球家两拳发达,女赛跑家则有双特长的腿。① 这夸张的表现方式,似乎与反对女性过度运动的言论桴鼓相应。

图 64　女子体格将来的进化

二、场外素描

前章提到记者对女运动员场外的百态,做了巨细靡遗的记载,

---

① 允元:《女子体格将来的进化》,《半角漫画》,第 74 期(1932 年 11 月),未编页码。

而且特别喜欢报道女运动选手上场前的涂脂抹粉,却很少提到男运动员也注重打扮。但女漫画家孙竦把这两种形象以对照方式呈现了出来:《她入场之前》画着一位女性运动员站在镜前,脚旁摆着一罐特大号"巴黎香水"的有趣画面;①另一幅《他入场之前》,则画着一位男运动员在头上抹油,脚边放的是一罐特写的"凡士林"油。② 这两幅极具讽刺性的漫画,令人不禁莞尔;从中还可以感受到这位女漫画家有意告诉读者,重视"门面"其实不是女运动员的专利,男运动员也不逊色。

图65 她入场之前　　图66 他入场之前

① 《她入场之前》,《体育周报》,第1卷第9期(1932年4月2日),第8页。
② 《他入场之前》,《体育周报》,第1卷第9期,第9页。

运动场内外

　　第六届全运会时,漫画家更不放过创作的机会,有的画家用素描方式画下场外实景。例如,《时代漫画》中的《全运会漫画快镜》,刊载了《体育馆前的女选手与鹄候在女宿舍门房内的男宾朋》《上操时马华(指马来西亚地区的华侨)女〔选〕手的阵容》《马华女选手服装三部曲》和《篮球场女选手的活跃》①等作品,从这些画作可以看出,当时素描家的表现不亚于摄影机的快门,读者也跟着身历其境。

图 67　体育馆前的女选手与鹄候在女宿舍门房内的男宾朋

---

① 《全运会漫画快镜》,《时代漫画》,第 22 期(1935 年 10 月),未编页码。

第五章 广告与艺术文化中的女子运动

图 68　上操时马华女选手的阵容

图 69　马华女选手服装三部曲

图 70　篮球场女选手的活跃

  女运动员竞赛成绩的进步与否,深受社会大众关注,参与国际运动会的选手能否为国争光,更受众人瞩目。1936 年,中国选手在奥运会惨败后,引发了不少批判,连漫画家也忍不住凑个热闹,通过笔去勾绘他们的想法。业余漫画家黄任之的《中国世运选手争光归国图》①,以既幽默又调侃的方式对迎接场面开了个玩笑。画的上方,是一艘巨大的远洋客船,码头上是熙来攘往的欢迎人群;有趣的是,站在船头上的运动员高举着一个巨型鸭蛋,正走下船的运动员则举了一个大桃,蛋和桃上都画了奥运五环图,表示运动员捧回的,不是胜利的奖杯,而是零分。②

---

① 《中国世运选手争光归国图》,《上海漫画》,第 5 期(1936 年 9 月),未编页码。
② 毕克官:《中国漫画史话》,天津:百花文艺出版社,2005,第 245 页。

图 71　中国世运选手争光归国图

三、观众的凝视

除了运动选手和运动会的工作人员,到运动场所的群众抱持的目的和心态,大体上可以归成两大类。

一类是纯粹的观众,主要意在观赏运动比赛,他们同时也对运动选手的技术或姿仪感兴趣。根据前章记者的报道,只要是有女性出场演出的球赛、游泳表演或运动会,总是吸引大批观众驻足围观,而漫画作家也掌握了这一点,尽力挥洒。从《民呼日报图画》刊载的《江苏南汇清华女学校运动会》这幅画,就能看到观众或坐或立的观看,几乎把演出的女学生团团包围。值得提出的是,这种井然有序的画面,只有在清末民初时可以看到,而且与前章记者的当场记述,互为呼应。

图72 江苏南汇清华女学校运动会

华君武擅长描绘人数众多、场面浩大的活动,1935年,他以流畅的线条、简练的造型,勾画出《网球赛》的有趣镜头。从画面中,我们看到男子的赛场空荡无人,女子赛场则万头攒动。作者还以幽默的对白相衬托:

裁判员问道:"你为甚〔什〕么不打下去了?!"

男球员回答:"他们都去看她们比赛了,我们有什么兴趣呢?"①

充分展现当时观众对观看女选手比赛的盎然兴趣。这张漫画也似乎提醒大家,女性不但改造自己的身体,还夺取了原属男性的光环,而在运动女性超越性别界限的过程中,观众扮演了重要的角色。

图73 网球赛

---

① 毕克官:《中国漫画史话》,第176—177页。

其实,有的观众看女运动员的表演,是别有用心的,就如前章所提。1932年,《体育周报》刊登的《观众的目光》这幅漫画,把观众偷窥的心态做了极具嘲讽的表现。虽然整个画面找不到观众,只有一位胸前写着"女"字、正在投掷篮球的女孩,但画中光圈焦点落在女孩腿部,观众目光所在已经不言而喻。①

图74 观众的目光

另一类群众,他们对运动比赛则没有太大的兴趣,纯粹是凑热

---

① 《观众的目光》,《体育周报》,第22期(1932年7月2日),第12页。

闹,运动在他们眼中,只是一种摩登的玩意儿,因此,来到运动场,他们不是借机出风头,便是寻觅异性。《大晚报》曾以游泳和打高尔夫球的两则漫画,讽刺上海小姐。在《游泳》这幅漫画中,上海小姐天一热便到游泳池,早上半天,在游泳池边找男友、喝可口可乐(Coca-Cola)、弹曼陀林(mandolin),或是看着男女泳客往池中跳,而她的泳衣却始终是干的。①《打考尔夫》的这张画旁,则写着:这位上海小姐每晚到跳舞场打考尔夫球,虽然她不觉得打考尔夫球有什么好玩,而且也自认球技不佳,但对她来讲,打考尔夫球另有意义,因为这是个"漂亮玩艺〔意〕",又可以"出风头"。②

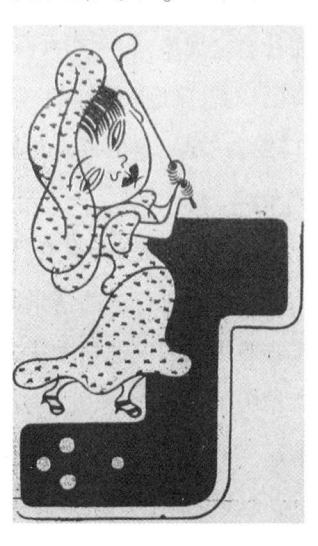

图 75　上海小姐:游泳　　　图 76　上海小姐:打考尔夫

---

① 《上海小姐:游泳(十五)》,《大晚报》,1935 年 6 月 15 日,第 6 版。
② 《上海小姐:打考而夫(十七)》,《大晚报》,1935 年 6 月 20 日,第 6 版。

四、运动走入民众生活

自从自行车在清末传入中国之后,除了女校运动会有自行车表演,骑自行车的风气也走入民间,在北京、上海等大城市,热爱骑车的不只有男性,也有女性。毕竟骑车的女性不多,因此许多画家紧抓住这新鲜素材,描绘出女性骑车的各种样子。

《图画日报》的《上海曲院之现象:金谷香尘走钿车》,以上海张家花园为背景,绘出两位金莲女孩骑自行车的图像。① 另一幅《上海社会之现象:妇女亦乘脚踏车之敏捷》,则画了六位少女群聚骑车的样貌,副题写着:"每当马路人迹略稀之地,时有女郎三五,试车飞行。"足见这时期女性骑自行车的风靡,甚至三寸金莲也喜爱骑车。②

更有趣的是,每有女性骑车过街,便引来围观者,当时文艺作家把女性骑自行车的情景写入小说中。《九尾龟》这部小说,描述了穿着尖头缎靴的妓女沈二宝有一回骑车逛马路,把路人的视线都给吸引住了,大伙儿跟着她忽东忽西,还有人拍手喝彩。③ 而类似这样的场景,也出现在漫画里。

《浅说画报》中的《自行车将来大兴》这幅画,就传神地画下这样一幕:画的两旁站着围观的群众,他们正在观赏一位戴着眼镜、

---

① 《上海曲院之现象:金谷香尘走钿车》,《图画日报》,第269号,第7页。
② 《上海社会之现象:妇女亦乘脚踏车之敏捷》,《图画日报》,第104号,第7页。
③ 《逐香尘游春驰绮陌,骋飞车奋勇捉瘟生》,见张春帆:《九尾龟》,收入王孝廉等编:《晚清小说大系》,台北:广雅出版有限公司,1984,第166回,第1049、1053页。

骑自行车上街的女性,原来画中的女主角是济南城市某户人家的姨太太,她正骑车前往凤鸣茶园看戏。① 有意思的是,画家借由这位姨太太向大众展示的眼镜、自行车,是当时最时髦的行头。

图77 上海社会之现象:妇女亦乘脚踏车之敏捷

① 《自行车将来大兴》,《浅说画报》,第903号,1911年6月17日(宣统三年五月廿一日),未编页码,收入《清末民初报刊图画集成续编》,第2册,北京:全国图书馆文献缩微复制中心,2003重刊,第595页。

图 78　自行车将来大兴

另一幅《女界特别现像〔象〕》呈现得更是趣味十足，画中一位年约二十岁的旗人妇女，双手握着车把、双足凌空倒钩，另一旁则站着一位男学生，像是在看特技表演，还鼓掌叫好。但从副题才得知，这位男学生的举动，引来骑车女性的痛斥，最后他只好讪讪然离去。①

到1920年代，骑自行车的女性越来越多，《浙江民报画报》的画家杨士猷，把在杭州西湖附近悠然自得骑车的女孩样貌画了下来，上面还有副题：

---

① 《女界特别现像〔象〕》，《北京白话画图日报》，第230号(1909年5月5日)，第2页。

第五章　广告与艺术文化中的女子运动

纤细蛮腰掌上身,自由车驾自由人,风驰电闪湖滨路,知尔回肠似转轮。①

和表演自行车特技的旗人妇女一样,在湖滨路骑车的女孩也是天足。这幅画的特色是,画中的车型款式和前三幅不同;而为这幅画题词的张然犀还套用当时流行的"自由"观念,让画中女孩沉浸在自由的氛围里。

图 79　女界特别现象

---

① 《浙江民报画报》,第 141 号,1916 年 12 月 19 日(武林印书馆铅印石印),未编页码。

图80　自由车驾自由人

在北方,女孩除了会骑自行车,还喜好溜冰,《北京报》就出现两名少女在溜冰场溜冰的图景,旁边还有男学生也在溜冰。① 这一幕不但画出女性外出运动,也告诉我们,男女界限已经不再泾渭分明。

---

① 《北京报》,宣统年间,第3张,未编页码。

第五章　广告与艺术文化中的女子运动

图81　跑冰场

在清末民初,不仅自行车受到注意,由团体表演的体操也引起民间妇女的兴趣。《北京白话画图日报》表示,有一天该报社的访客在北京的西直门大药局前听到两名旗人妇女大谈体操步伐,随即这两人就当街练起开步走,于是该社根据访客的描述,以"妇人研究体操"为题,画下了以下这个景象,副题还写着:"妇女都研究体操,中国的尚武,总该有进步了吧!"①

另外,《明眸皓腕》则画出缠足妇女打撞球的样貌。在这幅漫画中,除了服装不同,我们几乎很难区分这个场景和当今有何差别。

---

① 《北京白话画图日报》,第248号(1909年5月25日),第1页。

运动场内外

图 82　妇人研究体操

图 83　明眸皓腕

当运动成为都会女性的时尚文化,漫画家也巧妙地利用运动用品,勾勒出女性柔媚的姿态,给人赏心悦目的感受。《家庭周刊》指出:清末民初的女性虽然在体育场中的风头比不上1930年代,但在平津一带,还是可以看到运动时打扮的女性。随文画着一位时装妇女,短衣缠足,手持网球拍子,颇有妩媚模样,作者说明:"妩媚之中,流露一种雄健之气,倒也别致可羡。"①虽然画中的女性看来只是故作姿态,然而,该刊认为,运动在这时期已成为一种时髦玩意儿。

至于郭建英在1934年发表的《春之姿态美》这幅画,和上一幅画有异曲同工之妙,也是以悠闲女性为素材,但换成近代新女性持高尔夫球杆,做打球状。②

图84 手持网球拍的妇女

---

① 《家庭周刊》,第117期(1936年11月3日),第41页。
② 毕克官:《中国漫画史话》,第199页。

图 85　春之姿态美

第三节　电影、歌曲与女子运动

　　1930 年代,除了电影院上演外国人制作的体育影片,中国的电影公司也投入运动影片的制作,拍摄各种与女子体育有关的电影。有的影片只是放上几个教运动或做运动的镜头,有的影片是记录运动会的盛况,还有影片则以女子体育为题材。这一类影片究竟用何种手法表现女子体育,用什么文宣打动观众？观众或论者又怎么看待这类影片？影片是否发挥宣传效果？本节将借由观众和影评家的观点进行分析。另外,歌曲和电影都具有振奋人心的作用,不过,和电影制作、商品广告不同的是,倡导体育的歌曲主要来自学校或运动会,因此,这类歌曲深具教育意义。而这类歌曲是如何宣传体育观念的？是与体育政策桴鼓相应,还是另有发挥？此处将通过不同歌词内容来观察、诠释。

一、电影中的女子运动

(一)冠上"健美"的电影

在"健美"观念漫天飞扬的时代,无论国内还是国外的电影,都喜欢在片名中冠上"健美"这两个字。为了让影片有更好的卖点,就同前面提到的各类广告一样,电影院或电影公司在报纸上刊登的电影广告,也巧妙地夸大"健美"的意涵,以噱头十足的文宣让观众兴味十足。1933年,一部由苏联制作的纪录片《健美的女性》在中国上映后,轰动一时,连上海教育局局长潘公展也向女学生大力推荐,因此,这部片子吸引了上万的女性观众。但因为拍摄的方式和观众欣赏角度的不同,该片引起各种讨论。

图86 《健美的女性》电影广告

《三种不同的需要》一文指出,从这部片子可以看到,工厂女工工作一小时之后,就进行几分钟的深呼吸和柔软体操,以纾解她们的疲劳,作者认为这是值得憧憬的劳动妇女的生活。① 《评"健美的女性"》的作者也认为,和其他为营利而制作的影片比较,这部片子让观众受益匪浅;不过,在观赏这部影片时,他听到观众批评"这是实际上做不到的事情",作者颇有同感,并强调这只有在苏联那样的社会体制下,才有可能。② 另一些论者,则不从《健美的女性》

---

① 蕴素:《三种不同的需要》,《女青年月刊》,第13卷第6期,第47页。
② 李馥:《评"健美的女性"》,《申报》,1933年11月27日,本埠增刊,第5版。

的内容分析,而是针对该片采用的"曲线美""肉感"这类极具性诱惑的广告词,大发议论。① 其中,笔名"琼声"的作者在《"健美的女性"》一文中,曾借这部影片对被大众滥用的"健美"二字做犀利的批评,这部分已在第一章中讨论,此处不再赘述。

图 87 《健美运动》(*Search for Beauty*)电影广告

---

① 似云表示,这部片子上演之前,报纸便大为宣传:"什么曲线的肉感啦！什么丰美的乳峰啦！说得香艳之极。"似云:《看了"健美的女性"以后》,《北平晨报》,1934年3月12日,第7版;琼声:《"健美的女性"》,《申报》,1933年12月14日,本埠增刊,第2版。

1934年年初和年底，又有两部上映的影片将"健美"加入了片名，一部是美国影片公司制作的《健美运动》(Search for Beauty)，另一部是由国人自己制作的电影，也称作《健美运动》。虽然这两部电影出自不同国家，但电影院、制片公司和导演都刻意将健美运动商业化、色情化，因此引来挞伐的声浪。

在上海大光明戏院上演的美国片《健美运动》，把当时倡导女子体育的口号全都引用到报上的广告里，因此，读者只要翻看这部影片的广告，就会看到"强国先强种、强种先强身"，"请大家参加健美运动，一同回到大自然去！"，"有了康健的父母，……才有康健的子女"等字样；但另一方面，广告中又以更大的字体呈现"澈〔彻〕底的研究人体美"，"曲线美！肌肉美！健康美！"，"伟大新颖的体育艳情巨片"。光看这些广告词，相当符合时代需求和观众心理，但这究竟是什么样的片子？影评家凌鹤指出，这部电影的剧作家以"运动大众化"为借口，鼓励女性接受体育训练，不要空自羡慕女运动选手的体格，也反对以女性肉体为杂志题材，但剧作家自己却将影片中的体操美化成歌舞场面，使这部电影"仅仅是娱乐而空虚的作品"。①

1934年10月，《电影上的健美运动》一文提及，"健美"是一个再时髦不过的名词，但在电影上却没有人倡导健美运动。作者还表示，也许有人一见到"健美"二字，就会想到女人的大腿，但他不

---

① 凌鹤:《评"健美运动"Search for Beauty——大光明》，《申报》，1934年3月31日，本埠增刊，第5版；凌鹤：《影片"健美运动"评》，《体育评论》，第79期（1934年4月），第265页。

以为这有什么罪恶,只是见仁见智而已。① 不久之后,上海有声影片公司果真出产了《健美运动》这部片子,而且在上演前一日(11月15日),通过《申报》大做宣传。当天《申报》以一个整版刊登了这个广告,在整个版面上,除了"健美运动"这四个斗大的字格外抢眼,还醒目地列着六行说明:

> 含有伟大教育意义的少女艺术声白巨片
> 二百余健美的少女无邪地为艺术而显露色相
> 二百余健美的少女纯洁地为大众而表演健康
> 二百余健美的少女勇毅地为同性而作先驱
> 二百余健美的少女恳挚地为健美而作领导
> 借电影艺术的表演给不健美的女性一种强烈的突击②

翌日,上海《时报》也登出广告,宣传这部影片是国产影片中从未有过的伟大作品,片中"告诉女性们健美底必要,指示女性们怎能够健美",还有"现代健美女性的太阳浴,有现代女性的游泳运动及其它〔他〕运动"。③

把这两则广告和美国《健美运动》的广告相较,国片在"健美"这两个字上的着墨,也不遑多让,既具教育性,又引人无限遐想。其实,这部片子是以一位在电台主讲"健美运动"的女记者为引子的,试图通过女记者的讲解让社会大众知道,要挽救国家民族,必

---

① 伽倩:《电影上的健美运动》,《申报》,1934年10月4日,本埠增刊,第5版。
② 《申报》,1934年11月15日,第1版。
③ 《时报》,1934年11月16日,第7版。

须把健美运动当作女性的中心问题。① 然而,无论是影评人凌鹤还是观众雅非、费念祖,看了这部影片之后,对其都不十分认同,特别是对影片展现的酥胸、大腿深为不满。费念祖指出,虽然导演以原始、封建、资本三个时代为主体,但影片的有些部分却不够真实。

图88 《健美运动》(上海有声影片公司出产)电影广告

---

① 中国电影资料馆编:《中国影片大典:故事片、戏曲片(1931—1949.9)》,北京:中国电影出版社,2005,第118页。

同时,全片结构松散,是以零碎的段落凑合而成的;在这个片子中,观众看到的"只有少女的大腿,和几幕运动,如东南和两江的几幕运动表演"。①

换言之,这些标榜"健美"的教育影片,在社会大众的眼里,有流于色相、肉感的倾向,无法真正呈现健美的真谛。

---

① 除了费念祖,凌鹤和雅非的看法也大同小异。参见《评"健美运动"》,《申报》,1934年11月17日,本埠增刊,第9版;雅非:《"健美运动"我见》,《申报》,1934年11月19日,本埠增刊,第5版;费念祖:《"健美运动"我评》,《申报》,1934年11月21日,本埠增刊,第9版。

(二) 反映问题的女子体育电影

图89 《体育皇后》电影广告

事实上,1934年,还有一部轰动全国的体育电影《体育皇后》,这是由联华影业公司制作,孙瑜导演,黎莉莉和张翼主演的电影,这部电影给了沉醉在锦标头衔中的女运动员当头棒喝。① 和前面的影片相较,《体育皇后》虽然不免有瑕疵,但普遍受到观众和影评人的肯定,他们一致认为这部片子最难能可贵的是,讽刺锦标主义,注重运动的普遍化和大众化。②

和前述影片一样,《体育皇后》的各种文宣也采用当时的流行话语,"充满着健美思想""隐藏着摩登意味""扬尚武之精神""新生活运动的先锋队"等等,③告诉观众体育既健美又摩登,同时也合乎尚武和新生活运动的精神。虽然这部影片的剧情是虚构的,但片中的内景和外景多半就地取材,写实拍出女子体专学生上课的情景、宿舍的生活,以及第五届全运会的场景,让观众能深入其境。④ 前章提到女运动员热衷打毛线和共浴的情景,都可以在这部片子中找到。

---

① 该片叙述主角林璎出生在乡间的富裕家庭,长大后,被送到城里的体育学校读书,不久被老师发现她在短跑上的潜能,经过训练,林璎成了体育场上的高手。在一次全国性比赛中,她连续创造了五十米、一百米、二百米赛跑的新纪录,一时间,各大报纸不断地吹捧她,又有号称"运动家"的人主动追求她。此后,她经常参加各种应酬,面对这突如其来的生活,她有些骄傲自满,成绩也开始下降。在教练的帮助下,她终于醒悟,又取得了新的成绩。然而,当她在一场全国运动会中,看到同学秋华为了和她争取后冠带病参赛竟致猝死的一幕时,她深受刺激。原本她准备退出比赛,最后教练要她表现运动家有始有终的精神,她才勉为其难完成比赛。结束比赛后,她决定献身于发扬体育运动的工作,不再参赛。
② 凌鹤:《评"体育皇后"》,《申报》,1934 年 4 月 15 日,本埠增刊,第 9 版;罗浮:《其二》,《申报》,1934 年 4 月 15 日,本埠增刊,第 9 版;慎:《体育皇后简评》,《北平晨报》,1934 年 5 月 8 日,第 7 版。
③ 这类文宣分别来自《申报》,1934 年 5 月 5 日,第 7 版,以及《申报》,1934 年 5 月 8 日,第 7 版。
④ 例如,1933 年 11 月 26 日,联华影业公司假交通大学拍摄该片,围观者人山人海。参见《玲珑》,第 3 卷第 44 号(1933 年 12 月 13 日),第 2482 页。

图 90 《体育皇后》的片段

图 91 《小玩意》的片段

女主角黎莉莉的秀丽脸庞、健美身材也让观众印象深刻,因此这部影片在上海上映后十分卖座,女主角黎莉莉不仅一炮而红,还被视为运动员。其实早在1933年的片子《小玩意》中,黎莉莉就曾扮演一位擅长运动的女孩,教导贫困儿童做体操。之后,她经常以运动员的姿态,现身各种运动场合,学生们一看到黎莉莉,便抢着和她合照或要求签名,她的魅力不输给真正的运动明星。《玲珑》曾刊登她和光华女中学生们的合照;《时报》的影剧版则描写刊登黎莉莉穿着画有"10号"的球衣,和南洋高商的篮球队一道出现在大夏大学球场上的一幕,当时她以前锋的角色在球场上跑跳,引起该校学生的围观,学生还热烈地为她打气。① 到《体育皇后》演出后,黎莉莉更是声名大噪,在第六届全运会中,甚至连参赛的女运动员也仰慕她,和她交换签名,就如前章所提到的。

图92 黎莉莉(中坐者)与光华女中学生合照

不过,值得一提的是,《体育皇后》这部片子固然是对当时过热的"锦标主义"提出批评,但"体育皇后"的头衔并没有因为这部片子而消失,仍持续受到各界重视。1935年,上海体育书报社与中国

---

① 俊:《黎莉莉在大夏表现篮球》,《时报》,1933年11月13日,第2版。

华美烟公司以提倡女子体育及健美体格为由,发起选举"中国运动皇后"的活动,并在上海体育书报社出版的《女运动员》刊登启事,上面说明获得候选资格需要满足三个条件,即体格健美、成绩优良、运动精神高尚,并指出凡自 1930 年参加杭州全国运动会以来的著名女运动员都有被选资格。这则启事还表示,选举结果将于 6 月 1 日在上海各日报体育栏公布。① 然而,翻遍当年 6 月 1 日前后的各大报纸,笔者都不曾找到任何与这项选举有关的讯息,这项选举活动到底有没有举行,不得而知。

二、歌曲反映的体育意涵

(一)运动歌曲

早期编写体育歌曲的作者,以学校男童作为编写的对象。例如,有"学堂乐歌之父"美名的沈心工,留学日本时,曾在 1902 年(光绪二十八年)创作了《体操》(辛亥革命后改名为《男儿第一志气高》)这首歌。② 当时军国民主义盛行,《体操》的歌词洋溢着"尚武"意识:

> 男儿第一志气高,年纪不妨小。哥哥弟弟手相招,来做兵队操。兵官拿着指挥刀,小兵放枪炮。龙旗一面飘飘,铜鼓咚咚咚咚敲。一操再操日日操,操到身体好。将来打仗立功劳,

---

① 裴顺元、沈镇潮编:《女运动员》,未编页码。
② 钱仁康:《学堂乐歌考源》,上海:上海音乐出版社,2001,第 1 页。

男儿志气高。①

1906年,由俞粲作词的《运动》,也鼓励男童从运动中变成英雄:

> 运动,运动,广场一片中。跳高,跳远,自西而徂东。课余时踢球,赛跑惟我从。少年学生,学生少年,个个称英雄。②

同一年,由李叔同填词的《春郊赛跑》,同样为学堂男童编写,只不过没有带入"尚武"精神:

> 跑!跑!跑!看是谁先到。杨柳青青,桃花带笑。万物皆春,男儿年少。跑!跑!跑!跑!跑!锦标夺得了。③

当女学生开始参与原属于男学生的运动会时,作词者又如何编写适用于男女学生的运动会歌?1916年,浙江中等学校举办第一次联合运动会,从运动会的会歌可以看到,歌词中没有凸显性别的只字片语,而是注重运动身体和国家的关系:

> 世事苍茫,变态新,强弱应有定,一国之本在一身,锻炼胜

---

① 钱仁康:《学堂乐歌考源》,第1—2页。
② 这首歌的填写方式仿照沈心工《燕燕》歌的句式,收入无锡城南公学堂编:《学校唱歌集》,上海:文明书局,1906;钱仁康:《学堂乐歌考源》,第93页。
③ 这首歌刊登于《音乐小杂志》上,原曲为德国乐曲《木马》。陈净野:《从〈国学唱歌集〉到〈音乐小杂志〉——李叔同音乐事业的起步与升华》,《浙江树人大学学报》,第6卷第6期(2006年11月),第130页。

天演。中坚何人是中等国民,吾曹努力振精神,兴兴兴。①

到第二次联合运动会召开时,会歌的编写方式和前次相比没有太大的变化,除了在运动会的训词中强调"尚武"的精神,还指出联合运动会有两个主旨,即"以觇国民尚武之精神"和"以征体育发达之成绩"。② 运动会的会歌是:

春风和煦,春日开明,精神百倍生;广场如砥,碧草如茵,嘉会前岁赓;鼖鼓轩舞振国魂,江潮遥助声,发扬武德合大群,同为君子争。③

其中"振国魂""发扬武德"的歌词,都和"尚武"有关。

1920年代之后,虽然"尚武"不再是流行话语,但在大型运动会会歌中,仍不时出现"尚武"的字样,或者强调运动是为了民族国家的歌词。例如,1930年,胡适为远东运动会的中国选手写的《健儿歌》,便提到祖国的光荣要健儿们担待:

健儿们,大家上前!只一人第一,要个个争先。胜固然可喜,败也要欣然。健儿们,大家上前!健儿们,大家齐来!祖

---

① 《浙江中等学校第一次联合运动会歌》,收入《浙江中等学校第一次联合运动会会场纪要》,第3页。
② 编者不详:《浙江中等学校第二次联合运动会报告》,出版地、机构不详,1918,第2页。
③ 编者不详:《浙江中等学校第二次联合运动会报告》,第64页。

国的光荣,要我们担戴〔待〕! 要光荣的胜,要光荣的败! 健儿们,大家齐来!①

而第五届全运会召开时,因为东北沦陷,为发扬民族精神,不仅运动会的贵宾演讲强调"体育救国"的观念,由刘清荣作歌、赵元任作谱的《全国运动会歌》也充满民族大义,而且放入"尚武"的字样:

> 大会皇皇,多士跄跄! 谁得了锦标来,便博得万人奖。
> 健儿们! 健儿们! 澈始澈终图精强,
> 大家向上! 向上! 向上! (向上向上!)胜败虽在一时,关键却在平常。胜败虽在一时,关键却在平常。
> 举止堂堂,眉宇扬扬! 得胜了虽可喜,败也决不颓丧。
> 健儿们! 健儿们! 有勇有德,知礼知方,
> 大家欢畅! 欢畅! 欢畅! (欢畅欢畅!)发扬尚武精神,增进民族健康。发扬尚武精神,增进民族健康。②

大会还将《全国运动会歌》分送各校,要求各省、市学校练习歌唱。而这首会歌在第六届全运会时仍被沿用。

全国运动会具有启迪国人爱国意识的用意,在会歌的编写上很难摆脱国族概念,地方运动会的会歌也不乏这种类型。1937 年,

---

① 《健儿歌》,《现代学生》,创刊号(1930 年 10 月),未编页码。
② 《全国运动会歌》,《体育周报》,第 2 卷第 14 期(1933 年 5 月 13 日),第 19 页;刘清荣作歌,赵元任作谱:《全国运动大会歌》,收入第六届全国运动大会筹备委员会编:《第六届全国运动大会报告》,第 6 页。

由柯酉生作词的浙江第五届省运动会会歌,还是不离体育救国:

> 绚烂湖光,烘染出初夏时候,有多少青年男女,一个个精神抖擞,莫辜负!快把铜筋铁肋,齐来炼〔练〕就。问今日赤县神州山河无恙否?复旧物,还金瓯,要凭健儿身手,壮哉奋斗!猛哉貔貅!愿他年请缨长征,与子同仇。①

不过,和全运会相较,地方运动会的会歌多半不太局限,填词者可以有较多的挥洒空间。例如,1934年浙江杭县的第一届全县运动会会歌,倡导的是身体强健的观念,没有和"尚武"或国家勾连:

> 来来来来!参加运动大会,来来来来!参加运动大会,来啊!杭县民众,杭县学生,快来参加运动会!健儿身手,齐集运动广场,健儿身手,齐集运动广场。愿我杭县民众,杭县学生,努力运动身体强。②

(二)女子运动歌曲

1902年,沈心工为男童编写的《体操》,算是最早的学堂体育歌

---

① 《浙江全省运动会歌》,收入《浙江省第五届全省运动会大会秩序册》,出版地、机构不详,1937,未编页码。
② 《运动会歌》,"杭县第一届全县运动会"专号,《浙江体育月刊》,第11期(1934年7月),第30页。

曲。① 而随着女子学校的设置,清末也有专为女童编写的运动歌曲,沈心工作词的《女子体操》(又名《体操》),就是以女性为对象的。作者在这首歌曲中,强烈表达出女性追求知识和身体强健的自主意识,②也反映了当时"强国强种"的思潮:

> 娇娇这个好名词,决计我们不要。我既要我学问好,我又要我身体好。操操二十世纪中,我辈也英豪。
> 娇娇这个好名词,决计我们不要。弗怕白人那样高,弗忧黄人那样小。操操二十世纪中,我辈也英豪。
> 娇娇这个好名词,决计我们不要。我头顶天天起高,我脚立地地不摇。操操二十世纪中,我辈也英豪。③

事实上,受军国民主义教育的影响,清末民初女学校的校园歌曲到处看得到"尚武""强种"的凿痕,爱国和务本这两所女校的《女学生入学歌》一开头便写着"二十世纪女学生,愿为新国民",女国民的形象是"愿巾帼、凌须眉""励志愿作女英雄",体育课的情境

---

① 钱仁康:《学堂乐歌考源》,第1页。
② 张江义:《从女子学堂乐歌看知识女性主体意识的唤醒》,《中华女子学院山东分院学报》,第77期(2007年4月),第52页。
③ 张江义:《从女子学堂乐歌看知识女性主体意识的唤醒》,《中华女子学院山东分院学报》,第77期,第52页。

和精神则是"斯巴达魂今来飨,活泼地,女学堂"。① 也因此,1905年,务本女校为该校运动会编写的两首歌,充分表现出超越性别的意图。名为《运动歌》的这首写着:

> 来来来来!快快快快!快来运动会。草地一色旗五采〔彩〕,日暖微风吹。军乐洋洋歌慷慨,精神添百倍。请合大众同一赛,快来快来快快来!②

而另一首则是:

> 江南花飞满城,时光又是春深,薰风丽日;芳草碧阴〔茵〕,当此良辰盛会,重行强国,莫如尚武。勿言巾帼无人,唤醒同胞,大家努力,着鞭猛向前程。③

另外,十分注重体育的女子蚕桑学校,1915年编制的《女子蚕校同学体育团歌》也鼓励学生当个英雌:

---

① 《学校唱歌:运动歌》,"文苑",《女子世界》,第1期,第56页。吹万的《女子唱歌》也写道:"体育发达裙钗选,有用之材〔才〕骤增半,种既强壮身又健,后生个个皆好汉,全球都惊羡。"天梅的《女子唱歌》则是:"勤操练强体力,勤学问明公德,我虽女子亦衣食,同为国民宜爱国,当兵是天职,辞之不得。"以上参见吹万《女子唱歌》,"文苑",《女子世界》,第3期,第59页;天梅《女子唱歌》,"文苑",《觉民》,第1—5期合本(1903—1904),第3页。
② 《学校唱歌:运动歌》,"文苑",《女子世界》,第1期,第55页。
③ 《纪务本女塾运动会》,《申报》,1906年5月20日,第17版。

第五章　广告与艺术文化中的女子运动

二十世纪运动场,竞富又争强,救贫救弱岂无方,责任在吾党,操吾业兮蚕桑,炼吾身兮金刚,嫘祖功德莫相忘,木兰志愿何日偿?同学同学,快把体育来提倡,二十世纪运动场,诸姐妹莫退让。洗去脂粉面,来换武军装,雄纠纠〔赳赳〕,气昂昂,娘子军堂堂。巩吾团兮如砥,与吾校兮同芳,愿开来继往,无怠更无荒。①

值得一提的是,效仿古代巾帼英雄花木兰、梁红玉、沈云英等人的论调,不但出现在清末民初倡导女子体育的言论或歌曲中,连1920和1930年代运动会歌的歌词也一再套用。例如1923年,北京女子高等师范附属中学校的《运动会歌》,便以花木兰、秦良玉为典范:

美德争言娇与柔,以此为美宁不羞。吾侪自有好身手,不能自强谁代谋。大家努力休落后,木兰良玉亦女流,须奋斗兮须奋斗,莫将此会等嬉游!

切勿踟蹰勿夷犹,莫将此会等嬉游!技击舞蹈与竞走,网球篮球大将球,各种技能须并奏,请看谁占第一筹。须奋斗兮须奋斗,弱者自劣强者优。②

1937年,厦门毓德女中的《春季运动会歌》,也鼓励学生超越花木兰、沈云英,而且歌曲中充满尚武色彩:

---

① 《女子蚕校同学体育团歌》,《中华妇女界》,第1卷第6期(1915年6月),第2页。
② 《运动会歌》,《辟才杂志》,第2号(1923年6月),第149页。

> 我是中华女国民,亦为毓德女学生,我爱国不减花木兰,我杀敌不让沈云英。我练体魄,我锻精神,田赛径赛件件能。篮球比赛龙虎争,排球比赛雷电轰,网球垒球捷且灵,抛枪掷饼锐而精,跳高跳远势飞腾,长途赛跑兮更奋兴。具此技术,何怕外侮频!看我雪耻争光荣。①

总的来说,在1920和1930年代,学校的运动歌曲仍是以强身保国激励女子运动,而且运动必须是全方位的练习,从田赛、径赛、球类运动到传统武术,样样都得学习。

小　结

随着各种运动竞赛的热烈展开,女子体育渐渐成为都会的流行文化。鼓励女性运动的宣传,不限于政府文宣或大众舆论,与民众日常生活相关的消费文化、艺术文化,也追逐着这股新潮流,创作者巧妙地把与女子体育有关的概念或流行语汇,运用在他们的产品或作品上,也让消费大众或读者领略到女子运动无处不在。而从另一个角度看,他们也是在以社会大众的视角,诠释他们所认知的女子体育。

商业广告主要经由文字和图案,与女子运动挂钩:有的广告是

---

① 《廿六年春季运动会歌》,《毓德校刊》,第47期(1937年5月),第15页。

为运动而宣传的,例如体育用品、医疗保健、养颜护肤这类产品;有的广告套上的运动词汇或图像,与产品本身完全无关。体育广告的设计,除了喜用"强国保种"或"健康美"的套语,还多以运动中的女性图片为插图,显示广告对时尚是相当敏锐的。和广告不同的是,漫画也掌握社会新趋向,却不带商业目的,而是透过艺术家的笔,反映运动的各种面向。他们取材于社会新闻或平日见闻,以既幽默又讽刺的画法,将人们引入体育世界,而有些画作同摄影机拍摄的写真照片相比,几可乱真。

为引起观众的兴趣,具有教育和商业性质的电影业,更懂得把流行文化放进电影中,在体育竞赛触目可及的1930年代,以体育为题材的国内外电影陆续上演。无论电影广告还是影片内容,都大量套用"健美"这个观念或语词,但因为过度延伸和滥用,给人流于卖弄色相的感受,引起批评。其中反映运动问题的《体育皇后》,倒是传递了正确的体育观,片中的女主角也因此爆红,甚至成为女子运动的代言人。

歌曲和电影一样,都在振奋人心,但体育歌曲主要是为学校或运动会而创作的,强调的是运动的功能,多用"强国""保身"等词语,鼓励女子运动,而不是以噱头取胜。

第六章 社会大众品评下的女子运动竞赛

经由舆论、学校政策和学生自治组织三方面的倡导,女子运动竞赛体现了女子体育的具体成果;而从新闻报道、广告和艺术文化中,也确实可以看到女子运动如何受到注意。只不过这些资料呈现的女子运动竞赛,基本上是反映现象的,较少做进一步评论或分析,但这并不表示社会大众对女子运动仅是接受,没有评断,因为在社会大众撰写的文章中,其实留下许多对女子运动竞赛的各种意见。本章将选择与前面章节相关的议题进行分析。首先,在《众声喧哗的女子体育观》这章中,倡导女子体育的论调,大致环绕着尚武观念、国族意识或健康美展开。当女性参与运动竞赛后,在大众眼中,女子竞赛是否与这类言论互相呼应?此中又蕴涵着何种意义?其次,运动大会的举办原本就很难十全十美,甚至可能漏洞百出,社会大众在运动竞赛中究竟看到些什么问题?为避免流于琐细,我特别着眼于争议性较高的部分,分成五节探究。本章除了以女子竞赛、女运动员为主轴,还会一并讨论不完全针对女性但与女子运动有关的一些论点。

第一节　女性参与运动竞赛的意义

当受过体能训练的女学生,在运动大会展示她们的运动技术时,社会大众除了用不同角度去观赏,也会针对女性参与运动竞赛究竟有何种意义提出看法。有一部分舆论,把女运动员的表现很自然地归诸尚武精神与民族情操,与倡导尚武和民族主义的体育目的紧密结合。事实上,从这样的论调中,看不出女子运动和男子运动的差异,因为不管男性或女性参与运动,都是在响应当时的国族意识。另一部分舆论则把女性运动的意义放在对女性的影响上,凸显运动和女性特质的关系。

一、体现尚武观念和民族精神

"尚武"的体育观在清末民初广泛流传后,许多人在描写女子运动会时也一再套用,在第四章中,就可以看到记者如何诠释女子运动的"尚武"精神。有意思的是,运动会的联语也不乏"不让须眉"的"尚武"体育观。1916年,江苏省立第二女子师范学校的运动会以"莫侈谈巾帼英雄,惟是贤母良妻,军国民攸资教育,何渠让男儿身手,试看争优竞胜,女同胞也有精神","而今世界日新,休说重男轻女,从此国民尚武,不难转弱为强"等点缀整个会场。①

就在各省市纷纷举办运动会之后,一本1918年出版的图书《详注女子高等尺牍》中,便出现《约观运动会》的范文。有趣的是,这个范文除了鼓励女性邀约朋友观赏运动会,还把古人的踢球、拔河视为作战,而不是游戏:

> 地拓三弓,旗扬五色,趁春秋之佳日,赛龙马之精神,亦乐事也。敝校择于某日,举行秋季运动,绳戏、千秋,讵有飞升之术,场登傀儡,聊尽宾主之欢。在昔蹴球、练球,实开作战之先声,角力、拔河亦属分朋之前例,非徒资为游戏,借以卫生也。倘荷贲临,偕嘉宾而戾止,当倚佣仆,三径以相迎。②

再进一步阅读女学生的作文,发现其也不脱"尚武"精神。江苏省立第二女子师范附属高等一年级学生金蓉秀的《本校运动会记》一文,便写着:

> 良玉卫国,木兰代父,古之女子,武勇若是,今运动一举,吾侪岂可免哉?③

---

① 宋继兰:《记本校第二次运动会会场之布置》,"记载",《江苏省立第二女子师范学校校友汇刊》,第2期(1916年7月),第18—20页。另,1916年11月,该校的第三次运动会会场亦有"数备作军国民模范,女英雄吾辈莫轻夸"的联语。见《本校第三次运动会场联语》,"杂俎",《江苏省立第二女子师范学校校友汇刊》,第3期(1916年11月),第32页。
② 刘绮著,夏静志注:《详注女子高等尺牍》,上海:上海小说丛报社,1918,第24页。
③ 金蓉秀:《本校运动会记》,收入雷君彦编:《女学国文成绩》(又称《最新女学国文成绩选粹》),上海:扫叶山房,1916石印,第5卷,第30—31页。

同样地,直隶女学校高等二年级生刘珊如参观直隶第二师范学校运动会时,看到初级幼童的表演有秩序不紊乱,不禁赞美道:

> 且有尚武之精神,余不禁贺之羡之,所羡者学校之完备也,所贺者国家之前途也。异日国家有事,定能执干戈以卫社稷,始不愧国家设立学校之意也。①

"尚武"在1920年代和1930年代仍是人们喜欢引用的词语。1923年,爱国女学校与东亚体专在公共体育场举办联合运动会时,东亚体专是展示田径赛和器械运动,爱国女学校是展示柔软运动、游戏和舞蹈。② 爱国女学校学生李思石对该校体育科同学的表现相当敬佩,回复友人信函时,以"尚武气概"赞美道:

> 即以敝校体育科同学言之,凡登场诸君,人人体魄强壮,精神活泼,一种尚武气概,不得不令人畏服。③

1931年《女光》周刊刊登一帧两江女子体专两位女学生"对打"的

---

① 刘珊如:《参观直隶第二师范运动会记》,收入雷君彦编:《女学国文成绩》,第5卷,第31页。
② 陆凤笙:《二十二周纪念运动会志盛》,"初中二年文汇",《爱国女学校年刊》,第1期,第32—33页。
③ 李思石:《有友问运动会状况书以答之》,"高中文汇",《爱国女学校年刊》,第1期,第22页。

照片,竟然也以"尚武精神"为标题。①

女性在运动竞赛上的表现,不但被"尚武"这两个字紧紧地包围,也成为民族精神的最佳表征。1915年,江苏省举办省立学校第二次联合运动会,署名"幻龙"的作者曾得意地指出:"女子行进游技,进步神速,外人亦为惊叹,加以火候,必能与外洋女学角胜。"②这种论调,在各种球类比赛和运动大会频繁举办的1920年代后期,更不时出现在媒体上,特别是和外国运动选手角逐时。例如,上海西侨青年会体育馆落成,"西青篮球会""西青女子篮球会"和"西青排球会"又陆续成立后,③由西青定期举办的中西篮、排球邀请赛,引起各界注意。对中国人来说,中国代表队能否打败西洋代表队,是很重要的事。当1929年12月西青女子篮球赛中,强南队以20比15的战绩击败西青女队时,各大报纸争相报道这项喜讯,因为这是该会成立以来,华人球队首次得胜,其中《申报》更以"中国女子尚武可庆"的标题,向读者传递这则消息。④ 1930年,孙桂云虽然在远东运动会败北,但参赛前各大媒体无不大肆宣扬,笔名"丹翁"的诗人还以"远东谁得似,女杰在中华"称颂孙桂云。⑤

至于每届全国运动会的召开,都与发挥"中华民族"精神画上等号,不只是大会的演讲者反复提出,参观运动会的人也这么认知。以1935年在上海举行的全运会为例,虽然两年前在南京举行

---

① 《尚武精神》,《女光》,第1卷第7期(1930年2月16日),第50页。
② 幻龙:《其二》,"特别记事",《教育杂志》,第7卷第12号,第93—96页。
③ 这些篮球会由青年会体育部发起,"西青篮球会"成立于1928年,翌年始有"西青女子篮球会"。《上海体育志》编辑委员会编:《上海体育志》,上海:上海社会科学院,1996,第184页。
④ 《中西女子篮球赛:强南战胜西青》,《申报》,1929年12月8日,第11版。
⑤ 《赋得加油运动》,《上海画报》,第581期(1930年4月),第3页。

的全运会曾吸引大批人潮,但上海的这次全运会不管在与会人数还是规模上,都比过去扩增许多。据说开幕当天,前来观礼的人多达10万以上,导致许多人有门票,却不得其门而入。参赛的单位则有38个,人数计2670余,包括马来西亚、菲律宾的侨胞都踊跃参加。① 针对这种过去所不曾有的盛况,《大晚报》的《告全运健儿及国人》专论给了很高的评价:

> 国难危急如今日,民气消沉又如今日,忧国之士,以为我中华民族真到了日暮途穷、不可救药的地步了,可是参加过昨天全运开幕礼的人,却决[绝]不会再生这种感想。这一个中华民族的小雏型[形],给予我们活的实证,新的启示。②

该报《艰危中的奋发》一文,也以这次全运会男女运动选手的表现,提出这是"民族中青春蓬勃的现象",并乐观地认为"从当前的事实,我们可以看出这个古老的中华民族,虽然贫弱,却已向健康走去;虽然萎靡,却日渐地振作;虽然涣散,却进行到一致",甚至强调,国难当前,这一部分人的行动可扩大为全体。③

不过,当许多人把运动会当成拯救中国、复兴中华民族的工具时,却有不少人并不赞同,反而认为当时运动会中的各种项目,既不能救国,也不能复兴中华民族。其实,这样的看法在1933年的南京全运会中,便被陈果夫一语道破,他提到:欧美传入的运动,不适

---

① 《告全运健儿及国人》,《大晚报》,1935年10月11日,第2版。
② 《告全运健儿及国人》,《大晚报》,1935年10月11日,第2版。
③ 《艰危中的奋发》,《大晚报》,1935年10月16日,第2版。

合中国的国情；他也表明，目前的体育"是学校的体育，而不是国民运动"，"是贵族及缙绅阶级的运动，而不是普遍民众的运动"。① 体育专家程登科在1936年12月更进一步表明，他对"体育救国""体育教育是人格教育""体育教育是人格的导师"这类甜言蜜语的口号，颇感怀疑；他提出"体育革命"的观点，强调应创造合乎我民族的中国式体育，不要沉迷于欧美式的体育目标，以及不适国情只重表面的教材。②

二、既展现健康美，又凸显女性特质

女子运动竞赛除了展现尚武和民族精神，也不断地提到"健康美"。《玲珑》曾在第五届全运会出版"健康专号"，这本专号主要在倡导运动与健康的关系，例如在《运动乃康健之门》这个标题下，呈现两帧相片，即两江女子体专某运动员的跳远照和摔角选手孟健丽的休憩照，在孟健丽的照片旁，写着："孟健丽的健康是多运动而赚来的，擦粉、打麻雀、看夜戏，是无能为力的！"③此外，1933年上海市举行第二届中学联合运动会，《玲珑》的摄影师不但拍下女运动员掷铅球、百米赛跑和跳高的写真，还以"健美的姿势"为标题形容她们。④

---

① 王健吾：《中国运动会之转变与民族运动之复兴》，《国民体育汇刊》，创刊号（1936年1月），第10页。
② 程登科：《对"上海体育"的几点意见》，《上海体育》，第1卷第1期（1937年1月），第10—11页。
③ 《运动乃康健之门》，《玲珑》，第3卷第34、35期合刊，第1879页。
④ 《玲珑》，第3卷第14期（1933年5月10日），第601页。

图93　1933年上海市第二届中学联合运动会

女子健美的讨论，多半以女运动员为典范。有论者认为都会女性追逐时尚，忽视体格的健美，应以杨秀琼为学习对象，指出：

> 都会女子！何不幡然受悟，毅然实行，努力于体育之锻炼，则全国各地，将群起效仿，不独裨益个人之健康，且可树立

全国之先声矣。①

图94　1931年上海市第二届运动会中女运动员跳栏和起跑的场景

除了健美,女子在运动会上的表现,是否还有其他意涵? 笔名"伊"的记者,在参观江苏镇江举行的省运动会之后,发现在这个运动会中,女子参加田径赛,是往昔所没有的,他指出:"旧时一般运动家,且谓女子体力,不宜作激烈运动,今则一跃而能有优胜之成绩,不可谓非运动之大进步,亦即男女体力平均发达前途之好现像

---

① 海客:《由杨秀琼女士连〔联〕想到都会的女子》,《健康生活》,创刊号(1934年8月15日),第36—37页。

〔象〕。"①这段话显示,受女性不断在体坛上有杰出表现的影响,原本认为女性不适合做剧烈运动的论者,开始松动他们的看法,不再坚持女性的体力不如男性。而上海女运动员被拍到的起跑和跳栏的英姿(图94),似也在告诉读者,女性用她们的体力,挑战了性别界限。

在第五届全运会中,女运动员的突出表现,受到各界肯定,其中女子田径和女子游泳的成绩,分别打破全国纪录,这是以往不曾有的盛况。因此许多人认为,这种现象显示女性对运动逐渐重视。有人甚至预料"女子体格将渐渐变得强健","女子将来不至再居被动地位","从体格的锻炼中,将要造成新女性的典型",但也提醒大家,乐观之余,必须注意女选手主要来自学校,而一般女性仍然漠视运动。②

霍健游认为第五届全运的女选手带给众人很好的印象,大致有四点:(一)在运动精神上,男子足赛发生互殴事件,女选手却没有这个问题,她们大多表现了"仁侠精神"(sportsmanship);(二)不怕失败的奋斗;(三)保持淳朴美,除来自大都会的选手外,内地的多数选手朴素无华,给观众深刻印象;(四)这次优胜的女选手,很少骄盈自满,又如福建女篮队奋战到底,虽以一分落败而饮泣,却令人无限同情。③

1936年,代表中国参加奥运的5名女运动员,因为没有在奥运中获得分数,受到不少指责,但论者认为不应对其加以责怪,因为

---

① 伊:《参观运动会以后》,《新江苏报》,1930年3月18日,第7版。
② 玲:《全运会与我国女子之将来》,《玲珑》,第3卷第37期,第1992—1993页。
③ 霍健游:《全运女选手精神》,《玲珑》,第3卷第37期,第2027—2028页。

"我国女子的先天的体格方面已经吃亏,加上提倡不积极、方法不完善、组织不健全,所以在效果方面跟不上别的国家"。① 论者甚至指出,她们能代表国人参加奥运,事实上已有两层重要意义:(一)使我国的女子能够到外国开开眼界,获得较深的认识;(二)打破了外国人对我国人的误解。特别是第二点,让欧洲人不再以为中国女性仍旧缠小脚、弱不禁风,而是知道中国也有雄赳赳的新女性。②

第二节　运动员产生的问题

学校的体能训练是针对全体学生的,校园内所举办的运动会也以全校学生为主体;但当运动会挪移到校园之外,并成为学校、地区、国家或团体之间的竞赛后,有机会参与竞赛的,只是少数的精英选手。这种由少数人而不是多数人掌控的运动会,原本无可厚非,但如果运动选手的产生潜藏着不为人知的黑幕,这个问题便不是那么单纯。论者发现,为了争取荣誉,有的学校采用不正确的方法训练运动员,甚至以不正当的方式争取运动选手,而运动选手也在过度重视下,失去了运动员的风范。由于有关这方面的评论兼及男女选手,因此在这一节中,不做性别区隔,一并讨论。

---

① 琳玲:《参加世界运动会谈到我国女子体育是否进步》,《玲珑》,第 6 卷第 45 期(1936 年 11 月 18 日),第 3490 页。
② 琳玲:《参加世界运动会谈到我国女子体育是否进步》,《玲珑》,第 6 卷第 45 期,第 3490—3491 页。

一、强迫运动

新式学堂陆续成立之后,为了呈现体育成果,举办运动会成为清末各校的盛事。由于运动会是公开给大众观赏的,为争取荣誉,各校莫不花招百出,训练学生的方式往往超乎学生能力所及,又占用正课时间。庄俞在《教育琐谈》一文中,不满地指出:

> 运动会亦鼓励学生精神之一端也,然其趣旨在以平日练习已熟之技能,以供公众之观览而已。……吾观今之开运动会者,往往以平日所练习,不足以动观者之目,遂设种种预备,强初等学生习高等学生之技能,不顾体育之合否。旷废学科,移其时间,从事于运动之预备,不问功课之要否,是以运动会为沽名计,亦即视学堂为游戏场也。①

《学生体育问题》一文也批评,为了运动会,许多学校平时不注重体育训练,运动会前,却加强准备,导致运动会结束后,学生过于疲乏,还有人"因致患病,历久不愈"。原本旧社会的家长便反对子弟入学堂,运动所带来的问题,更成为他们阻止子女就学的最佳口实。②

要求学生过度运动的情形,同样出现在女学生身上。庄俞指

---

① 庄俞:《教育琐谈》,"杂纂",《教育杂志》,第 1 年第 6 期,第 34 页。
② 浮邱:《学生体育问题》,"评论",《教育杂志》,第 2 卷第 12 号(1910 年 12 月),第 30 页。

出,有的女校"且有令十数龄之女学生,习拳术、舞单刀者","每届预备之勤,常至每星期十余小时,或每日二、三小时"。为此,他气愤道:"是非鼓励精神、诱导精神,乃直取学生之精神而耗费之损伤之耳,恶乎可哉?"①从庄俞的观察中,我们终于可以理解,那群在运动场上表现得雄赳赳、气昂昂的清末女学生,曾经接受过何种体能训练。

不过,江苏省立第一师范附属小学校的教师蒋昂,参观江苏第二女师范和常熟联合运动会之后,对这两场运动会印象颇佳。他指出过去的运动会:

> 事前有数日之预备,置他科于不顾,复为过度之运动,心中目中无所谓体育也,生理也。所希望者,临场之鼓掌及喝彩而已。此种会与其谓为运动,不如谓为卖技之直捷。②

而这次省立第二女师范学校的每一项表演,都含有教育意味。③

到了1930年代,全省和全国性运动竞赛的蓬勃推展,更让不少学校把运动竞赛的成绩当成提高校誉的指标。除了牺牲学生学业、强迫学生运动,论者还发现,许多教育者不懂得体育精神,平时对体育敷衍从事,举行运动会时,则收买运动员冒名顶替,或者以

---

① 庄俞:《教育琐谈》,"杂纂",《教育杂志》,第1年第6期,第34页。
② 蒋昂:《参观江苏第二女师范及常熟联合运动会纪》,"特别记事",《教育杂志》,第7卷第7号(1915年7月),第47页。
③ 蒋昂:《参观江苏第二女师范及常熟联合运动会纪》,"特别记事",《教育杂志》,第7卷第7号,第47页。

第六章　社会大众品评下的女子运动竞赛

运动员作为学校的招牌,大出风头。① 这种欺骗、不择手段的现象陆续出现在校园中,也引起学生的不满。一位笔名"何须"的学生忿恨不平地指出:该校的运动不是为强健而运动,而是为参加全省运动会;该校自从被揭发聘人冒名顶替出席二区运动会之后,就开始要求学生"牺牲一切去运动",还强迫学生早起,为学校盖篮球场。② 比较第三章提到学生主动填土、兴建游泳池的例子,这种出于非自愿的体育活动,不但难以被学生接受,还会引起反弹。

南京金陵女大体育系的孙淑铨则以过来人的身份表示,过度运动的部分原因,与学生太重荣誉、忽视自己的身体有关;不过,有的教师也常常为了锦标,不加以提醒,造成遗憾。③ 孙淑铨曾深受其害,她回忆,自己中学时擅长打球,有一次,与其他学校比赛前,她生病了,体育老师竟然告诉她:

> 起来罢!否则为你这一病,锦标就没有希望了,横竖只一刻儿工夫呢!明后天尽你睡好了,不然,眼看着将为我们得到的银盾,要给人家夺去了。④

这位老师还送吃的东西给她,为了感激老师,她竟然上场比赛,结

---

① 朱影波:《一个学校参加运动会的始末》,《勤奋体育月刊》,第 2 卷第 1 期(1934 年 10 月),第 67 页。
② 何须:《一个自杀》,收入十日谈旬刊社编:《学校生活特辑》,第 34 页。
③ 孙淑铨:《女子运动时应注意的事项》,《勤奋体育月报》,第 4 卷第 1 期(1936 年 10 月),第 59—60 页。
④ 孙淑铨:《给体育教师的一封信》,《勤奋体育月报》,第 3 卷第 6 期(1936 年 3 月),第 524 页。

果自知吃了亏。因此,孙淑铨强调:"为了比赛而比赛,是正当的;为了锦标而比赛,我却十二分的〔地〕反对。"①

二、寡头运动与运动选手的产生

(一)寡头运动

尽管部分学校采用不合理的方式,强迫学生运动,但出现在运动大会上的运动员,只是学生中的少数,因此运动会是否能代表学校全体的体育成果的问题,早在民国初年便引起注意。1915年,江苏省举办省立学校第二次联合运动会,前述的幻龙就提出:"每校选手运动之擅长者,不过一、二人,或二、三人,果足以代表其全校之体育否?"②

运动竞赛增加之后,这个问题的热度有增无减,一再地浮上台面,关心的人来自各界。前述笔名"伊"的记者发现,1930年江苏省运动会的运动人员,根本不能和学校人数成正比,例如其中一所学校有数百名学生,只有一两名代表参加运动会,这群"少数优胜者尚系天才,而非因练习平均发达之成绩"。③《怎样才配称为新女性》一文,则针对女学校提出批判,作者指出,学校成为锦标运动的表演场所,参加运动的不外是优秀的运动员,人数常不到全校的半数,即使有惊人的成绩,也不足以代表全体;他还指出:

---

① 孙淑铨:《给体育教师的一封信》,《勤奋体育月报》,第3卷第6期,第524页。
② 幻龙:《其二》,"特别记事",《教育杂志》,第7卷第12号,第96页。
③ 伊:《参观运动会以后》,《新江苏报》,1930年3月18日,第7版。

> 我们以为借开会,以揭示学生平素勤奋锻炼身体的成绩则可,假运会之名,不问各生平素的操作,进而确定全校体育是健全的,这是玩戏,不是教育。①

在诸多指责中,1931年,《北平晨报》的《体育之专门化》一文的分析最为精辟。作者指出,近年来,提倡体育的风气特别浓厚,各大都市多半有公共体育场的设备,许多学校也都有运动选手;但提倡体育的方法,不外乎挑选手、开运动会、发奖品。至于参加国际运动会,主要在出出风头、争一口气,而达到这种目的的方法,是养成可以参加国际运动会的选手。从这种立足点出发,学校就只注重栽培专门参加运动会的选手,而不注重提高全校的体育水平。作者认为:

> 中国人的罗〔逻〕辑向来是不按这种方法排列的,因为急于要挑选手,便把全副的力量用到选手上去,反倒没有闲工夫来理会一般学生的体育。②

于是在2000名学生中,挑出10个选手,这所学校的体育便算是"呱呱叫",其实真正受到体育训练的,只占1/200。作者讽刺:"所以报纸上的体育消息,无异乎选手的记录,而体育场的设备,也无异乎

---

① 彭昭仪:《怎样才配称为新女性》,《大公报》,1934年12月16日,第11版。
② 《体育之专门化》,《北平晨报》,1931年11月21日,第9版。

选手的特别战场,我们的体育,的确是过于专门化了。"①作者还发现,在这种情形下,一般学生的心态便分成三种:有的人以学业为重,根本不想当选手;有的人因身体不适宜,不可能成为选手;还有一种人喜欢热闹,选手可以不当,但热闹不能不看,便组织欢呼队,专为学校的选手喊"加油"。② 因此,作者语重心长地表示,教育者应该"把'体育'这名词从'专门'中解放出来,使它成为平凡普遍的东西"。③

事实上,体育运动走向寡头或专门化这个问题,不只是学界外的人才看得清楚,当时的教育家、体育专家也一样忧心忡忡。以中央大学为例,由于该校校长罗家伦相当注重体育,担任体育教育的教授均是体育界的一时之选,有吴蕴瑞、吴澂、程登科等人。1935年,在该校春季运动会的致词典礼中,罗家伦、程登科、吴澂和教务长陈剑翛都提出运动应普及化,而不应注重锦标的观念;其中罗家伦强调,学校体育的发展至少"应当是为全校学生的,不是为少数选手的","我们不羡慕西班牙斗牛式的竞争,全场目光不过集中在一条牛和一个勇士"。④

综观前述言论,多把眼光放在学校和学生身上,不过,有论者以更广袤的角度,评论运动大会的寡头现象。参观完南京全运会的何文信直率地指出:

---

① 《体育之专门化》,《北平晨报》,1931年11月21日,第9版。
② 《体育之专门化》,《北平晨报》,1931年11月21日,第9版。
③ 《体育之专门化(二)》,《北平晨报》,1931年11月25日,第9版。
④ 史龙云:《全校动员之中央大学春季运动会》,《体育杂志》,第1卷第2期(1935年6月),第167页。

> 这次运动良好的收获,并不能和全国民众体格渐趋健实相提并论。第一,参加这次全运会的百分之百是学生,这就是说大多数的农工商对于运动尚不发生兴趣,或者说他们还没有从事运动的机会。第二,男女田径锦标均归上海,内地各省吃零分者极多,所谓运动健将集中于都市,而不能普及于内地,这也是运动畸形的发展。①

很明显,何文信不仅看到了全国性的运动竞赛只是学生的活动,也注意到这是都市人的运动,因此,他进一步表示,"照全国运动会——全世界也这样——所采取的选手制和锦标制看来,它实在与大众无关,仅供有闲阶级男女作乐而已",并呼吁"我们应该努力使少数人掌握中的运动成为大众化和时代化;我们不必赌赛谁能打破全国纪录,我们只要全国大众都有运动的机会"。②

第六届全运会时,笔名"行安"的作者也提出类似看法,认为全运会固然展现空前荣景,却没有普及全国。除了运动员"每为出风头而运动",学校也"借运动为学校广告",体育只在学校盛行,多数民众没有参加运动的机会。③

---

① 何文信:《我对于全国运动会的观察》,《申报》,1933年10月22日,本埠增刊,第1版。
② 何文信:《我对于全国运动会的观察》,《申报》,1933年10月22日,本埠增刊,第1版。
③ 行安:《告全国运动大会》,"谈言",《申报》,1935年10月15日,本埠增刊,第2版。

(二)拉夫式的拉选手

既然参与运动竞赛的不是多数民众,只是学校的少数学生,这群运动选手的产生,当然受到学校格外的重视。尽管体育界不断强调体育不是为锦标,但由于以挖墙脚、利诱的方式争取运动员的例子层出不穷,因而引起不少对运动竞赛的批评。

有论者指出,为了延揽锦标选手,学校和运动员的关系相当暧昧,学校当局"常以市侩手段,收买运动员,以为宣扬校誉之广告,纵容利诱,居为奇货",完全不过问运动员的智识或道德,造成"运动员与教育者之关系,和马戏团老板与虎豹狮象的关系,或告化子(和'叫花子'、'乞丐'同义)和猴子的关系完全相同"。① 更严重的是,具备锦标实力的运动选手毕竟不多,于是每次运动会中,总出现运动选手替两个单位参赛的问题。1935年第六届全运会中,又有这样的情形发生,针对此事,傅红蓼指出,体育界到处有所谓"拉夫式的拉选手,……甚至可以把体育弄成营业方式"。②

不只是一般学校采用不择手段的方式争取运动选手,专门造就运动选手的体育学校,也为了招收有运动长才的学生,兴起挖角之风。1932年,江南体育专门学校与两江女子体专曾因此而发生纠纷,在报纸上相互攻击,甚至对这几位运动员提出控诉。江南体专校长王复旦指控该校高兆烈、邵谨〔锦〕英、张华珍3位教师,将陈白雪、陈云明、陈聚才、杨森、黄淑华、石水霞、潘梦7名学生带至

---

① 章渊若:《国防与体育》,《申报》,1933年11月3日,第14版。
② 傅红蓼:《关于选手参加两单位问题》,《大晚报》,1935年10月13日,第4版。

两江女子体专;虽然两江声称,收留这7名学生是得到市教育局同意的,但王复旦深表怀疑,于是向教育局提出申诉。① 这7名学生都是当时体坛的名人,当然成为学校争抢的对象。为此,两江校长陆礼华也不甘示弱地反告,指称江南体专只成立半年,便有42名毕业生,并有东亚体专女生刘静芳至该校就读三年级,还有朱静娟读了一年便毕业等事。②

这个事件到1933年仍余波荡漾,一位署名"赵英"的两江女体师学生向上海教育局控诉,该校教师邵锦英只注重部分运动选手的训练,忽视其他学生,以至于这群日后将成为体育教师的学生,连球规、田径赛都不懂。对于这项指控,两江女体师认为是江南体专的恶意攻击。③ 而这场运动选手的争夺战,引起论者的不满,《体育周报》的"短笛"专栏便批评:

> 这两个学校,办学者全不是为教育体育而办学校,否则何必为几个运动员,而互相在报上乱骂一场?学校的好与坏,也不是只凭几个肉体广告,以广招徕呢!学校这种动作也太没意识,同时她们几位这样被人利用,未免不太值钱了。④

---

① 《私立江南体育师范立案》,上海档案馆藏,档号 Q235-1-914。
② 《私立江南体育师范立案》,上海档案馆藏,档号 Q235-1-914。
③ 《控告两江女子体育师范》,上海档案馆藏,档号 Q235-1-915。
④ "短笛",《体育周报》,第1卷第41期(1932年11月12日),第2—3页。

第三节　运动员的待遇、品德和形象

第三章提到，为了表扬凯旋的女运动员，学校师生举办盛大的欢迎会，给予这群女运动员殊荣；但在第二章也看到，礼遇女运动员之外，有的学校订立章程，严格规范女运动员的行为。然而，从学校之间为争取女运动员而恶斗的例子看来，学校对女运动员的礼遇是只限于开欢迎会，还是提供更多的特殊待遇？女运动员一旦成名，行为举止上是否就起了变化？另外，学校和运动员之间或运动员本身，到底有什么问题，社会大众又如何看待这些问题？

一、学校的特殊阶级

曾经是上海暨南大学篮球、足球代表队队员，也是乒乓球队队长的熊丸，在1996年接受访问时，念念不忘当年身为运动选手的特殊待遇。他很开心地表示："白天穿起那身运动服，同学们都对你另眼相看，特别有种荣誉感。"而学校对他们更是呵护备至：

> 学校便免费供给运动服，且比赛时有专车接送，另有诸多招待，十分荣耀。[①]

[①] 陈三井访问，李郁青记录：《熊丸先生访问纪录》，台北："中研院"近代史研究所，1998，第20页。

尽管在熊丸的记忆中,这是无比的荣耀,但在当时许多人眼中,有些礼遇已是超乎常态了。例如,有的学校除了提供运动选手物质上的优厚待遇,还在课业学习上为他们开了方便之门,把他们塑造成特殊阶级。从以下的议论文章,可以看到学校如何过度礼遇运动员。《体育之专门化》一文指出,选手的特别待遇是"有牛肉、鸡子可吃,有牛奶可喝,有上好的毛衣可穿",平日有照例不上课的自由;露过头角的运动家,无论进入哪个学校,都有免试入学的特权。①《体育在中国教育上之意义与价值》一文则提出,选手在校的行动相当自由,即使不上课,学校也会让其及格,犯了校规也可以得到原谅;开运动会之前,学校还为其供应滋养品。有的学校没有优秀选手,便设法以免考、免学费的方式罗致选手,使他们成为学校的特殊阶级。②

其实,这些礼遇措施平常并不被特别注意,但一遇到运动选手行为欠佳或竞赛失利时,就会受到严格检验,不仅被视为助长运动选手取巧、骄横、目中无人行为的帮凶,也被指控为不利于运动发展。1930年,中国在远东运动会被挫败后,《运动员》一文把箭靶指向了运动员。作者认为,运动员在许多地方成为特殊阶级,有的学校"靠运动做广告",凡是运动技能良好的学生,在功课、膳宿、学费

---

① 《体育之专门化》,《北平晨报》,1931年11月21日,第9版。杭州之江大学的向发英也提到,对于少数人,学校给予特别待遇,除了运动衣、运动鞋,还提供牛奶、鸡蛋等滋养品。至于远征比赛,也有不少弊病,例如荒废学业、浪费金钱,同时,也不尽然因此增进校誉或体育技巧。向发英:《选手制度之流弊》,《勤奋体育月报》,第3卷第3期(1935年12月),第276页。
② 龚葆蕊:《体育在中国教育上之意义与价值》,《现代学生》,第2卷第1期(1931年10月),第3页。

方面都得到优待,导致运动员"养成骄惰的习气和畸形的人生观"。①《我对于全国运动会的观察》一文也强调:

> 学校养运动选手做招牌,一般人对女运动员特别注意,为争锦标所起的斗殴纠纷,运动选手养成不读书的习惯等等现象的发生,更可见运动已成为病态的、寡头的、职业化,商品化了! 与所谓"提倡体育""强健体魄"的宗旨简直离开有十万八千里之遥。②

值得注意的是,学校对运动选手的待遇是不分男女的,只要能为学校带来声望,任何运动员都享有特权。这也就是何以前述的评论,没有刻意做性别区隔,而是以泛论方式,观察运动员的待遇。

不过,在部分文章中,我们还是可以看到,论者如何评论女运动员的待遇问题。赵一愚的《女子体育应注意的几点》一文首先提出:要洗雪"女性是弱者"的恶观念,唯有体育能负担这艰巨的任务;接着又说,变成特殊阶级的女运动选手,造成原本不喜欢运动的学生,更漠视体育;并强调学校必须认定体育的目标是为运动而运动,不是为争取学校声誉、提高学校地位,也呼吁个人不应该为争取"皇后""明星"之美名而运动。③ 由于这时期新生活运动正沸

---

① 亦庵:《运动员》,《民众生活》,第3期(1930年6月),第1页。
② 何文信:《我对于全国运动会的观察》,《申报》,1933年10月22日,本埠增刊,第1版。
③ 赵一愚:《女子体育应注意的几点》,《女子月刊》,第2卷第10期(1934年10月),第2963—2964页。

沸扬扬地展开，许多言论都跟着起舞，赵一愚虽然特别表示他的议论不是随附时髦，但仍巧妙地把运动、运动员和新生活运动勾连起来，认为运动应当"表现尚武精神，运动者必须新生活运动化"，而"简单、朴素、敏捷、精确、知礼义、明廉耻"，恰好是体育家的"运动魂"。①

《上海的学生》和《国文课》这两篇文章，则以散文文体，描述运动员如何气焰高涨。例如，《上海的学生》把学生分成好几类型，其中喜欢运动的男健将是"拿破仑式"，他们每天的生活方式是："起身——很早，上课——随便，食——鸡蛋、牛乳，睡——呆板，研究——运动方式（技术上、刺激品），考试——代表、夹带。"②女运动健将则是"木兰式"，她们除了风头健，气焰也高。作者指出：

> 她们的思想，想把自己美丽的姓名塞在人们的耳朵里。她们在学校里读书，并不要读书而进学校的。行动上是变成了武道士的茶花女式，生活上是趋向于"日行千里，夜行八百"的英雌主义。③

运动员不认真上课的情形更是处处可见。莺英的《国文课》一文中，提到国文教师上课时，学生自顾自地聊天，而其中几个"呱呱叫"的运动大家更高谈阔论，完全不把教师放在眼中。莺英特别指出，这位老师"看到他们实在有点怕，为了顾全秩序，只好（将不满）

---

① 赵一愚：《女子体育应注意的几点》，《女子月刊》，第 2 卷第 10 期，第 2964 页。
② 依褭：《上海的学生（二）》，《现代学校生活》，第 2 期（1932 年 11 月），第 20 页。
③ 依褭：《上海的学生（二）》，《现代学校生活》，第 2 期，第 23—24 页。

暗藏在肚皮里,好像没看见似的让他们谈个畅快"。① 这样的描述看起来有点夸大,但也能反映出运动员在课堂中是如何趾高气昂的,而这样的情景也出现在同时代的台湾女校,只不过指出这个现象的是台湾籍女学生,她们所批评的是同校的日本籍球员。②

从前面看来,论者不但不满学校和社会对运动员的过度呵护,也对这群运动员的目中无人充满不悦。剖析他们的说法,或许可以说这是对成名运动员的忌妒,而享有特殊待遇的女运动员,在有性别偏见的人眼中,更可能成为箭靶。然而,上述批判其实并没有性别区隔,因为不管男运动员还是女运动员,都受到同样批评。此外,论者的责难固不免夸张,但从来自不同文体却有相同反馈这点看来,其中有部分内容可能反映了事实。

二、非战之罪?! 选手心态的造成

运动员的特殊待遇,让学校和运动员饱受各方指控。而运动员成名之后,一方面获得各种吹捧、奉承,另一方面又背负着纷至沓来的污名。论者除了探讨运动选手的心态、行为举止,还分析了背后的形成因素。

自从各种大型运动竞赛接二连三地举办后,体育的发展出现

---

① 莺英:《国文课》,收入十日谈旬刊社编:《学校生活特辑》,第 123 页。
② 杨千鹤在自传中,气愤地指出:"一般来说,学科也优秀的网球选手是温文的。但排球、篮球的选手们则眼中无人,下课时间或要放学时,便大声吵嚷,威风不可一世,他们也常模仿同班台湾人的发音而嘲笑不已。看到这些高傲的家伙们欺负台湾人,我就会不顾身挺过去吵架。"杨千鹤:《人生的三棱镜》,张良泽、林智美译,台北:前卫出版社,1995,第 86 页。

许多弊端。撇开运动场上的人事问题、硬件设备不谈,站在运动舞台上的运动选手始终是众人瞩目的焦点,他们既出现在摄影师的镜头里、新闻记者的采访报道中,又是社会大众批判的对象。不少人指责运动选手的态度问题,曾有论者指出,运动选手一旦获得优胜,便大有"一举成名天下闻"之概。① 尽管这种说法有正负两面意义,但批评者多半以负面之意解读,于是"沽名钓誉""自视过高"成为明星运动员的标签,其中,女性运动员受到的"关切"不在男性运动员之下。

在各种批评中,论者讨论最多的,不外是运动员不求进步和行为不检点这两部分,而且从锦标女运动员出现后,批评女运动员的言论就不曾停止。1930年,孙桂云在远东运动会中因违规三次而被取消比赛资格的事件,曾沸腾多时;对很多人来讲,他们很难接受才在全运会中表现亮眼的运动明星,竟然惨遭除名。在同情之外,有论者认为孙桂云被取消资格,完全是社会大众过度吹捧所致;②有人则认为孙桂云被取消资格是因为"求名心急"。③ 对孙桂云的致命一击,来自她的田径教练黄树芳,黄树芳不客气地指出:"孙桂云原本就有偷跑的习惯,而国内的裁判常马虎以对,终有这样的结果。"但黄树芳的这番话,也引来论者不满,认为黄树芳不应

---

① 龚葆蒜:《体育在中国教育上之意义与价值》,《现代学生》,第2卷第1期,第3页。
② 徐玉文女士:《远东运动会余闻》,《生活周刊》,第5卷第28期(1930年6月),第462—463页。笔名"亦庵"的作者,在谈论运动员时,也以孙桂云在远运中违规出场为例,认为孙表现不佳,多少是受到了过度吹捧的影响。亦庵:《运动员》,《民众生活》,第3期,第2页。
③ 孙山:《孙桂云取消资格》,《民众生活》,第3期,第3页。

该放马后炮。①

事实上,运动竞赛原本就不可能有永远的锦标选手,但包括运动专家在内,都很难接受运动选手成绩的退步,孙桂云事件只是一个起点。随着越来越多锦标女运动员的崛起,关切、批判的声浪也跟着她们的表现不断发酵。

第五届全运会结束后,《勤奋体育月报》邀请运动技术指导们针对各项运动提出观感,其中东亚体专教授孙和宾指出,第一到第三届的全运会,没有女子田径,直到第四届才设有女子田径,但项目不健全,第五届的比赛成绩则远比三年前进步甚多。然而,孙和宾发现,前届的体育健将孙桂云、徐振坤、冯发兰、吴梅仙、陈佩桃都不曾出现在这次运动会中,他质问:"难道得一次锦标,就不要运动了吗?还是成绩退步,不愿和人家争一日之短长呢?"对于这个问题,他认为是女运动员受到过度吹捧的结果。②

与孙和宾看法相同的,还有金陵女大体育系的凌琬瑜,她认为这都与"人们对于优胜运动员的不合法鼓励"有关。例如,孙桂云、钱行素、杨秀琼、李森是盛极一时的运动员,她们创造新纪录,便得到各界吹捧,造成她们目中无人,不求更优良的成绩。③ 另外,社会史家陶希圣也表示:"女学生的体育并不及日本,但中国夺过锦标的女学生却万众欢呼的夸耀。"④

---

① 孙山:《孙桂云取消资格》,《民众生活》,第 3 期,第 3 页。
② 孙和宾:《评第五届全国运动会女子田径赛》,《勤奋体育月报》,第 1 卷第 2 期(1933 年 11 月),第 6 页。
③ 凌琬瑜:《中国运动成绩失败的检讨》,《勤奋体育月报》,第 4 卷第 4 期,第 315 页。
④ 陶希圣:《中国社会现象拾零》,上海:新生命书局,1931,第 355 页。

第六章　社会大众品评下的女子运动竞赛

社会大众的滥捧固然不对,而女运动员的心态也被认为有问题。《今日女运动员的病态》一文提到,技术越高的女运动选手,态度越是高傲,例如:

> 开运动会时,要旁人再四催促才肯出席,举行比赛时,全队等候着一个人;平日练习时,不肯到场,处处要表示自己的与众不同,似乎技术已令自己满足,而不思再求进步。①

作者甚至认为,这种耍大牌的态度虽普遍存在于体育界,却以女运动员的情况尤为严重。②

论者不仅批评运动员不求进步,对运动选手的品德更有微词。前面章节曾提到记者如何经由报道,对明星女运动员的私德穷追猛打,一般舆论也同样紧追不放。《对于我国远东运动会选手进一言》一文指出,中国运动选手成绩比不上日本和菲律宾,除与先天因素有关外,也不能忽略缺乏长期训练和精神修养这两个后天因素。在"精神修养"这方面,作者认为:"跳舞场、影戏院、咖啡店……都满布着他们的踪迹;追求异性,更是他们的愿望,这样的毁坏身体,浪费精力,成绩安得不落后?"③这篇文章没有特别指出运动员的性别,但显然是针对男运动员的。而认为在第六届全运会中,男运动员表现不如女运动员的汪桂芳,则在她的文章中明白

---

① 拾遗:《今日女运动员的病态》,《国民体育汇刊》,创刊号(1936 年 1 月),第 32 页。
② 拾遗:《今日女运动员的病态》,《国民体育汇刊》,创刊号,第 32 页。
③ 家声:《对于我国远东运动会选手进一言》,《申报》,1934 年 5 月 23 日,本埠增刊,第 1 版。

说出,男运动员的进步缓慢,除了因为男子运动纪录较高,男选手一旦有优秀成绩便被滥捧,经常奔走应酬当中,无法专心运动,还与他们骄傲、生活不检点(流连舞场、妓院,生活作息不正常)、成名后不求进步有关。①

然而,在其他论者眼中,女运动员一样有这方面的问题。向来对女性问题讨论较多的《女声》这份刊物,在《两年来的中国妇女》一文中,对运动界出名的女性提出批评,作者认为女运动员不但目空一切,且缺乏自重:

> 为了提高她们的地位起见,对一般恶势力的捧场,不但受之不愧,并且自己亦愿趋焰〔炎〕赴〔附〕势,在这种势力玩弄女性的心理下,听凭其招之即来,挥之即去。②

她不客气地指出"这是如何可悲的一种堕落倾向"。③

1936年,我国选手在奥运会中表现欠佳,女选手也无所斩获,因此,有论者针对女运动员提出严厉批判。《谈世运会:我国女选手失败》一文,认为女选手失败的因素:第一是"练习体育是为了风头欲",作者认为女选手学习运动,是受"风头欲"的支配,因为近年来,各界热烈提倡体育,许多人把运动员看作"神圣"的存在,而女运动员更是被"了不起地看待";其次是"练习时对各种事项不加注

---

① 汪桂芳:《勖全运会女选手》,"评论",《妇女月报》,第1卷第10期(1935年11月),第2—3页。胡云翼也有同样看法,参见胡云翼《对体育运动界的箴言》,《现代学生》,第3卷第1期,第5页。
② 陈碧云:《两年来的中国妇女》,《女声》,第3卷第1期(1934年10月),第7页。
③ 陈碧云:《两年来的中国妇女》,《女声》,第3卷第1期,第7页。

第六章 社会大众品评下的女子运动竞赛

意",只注重取巧得胜,而不注重步度、姿势、饮食等;再次是"成名后不知自重",例如,许多女运动员成名后不加检点,包括不再刻苦练习,生活浪漫失检(跳舞、下馆子、整日享受)、虚荣心作祟(成名后,少不了有官员来追求,女运动员也乐得和他们周旋,一切志气全消弭)。① 最后这一项指责,和汪桂芳对男运动员的批评,显然没有太大不同,也说明了成名运动员不知自重、荒怠运动的问题是没有性别界限的。

从前述可以看到,这些论者认为运动员的不上进、堕落,有来自社会大众的滥捧,也有个人的傲慢;不过,他们的观察虽然切中部分问题关键,却没有从明星运动员的角度思考,因此,有论者从较宽的视角去评论"过度吹捧"这个问题。

对女选手在第六届全运会中屡创纪录、进步迅速赞誉有加的汪桂芳,提出较同情的看法。汪桂芳认为,运动会一方面在"引起全国人民注意运动",一方面在"表显〔现〕全国运动的程度",锦标只不过是一种奖励品。但观众和新闻记者常对胜利者"意外滥捧",对失败者"非理难堪";对成名者更是苛求,造成孙桂云等名将害怕面对失败后的难堪,不敢参赛,而杨秀琼则表示"一百米不得冠军,永不再游泳",于是"冠军""锦标"成为唯一的运动目的。从汪桂芳的解释看,他也认为大众过度吹捧,影响明星运动员的参赛;而与"滥捧"相对应的"非理难堪",更是造成运动员怯场的致命问题。②

---

① 新轶:《谈世运会:我国女选手失败》,"妇女界",《世界日报》,1936年8月15日,第8版。
② 汪桂芳:《勘全运会女选手》,"评论",《妇女月报》,第1卷第10期,第1页。

345

还有论者认为问题的症结在于社会大众对运动员的过度期待。《送别全运选手》一文不客气地指出：

> ……世有对运动事业作逾分之颂扬者，其于运动员，号之、呼之、赞之、歌之，乃如马戏团员之于巨象猛狮，庞大哉！雄武哉！声声不绝于口。而象狮不失其为玩物，是岂运动员之声名？实乃运动员之耻辱。①

至于得知中国代表队在奥运失利的方克文，则讽刺道：

> 我们之看田径，我们之看球类比赛，那还又是上回力球场，上戏院差不多，只是为欣赏而去；而"玩"体育者，他们除了想造成几个"体育明星"，如"球大王""美人鱼"之外，此外好像也并不为了什么。这样，我们这次世运选手团吃鸭蛋而回，我觉得败也固然，胜了也并不见得怎样光荣。②

除此之外，有论者特别以运动明星杨秀琼、刘长春为例，提醒社会大众不要把期待放在一个运动员的身上，应该"期望有'后来居上'的人材〔才〕，来争夺锦标，来创造纪录，因为唯有这样才能显示国民的体力在不断地增强"。③

---

① 秉：《送别全运选手》，《申报》，1935年10月20日，第6版。
② 方克文：《世运会给我的感想》，"谈言"，《申报》，1936年8月14日，本埠增刊，第1版。
③ 《必须纠正的心理》，《大晚报》，1935年10月11日，第5版。

其中,杨秀琼更被热烈讨论。笔名"小一乙"的作者,从男女是否真平等这个角度提出质疑。她指出,中华民国建立时,许多女性知道这是维新时代的到来,于是开始放足、剪发,但她们并没有意识到应该和男子争平等;直到"五四"时期,人们"尽量的把西洋文化搬进来、吃进去",以前被压在男性脚下的女人,有一部分已经跑到男子的头上。① 然而,根据小一乙的观察,女性的进步,除了半年内花费 150 万元买外国的香水、脂粉,就是受邀参加公路通车、飞机命名或运动会颁奖等活动,像是名媛、交际花剪彩,阔太太掷瓶、颁奖,这些事情都由女性独当一面,表面上"女子和男子平等了,其实无意中女子还是男子的玩物"。而杨秀琼的例子,更让该文作者不悦:

> 君不见杨秀琼女士乎?——捧她的人是把她当做〔作〕女神,以为她可以降福于大众,抑或是觉得她有健美的体格,足以一饱自己的眼福!②

怪罪社会大众之外,更有论者把矛头指向杨秀琼的父母。《"游泳机器"之姿》一文认为:杨秀琼除了善于游泳,其他方面没有什么长处,特别是智育方面表现不佳;作者提醒杨秀琼的父母,社会大众对杨秀琼的热烈追捧,不过是以看"马戏班的眼光"来满足个人的好奇心而已,说难听些,简直是"色情狂的膜拜",要把她捧成跳舞皇后、标准美人之类。因此,作者建议杨秀琼的父母应该好

---

① 小一乙:《男女真的平等了么?》,《大公报》,1934 年 8 月 10 日,第 12 版。
② 小一乙:《男女真的平等了么?》,《大公报》,1934 年 8 月 10 日,第 12 版。

好训练杨秀琼,不要把她当成一架单纯的"游泳机器"。①

严格来说,论者对运动选手态度的检视其实是不分男女的,而他们所呈现的问题或刻意夸大的缺点,也往往相同。不过,仔细观察前面的讨论就会发现,社会大众不只以"运动员"这个身份衡量女运动员,有的论者还把她们放在"新女性"或"摩登女性"的框架下观察。在"新女性"或"摩登女性"受到社会各界瞩目的时代,许多人对这群女性的私德尤其注意,一旦发现其违反大众的期待,便焦虑不安。具有这双重特质的女运动员,她们的行为举止当然备受关注。

三、女选手的妆扮:是竞技场抑或选美会?

受爱用国货声浪的影响,有关女性是否要妆扮的问题,在1930年代经常被提出来讨论,其中使用外来化妆品的女性受到严格检视,甚至引发反对女性浓妆艳抹的话题。②《女子月刊》曾以"女性应不应该爱美"为题,邀请各界讨论。有人认为女性爱美阻碍妇运前途,认为爱美是堕落;也有人提出不爱美会被认为是"无上耻辱",是"追不上'时代'";③有人则认为如果妆饰用的是国货,那就不成问题,而且不妆饰对事业是一种阻力;④还有人以个人经验为

---

① 慧:《"游泳机器"之姿》,《吴县日报》,1935年10月16日,第6版。
② 南国佳人:《由舶来脂粉说到妇女的健康美》,《申报》,1934年8月23日,第17版。
③ 南昌女读者:《女性的爱美是不是妇运前途的阻力》,《女子月刊》,第2卷第10期,第3063页。
④ 璧如:《女子应该爱美》,《女子月刊》,第2卷第10期,第3067页。

例,表明在有正常职业的妇女中,很少有不爱美的,而且自己也化淡妆,却尽忠职守,没有因此堕落。①

至于女运动员该不该化妆,更加被放大看待。第四章中曾提到,记者对女运动选手化妆或携带化妆品的现象特别感兴趣,一旦发现,就大书特书。事实上,女运动员上场化妆,在西方不乏所闻,例如1933年《玲珑》以"运动不忘擦粉"为标题,刊登了一帧美国女棒球选手在比赛休息时间对镜敷粉的照片,该刊还以"艺貌兼美"形容这位女运动员。② 英国女跳远专家葛恩(Muriel A. Gunn)也表示,女运动员和所有女性一样都注重外表,因此,包括她自己在内的女运动员经常擦粉上场。③

尽管女性化妆获得部分人支持,女运动员的淡妆也有西方的轨迹可循,但许多人还是很难接受女运动员的傅粉施朱,甚至连女运动员的发型和穿戴也成为他们的话柄。他们为何不能接受女运动员的妆扮?反对的理由又何在?以天津为例,《天津篮球界之分析》一文指出:天津女篮的队员不注意运动衣的舒适度或是否合乎卫生,只偏重美观;作者还表示,运动员在比赛时"面部重施脂粉,头上艺术卷发,玉环轻约臂上",完全失去运动的意义。④ 有一位记者则发现,虽然南开女中陆续有篮球队组成,可队员们最大的兴趣并不是练球,而是研究服装,原则上是"不怕花钱,只要摩登,球场上表现了'阔小姐的风度'"。⑤

---

① 黎来:《爱美不是女性堕落之路》,《女子月刊》,第2卷第10期,第3070页。
② 《运动不忘擦粉》,《玲珑》,第3卷第29期(1933年9月6日),第1560页。
③ 周瘦鹃:《妇女运动的经验谈》,《新家庭》,第1卷第4号(1931年4月),第5—6页。
④ 涓:《天津篮球界之分析》,《体育周报》,第1卷第2期(1932年2月13日),第3页。
⑤ "短笛",《体育周报》,第1卷第43期(1932年11月26日),第2页。

另外，以"寥星"为笔名的作者在观看一场女子中学的篮球赛时也指出：尽管球赛相当紧张，但两队球员都有着摩登女郎的装扮——烫发、涂着厚厚的脂粉、发际间扎着红丝带。他认为，女运动员重视的是虚荣，这种每次上场比赛"都要大出风头一轮，装扮得妖精似的"运动员，显然忘记了提倡体育为的是什么。① 而对体育目的产生怀疑的，不只是寥星，相当关心女子运动的赵一愚也表示，妆扮固然"醉人心意"，却不是体育家的本色。②

其实，男运动员在重视外表方面与女运动员也不相上下，《体育周报》的"短笛"专栏曾讽刺道：

在运动场上，女士们是浓涂脂粉，男士们油头滑面。她们／他们为什么运动？？？各体育家难得真缔〔谛〕吧？！③

该专栏的说法和前章女漫画家孙竦的描绘，都反映出爱美没有性别差异。一些男女运动员把体育场当作表演舞台，为呈现运动员的完美形象，他们不仅注重运动技巧，也注重个人容貌。只不过，女运动员受到的批判远多过男运动员。

论者除了反对女运动员过度妆扮，对她们束胸、穿高跟鞋也颇有微词，特别是对"从事运动的女学生应否束胸"的问题深表关注。例如，署名"剑夫"的作者提及，有一次他看到一群体育专校的女生在公共体育场练球，对她们的健美体态深表赞赏，但对她们束胸这

---

① 寥星：《为的什么呢?》，《女青年》，第 13 卷第 6 期(1934 年 6 月)，第 33—34 页。
② 赵一愚：《女子体育应注意的几点》，《女子月刊》，第 2 卷第 10 期，第 2964 页。
③ "短笛"，《体育周报》，第 2 卷第 3 期(1933 年 2 月 25 日)，第 3 页。

一做法却感到遗憾。他批评道：

> 束胸这件事,早已为人反对,现在甘为玩品的时髦女子,相竞束胸,还不要管他,若已受教育的女子,尤其是体育专校的女子,尚守此恶习,则岂非可怪之至!①

另外,云南私立南菁学校体育主任李立贤,曾针对云南全省运动会中女运动员束胸和扎袜(指穿紧身袜)的穿着,提出警告:"夫束胸奔跑,足以阻碍呼吸,札〔扎〕袜则使血液流行不畅,肌肉酸痒。"②《女子体育的背景》一文的作者也发现,从事运动的女性,仍摆脱不掉这类束缚。他指出:

> 所谓女子体育者,仍战不过流俗所称的不准确的审美观念。有许多女子,一方面从事运动,一方面还是束胸,还是穿高根〔跟〕鞋,还是喜欢流俗的"美装",还是不懂得真正的美观。③

从上述内容看来,不管来自哪个场域的运动会,女运动选手化妆上场、穿华服或束胸的情形都相当普遍;但在论者的眼中,女运动员的服装或妆扮不能类比一般女性,必须符合"运动员"的身份

---

① 剑夫:《体育女生的束胸》,《血汤》,第 1 卷第 5 期(1931 年 2 月),第 6 页。
② 李立贤:《云南全省运动大会纪详》,《勤奋体育月报》,第 3 卷第 5 期(1936 年 2 月),第 441 页。
③ 黄金鳌:《女子体育的背景》,《大公报》,1928 年 4 月 27 日,第 10 版。

地位,否则便失去运动精神。有人甚至认为,女运动员即使是离开了运动场,也应该保持这样的心态。笔名"新朴"的作者在参观华北球类比赛时,感触良多,因为他看到一位优秀女运动员原本穿着运动衣鞋,不料比赛结束后,却换穿紫色大衫,踩着高跟鞋观球赛,对一个运动员变成"阔大爷的女子",新朴深表遗憾。① 南开大学的男学生也对该校女生体育班同学穿长袍、着高跟鞋的打扮,颇表反感,认为这对身体没有帮助,甚至认为应该取消这个体育班。②

就同上节提到,除了"运动员"这个身份,女运动员还具有"新女性"和"摩登女性"的身份一样,在社会大众的期待下,她们除了需要维护运动员的形象,也不能忽略个人品德及外表的妆扮与穿着,因为即使不在运动场内,人们还是对她们紧盯不放。

尽管到处都能听到或看到对女运动员服装或妆扮的批判,有些人却有其他看法。根据第五届全运会的花边新闻,广东女泳将袁佩娴在比赛前,将胭脂花粉擦得红白分明,结果只得了第四名,当场就有人安慰她:"胭脂花粉还在,成绩坏些不要紧。"③虽然我们无法得知这究竟是讽刺还是真意,但从另一个角度来看,应该不是所有的观众都反对女运动员妆扮。而女运动员注重妆扮,除了为自己,多半也在讨好这类观众,毕竟不是所有的观众都以"运动家"的精神去评价或观看她们,就如第四、第五章提到的,观众心态是多元而复杂的。

---

① 新朴:《提倡女子运动的第一步》,《大公报》,1928年4月20日,第10版。
② 武松:《读"择偶标准"之反响》,《南大周刊副刊》,第16期(1932年11月29日),第4页。
③ 《入水前的脂粉》,"大会花絮(二)",《玲珑》,第3卷第37期,第2006页。

第四节　对观众的批判

通过记者们的眼和笔,我们已经在第四章看到运动场边观众的众生相。其中让社会大众难以忍受的,莫过于刻意扰乱运动竞赛的群众,这些人不是啦啦队员,便是夹杂在观众中的运动员。有关这部分的讨论,因为没有男女的分别,所以不特别强调女性这个角色。另一类观众,则让很多女性难以接受,他们通常带着有色的眼光去看女运动员的表演或是一般女性的户外运动。在高唱女子体育的时代,这群观众的行为其实严重影响到了女性对运动的兴趣。

一、失控的啦啦队

当时啦啦队助威的风气普及全中国,成为运动会中的一大特色,然而社会大众对这群特殊的观众,却有两极的评论:正面的说法是,他们能把运动的气氛带到高点,带给参与竞赛的运动员莫大的鼓舞,就如第三章所提及的;不过,啦啦队如果在场中制造噪声,或者干扰运动竞赛的行进,反而会让大众生厌。例如1931年复旦大学和中公中学的篮球锦标赛上,张兆和正打得起劲,不料脚一滑,跌得衣衫沾染污泥,观众却大笑;而女学生捉着球想掷篮的时候,男性观众又学着女声喊"Shoo——";裁判员稍有一些不妥,观众便发出嘘声或呼打。对这个场面,笔名"语溪"的作者忍不住

批评:

> 我们看客只有看,不能干涉场上的"行政",在适当的时候,拍拍手或 Yell 几声,以资鼓励,是应该的,怪声呼喝,像流氓在戏馆里胡闹,有失体统。①

在另外一场华北男女对战的球赛中,双方啦啦队多达百人,高亢的呼叫声造成裁判无法辨识场内的语言,裁判在气愤之下,警告双方啦啦队,若有任何一方再发出口号,便以扣一分为惩罚。② 事实上,刻意扰乱运动竞赛的观众,除了正式组成的啦啦队,还有不少是在旁观战的选手。汪剑鸣指出,在许多运动会中,结束比赛的运动员不但不离场,甚至还转为看客,滞留在观众席中,造成"优胜的趾高气扬、忘形得意,失败的垂头丧气、怨天尤人,或则怒骂裁判不公"。他还指责道:

> 运动员不是江湖上的卖技儿女,谁要你们暴起青筋,怪声报彩;运动场中更不是大家可以逛逛的公园,又谁要你们成群结队大摇大摆,在场中厮混。③

一向非常重视体育的南开大学校长张伯苓,在第五届全运会

---

① 语溪:《复旦中公篮球赛》,《申报》,1931 年 5 月 7 日,本埠增刊,第 9 版。
② 红绡:《华北球战中之趣闻》,《申报》,1928 年 5 月 17 日,第 17 版。
③ 汪剑鸣:《告诉田径场中的运动员与看客》,《体育评论》,第 39 期(1933 年 7 月),第 103 页。

结束后也向记者表示:这次运动会打破纪录的项目很多,说明我国体育有显著进步,但上海球队和广东球队的冲突事件,让他深表遗憾。张伯苓特别强调:这些纷争都与场边的观众和选手的怪声叫打有关,因为这群人扰乱了运动员的精神和观念,造成比赛不能终局。为此,张伯苓语重心长地表示:"此足证明中国民众尚未了解比赛性质,对于运动观念幼稚。"①

这种现象,并没有随着各界的挞伐而稍减,只要有激烈的运动竞赛,观众失去理智、破坏运动秩序的例子便依旧到处可见。一位论者对这个问题做了清楚的分析:

> 至于偶有冲突,大半发生于误会,而误会之起,则大半由所谓啦啦队者造其因。顾啦啦队之外,尤有一般看热闹者,既无组织,又无目的,只愁无事,呐喊揶揄,无所不用其极。……运动场群众的举动,固然于人民基本程度关系甚重,但竞赛场之啦啦队,为造祸之媒,大会须根本不许存在。盖于胜者助威,犹有可说,而于败者加以唏嘘之声,与人以难堪,易起败者误会,且去君子之争原意已远。至于好事者不负责任之狂呼乱嚷,尤须随时随地加以禁止,而司令台亦大可利用播音先为消弭。②

值得一提的是,当众人都把关注点放在"失序"这个节骨眼上时,有论者的观点则着重在国家民族方面。笔名"立斋"的作者认

---

① 《张伯苓谈话:主张有体育大运动》,《申报》,1933年10月19日,第16版。
② 明叔:《参观全运会总总(五)》,《新江苏报》,1935年10月24日,第4版。

为,闹场观众和选手的表现,证明部分人在全运会发挥的并不是"民族精神",而是"地方主义";①《吴县日报》的记者也指出,有些观众只为自己的同乡加油,似乎忽略了整个国家。②

二、观众围观下的运动意涵

(一)运动是马戏、杂耍表演?

在前面章节,我们看到观众如何疯狂地围观女子运动竞赛,也从观众的对话中捕捉到部分观众观赏女性运动时带着色情的眼光。不过,有些论者发现,因为观众素质不一,多半人对体育的意义一知半解,论者们甚至批评观众把运动比赛当成马戏或杂耍表演。

《发展国民体育刍议》一文提到,运动会基本上是以学校为中心的锦标运动会,与民众的立场相距甚远,因为一般民众买不起运动会的门票。作者还说,虽然张伯苓曾在第十五届华北运动会中表示,运动不是像耍马、耍猴、耍象那样,跑跑跳跳算完,但抱有看运动会如看马戏心态的民众恐不在少数,他们根本没有了解主持运动会的当局是在"提倡国民体育,振兴民族精神"。运动场内是一个集团,比赛竞争,自得其乐;场外又是一个集团,探头探脑,不得其门而入。③ 陈剑翛也指出:

---

① 立斋:《体育的大众化》,《申报》,1933 年 11 月 2 日,本埠增刊,第 1 版。
② 这位记者将观众分成三类,其中两类是双方的助威者,另一类则纯为欣赏球赛而来,前两类得失心甚重,喜怒哀乐十分不同。《会场花絮》,《吴县日报》,1935 年 10 月 14 日,第 11 版。
③ 扁舟:《发展国民体育刍议》,《东方杂志》,第 30 卷第 20 期,第 42 页。

第六章　社会大众品评下的女子运动竞赛

他们(指观众)去参观运动会,好像上海人去看赛狗跑马似的,根本不懂得体育的意义,也没有特别的爱癖与嗜好,只把运动会当游戏消遣的场合。有一辈子人专门欢喜看女子游泳或国术表演,既不认识游泳与全部身体的组织和肺部呼吸变化等等的关系。①

松江女中师范科的学生李殿梅在该校校刊发表的《全国运动会的意义》一文,则提醒众人应该以三种态度去面对运动会:(一)普通的人不要以为运动会与自己没有关系,是另一阶级的娱乐;(二)看运动会的人,不要把它当戏看;(三)运动的选手,不要以为运动会是显技的机会,是出风头的时候,否则还是请班马戏团来表演表演。② 李殿梅的说法,不仅仅涉及观众的心态,也暗示运动员必须提升运动的精神,不能让观众轻视运动的真谛。

(二)观众逼视下的女子游泳

1930年代,欧美国家盛行裸体运动,高呼"回返自然",并认为裸体运动对健康美有助益。③ 这种着重裸体唯美的观念也呈现在

---

① 陈剑翛:《全国运动会的教训》,《现代学生》,第3卷第2期(1933年11月),第5—6页。
② 李殿梅:《全国运动会的意义》,《松江女中校刊》,第47期,第15页。
③ 影丝:《裸浴与健美》,《玲珑》,第6卷第28期(1936年7月22日),第2151—2153页。

357

许多画作中,因此,在中国的媒体上,经常可以看到裸女的图像。① 虽然中国没有跟随鼓吹裸运,但有越来越多的女性敢于在大众面前呈现胴体,甚至有人认为既然裸运在中国行之不得,那么可以提倡游泳,因为游泳约等于裸浴。② 且不论当时喜欢游泳的女性是否受这个说法影响,游泳在上海、广州这些城市,确实变成一种时髦活动。一到夏天,游泳池畔、河岸、海边便出现成群女性,各家媒体更争相把女运动员、女明星或名媛穿泳衣戏水的一幕拍摄入镜,作为报刊的封面,或放在醒目的版面里。

因为媒体的刻意呈现,再加上社会大众的好奇,就如前面章节所提及的,每当有女性参与游泳活动,总会吸引大批围观群众,即使只是一般游泳而不是正式比赛,还是万头攒动,造成看游泳的人远多过游泳的人。对不少男性来说,过去,他们多半只能偷窥或遐想女性身体,而现在可以在大庭广众之下观看、拍摄,甚至评判女性半裸露的身体。然而,他们的做法对女子游泳运动会是一种鼓励吗?

1934年8月,上海中国游泳会等单位邀请杨秀琼和她的家人在青年会与高桥海滨表演游泳,这两场演出吸引了大批观众涌入,但在高桥的那一场,因观众过度拥挤,寸步难行。杨秀琼接受《晨报》记者访问时,对紊乱的秩序深感失望,她表示:

---

① 1910年代中后期,西方的人体写生被引入中国的美术学校,到1923年有三四位全裸女性模特儿,女性人体写生课程才开始规则化,但人体写生曾引起不少论辩。吴方正:《裸的理由——二十世纪初期中国人体写生问题的讨论》,《新史学》,第15卷第2期(2004年6月),第77—78、83—107页。
② 紫萍女士:《裸浴与健美》,《玲珑》,第6卷第27期(1936年7月15日),第2076页。

像昨天的情形,既不是真正鼓励一个运动员所应有的态度,更似乎与"提倡体育"的本旨距离得太远了!①

在《谈游泳》这篇议论文中,作者"问笔"也指出:

男人乘机会看女人的曲线,而女人则惟恐看的人少,还要把曲线登上画报。结果是,维持风化的人出来了,说游泳不可提倡,女人本是祸水,现在反纵之于水,这还不亡国败家么?于是在学的人又多一层阻碍,少一分兴趣。②

无论杨秀琼或问笔,都清楚地指出,群众蜂拥或错误的观看心态,其实是不利于游泳之提倡的。

而想游泳或有游泳经验的女性更有满腹牢骚。《女性的哀鸣》一文指出:女性现在的享受和过去不同,学校和操场都开放女禁,连游泳运动也开放给女性;但报纸上有关游泳的报道,对女性充满侮辱,常去游泳的女性,被称作"星",偶然一试的多数人,则被称作"观音兵"。另外,在游泳池中,还有人有意无意地碰撞,想入非非,高尚的运动却是"心邪行不正"。③

在游泳设备比其他城市完备的上海,当地的女性原本能好好地学习游泳,但是碍于居民素质良莠不齐,不少女性还是不敢到游泳池游泳。一位笔名"梦兰"的上海女学生表示,虹口游泳池开放

---

① 《游泳家杨秀琼女士访问记》,《晨报》(上海),1934 年 8 月 8 日,第 4 版、第 7 版。
② 问笔:《谈游泳》,《宇宙风》,第 1 集,第 191 页。
③ 集熙:《女性的哀鸣》,《大晚报》,1933 年 8 月 18 日,第 6 版。

后，她和同学都不敢去游泳，因为在上海这个居民素质良莠不齐的地方，女性去游泳很难尽兴，有时还会碰到麻烦或令人憎恶的事；直到虹口游泳池把星期三的下午定为妇女游泳时间，她才终于勇敢地和一群同学去实现约定。当她们到了游泳池畔，发现都是女性，大家才开始毫无顾忌地、没有拘束地跳跃、散步、游泳。①

虽然梦兰和她的同学圆了游泳的梦，但如果不是虹口游泳池特别规划出女性游泳的日子，她们可能还是不会跨进游泳池。由这个例子，我们可以理解，尽管近代女性在许多方面不再受到禁令约束，到处可以看到她们的足迹和活动，但她们身上仍存在挥不去的异性窥视或逼视的束缚，这对女性追求自我是很大的阻力，而对女子体育的发展更加没有帮助。

第五节　拟男运动与男女共同运动的论辩

清末民初，受军国民主义和"尚武"精神的影响，拟男运动出现在女校校园和女子运动会中，这虽然是顺应潮流的产物，却引起部分人士的质疑。随着军国民主义不再盛行，再加上自然体育概念的传入，男女有别的运动成为主流。在正式运动竞赛中，女性运动员不再和男性运动员同调，但因为运动场地的共用，以及非正式比赛有男女共赛的活动，所以女性的运动方式再度受到关切。和第一章不同的是，这一节是针对实际的状况提出论争。

---

① 梦兰：《游泳池畔：女子游泳速写》，《玲珑》，第7卷第31期（1937年8月11日），第2410—2413页；《上海游泳池》，《玲珑》，第6卷第28期，第2176页。

一、评论拟男运动

我们在前面章节看到,开始有女学生参加运动会时,不少女校安排了无异于男子的尚武运动。以上海为例,《海上闲谈》一文就指出:"上海女校林立,春风所煦,女界之开通者多,而女权之发达亦遂不弱于男子。凡男子所为者,女子必一一仿为之,是故运动会也,演剧也,男女校常有同一之兴会。"①

许多记者也纷纷以"活泼""强健""整齐"这类字眼形容初试啼声的女运动员。无疑地,在女权和军国民主义正被宣导的时代,拟男化的运动方式很显然是配合潮流而发展的;然而,在惊叹、赞美的背后,有论者仍然觉得不足,有论者则是怀疑、难以接受。

女子体育初推时,社会大众对运动方式有不少意见,大多数人比较能接受的是拍球、舞蹈、体操、举哑铃一类的游戏运动。例如1909年,南浔女学校的春季运动会便多安排这些项目,颇受论者称许。② 相对于这类运动,二人三足竞走这类项目,就被视为"激烈而危险之运动"。③ 但随着尚武运动的推展,"激烈而危险"的运动越来越多,自由车、球杆操、承球竞走、徒手操、棍棒操、薙刀操一一被搬上女子运动会。眼看着女学生的运动逐渐军事化,论者分别提出他们的看法,其中,江苏省立第二女子师范学校在1915年举办的第二届联合运动会,最受关切。

---

① 《海上闲谈》,《申报》,1910年11月27日,第2张,第4版。
② 南浔访事员:《中外汇报》,《体育界》,1909年1月,第23—24页。
③ 可可:《场隅琐谈》,《体育界》,1909年1月,第22页。

这场运动会吸引了许多女校师生前往参观,蒋昂观赏了这次运动会后,深感这场运动会"美的方面多,勇的方面少",他甚至建议在军国民教育时代,各校应注重国技与兵式教练,应学习上海女校,增加柔术(指"柔道")。① 侯鸿鉴也指出,"斯会运动之优美活泼,严正勇武,兼而有之,足以提倡一般社会之注重体育",而且由师范毕业生以身作则,有益于小学生体魄的健全。但侯鸿鉴发现,运动会进行到中途时,在座的男宾对运动形式议论纷纷,有人提出了"奇特的议论",指称:"女子当兵之证,其在斯乎?又谓用夏变夷之道,亡国之教育也。"这些来自上流社会人士的谈话,让侯鸿鉴感到消极、悲观。②

尽管这群男宾的看法有点荒谬,但确实也有论者对这次的运动会产生质疑。商务印书馆的编辑张世鎏认为,最令人诟病的莫过于女子体操采正步步伐,他批评道:

> 女子之贵有体操,务在活泼肢体、发达躯干。与其以执干戈、卫社稷为目的者,当然有别,则体操之时,何用更作兵操之正步,为拖长裙而学鹅步(西人谓之为 goose-steps),是无异军士之御长袍而作兵操。③

---

① 蒋昂:《参观江苏第二女师范及常熟联合运动会纪》,"特别记事",《教育杂志》,第7卷第7号,第45—47页。
② 侯鸿鉴:《参观江苏省立第二女子师范运动会记》,"特别记事",《教育杂志》,第7卷第9号,第69—70页。
③ 张世鎏:《参观江苏省立各学校第二次联合运动会记》,"特别记事",《教育杂志》,第7卷第12号,第92页。

第六章 社会大众品评下的女子运动竞赛

张世鎏还提出,较合情合理的体操,是采用便步。

张世鎏的批评显然没有太大效果,因为当地政府是鼓励尚武运动的。例如在这次运动会中,获得巡按使三张一等奖奖状的女子蚕业学校,得到的其中一项评语是"应用操,整齐熟练,且能于演习时表示活泼勇猛气象"。① 而隔年,江苏省立第二女子师范学校的第三届联合运动会,仍是采用兵步体操。

不过,反对的声浪还是持续不断。早在第二届联合运动会中就反对兵步体操的心宏,又对这次运动会的兵步体操提出不满,他表示:"女子体操,不宜采用兵式步伐,记者曾于去岁一言及之,今则仍有未改革者。"他同时举出,大会的评判长麦克乐对这种步伐也不表赞同,因为"此种步法始于日本,系模仿德国,而未能得其真谛"。②

1918年4月,江苏举办第四次省立学校联合运动会,当时参加运动表演的女校相当多,尚武的运动也在表演项内,但观众不是很支持。记者"神龙"记下参观者对女学生演出的评论:

> 女学生演国技,如拳术及武器等类,均于生理卫生有大窒碍,急宜注意改进。③

至于神龙本人,也对过度军事化的运动颇有保留。他认为:"拳术

---

① 《女子体育之进步》,"记事",《女子杂志》,第1卷第1号(1915年1月),第4页。
② 心宏:《江苏省立各校第三届联合运动会记》,"特别记事",《教育杂志》,第8卷第12号,第65页。
③ 神龙:《参观江苏省立学校第四次联合运动会记》,"特别记事",《教育杂志》,第10卷第6号(1918年6月),第22页。

宜提倡,而不宜用武器。"①

随着军国民主义的失势,女学生的尚武运动渐渐退潮,这方面的论辩也不再热闹,但球类运动兴起后,女球员又陷入是否采用拟男运动的问题中。

二、男规女用

球类运动刚在校园流行时,没有特别的规定,许多女学生把它当成游戏,闲暇时,三两同学一起拍球、传球或投球。清末民初,女子运动会中的球类表演,也只限于投球;等到球类运动变成正式比赛后,各种规定跟着出炉,其中女子篮球被讨论得最多。对于当时女球员的比球规则、裁判方法或球赛形态,是否应该有别于男球员,论者有不同的看法。

就比赛规则来说,为了不让女球员的体力无法负荷,篮球的赛规有性别差异。例如,男子篮球从来没有限区活动的规定,而女子篮球从一开始就规定限区活动。1921年以前,球场分成三区,每队每区三人,女球员固定在三个区内活动,不得越出分区线;1921年以后改为二区制,每队每区三人,分别固定在前后半场活动,不得越过中线;直到1949年,这项规定才改变。② 另外,自有女子球类运动以来,体育单位就不赞成女球员在正式比赛中使用男子规则,因此国人举办的女子球赛一直采用女子规则,同时也禁止女球员

---

① 神龙:《参观江苏省立学校第四次联合运动会记》,"特别记事",《教育杂志》,第10卷第6号,第22页。
② 成都体育学院体育史研究室编:《中国近代体育史简编》,第56页。

参加使用男规的国际球赛。①

然而,随着国际间使用男规趋势的盛行,以及部分女篮球员在非正式场合运用男规得当,各界对女篮规则问题的看法不再一致。特别是1934年"西青女子篮球会"决定改用男子比赛规则时,曾引起赞成和反对的论辩。其中,温怀玉和周文娟所提出的见解较为具体,此处引用他们二人的看法,以了解梗概。反对男规女用的温怀玉指出,采男女有别的球规是出于两项因素:

> 一则可免裁判上困难,因女子神经自制力较弱,如用男规则携球跑犯规等,将占全局之半,可谓不胜其烦矣;二则为适应女子之体格,因女规活动量小,可免罹心肺各病。②

他又进一步解释,美国的篮球历史悠久,其女性体格远胜国人,同时,采用男规是经过长期演进的,不似国人的女篮活动仅有十余年历史,因此,可否应用男规,必须审慎考虑。③ 他又指出,女性的体力和机巧度远落后于男性,采用男规,是强其所难;加以女性好胜心强,比赛时常奋不顾身,而男规中,争抢跳跃的动作多过女规,容

---

① 例如1930年"远运"的女篮赛,我国曾因主办单位拟采用男子球规而拒绝参加,直到改用女规,我国才派队参赛。《女篮球仍用女规则》,《申报》,1930年5月3日,第15版。
② 温怀玉:《对于女子篮球:引用男子规则之刍议》,《时报》,1934年11月13日,第7版。
③ 温怀玉:《对于女子篮球:引用男子规则之刍议》,《时报》,1934年11月13日,第7版。

易伤肤挫筋,造成女界"视篮球为畏途"的后果。①

无疑地,温怀玉的论调是出于对女球员进入男球员球场文化时的忧虑,但这种既关怀女球员却又质疑女球员能力的看法,受到挑战。不反对男规女用的周文娟,就从男子比赛较女子比赛激烈的这一点,向温怀玉提出反驳:

> 盖考激烈之来由,厥为双方加迫所造成,互相增力所致果,而其程度高低,以双方体力为准绳。……女子与女子赛,虽引用男子规则,其激烈程度与引用女子规则无异也。反之,男子赛倘引用女子规则,当其纯熟后,其激烈程度仍有提高,而与用男子规则无异也。②

此外,女性争强好胜的说法,也让周文娟不能苟同,她表示,这是体育教育以外的事,与男规的弊病无关。为强调运用男规有利于女球员,她进一步说明:一是女子规则拖泥带水,造成精彩球技常受制于规则而无从展现;另一是女篮攻守分区,致使球员间的联络不能一气呵成。③ 同时,周文娟又以闻名全国的厦门集美中学女篮为例,指出该队球员私下练球便多采男规,不仅运用自如,甚至比使用女规更为玲珑活泼。④

---

① 温怀玉:《对于女子篮球:引用男子规则之刍议》,《时报》,1934年11月13日,第7版。
② 周文娟:《女子篮球应运用男子规则议》,《时报》,1934年11月30日,第7版。
③ 周文娟:《女子篮球应运用男子规则议》,《时报》,1934年11月30日,第7版。
④ 周文娟:《女子篮球应运用男子规则议》,《时报》,1934年11月30日,第7版。

很显然,周文娟是根据球规的症结及运用方式,表达她赞成男规女用的看法,而不是站在两性有别的立场,检视女球员在球场上应享有何种待遇的。不过,像周文娟这样的声音,并没有改变体育单位的决定,正式的女篮比赛仍延用女规,不鼓励女球员以激烈的方式进行球赛。

其实,社会大众不仅认为在球规上应男女有别,还认为裁判员也应接受这种观念。例如1933年,大夏的女篮队赴南京比球时不幸落败,该校记者对女裁判员杨效让的判决方式极为不满,除指责杨效让身为裁判应具高尚圣洁的心,不可感情用事外,还建议裁判员不能专讲理论,罔顾实用,而应以较宽容的态度来裁判女球员,因为:

> 女子身体较弱,一举一动,时常不克自制,裁判员应随机应变,加以原谅,苟非出诸故意,不应随便处罚。[1]

坦白说,有关女子体育是否应该有性别差异的讨论,从第一章和此处的分析可以看出,社会大众始终没有定论,体育单位却严格反对取消性别差异。只不过,女运动员本身一直跃跃欲试,有时直接挑战禁规,甚至和男运动员共赛。

三、男女共同运动的争议

比起男规女用,男女能否共同运动的问题,更受到各界瞩目。

---

[1] 王泽民:《锦标前后》,《大夏周报》,第9卷第24期(1933年5月1日),第496页。

有论者认为,为鼓励青年运动,应该倡导男女共同运动。署名"亭"的青年学子就个人的观察指出,一般青年都想接近异性,倘若实行男女共同运动,为博得异性的赞赏,他们自然会努力提高运动技能,技能一旦增长,运动兴趣遂趋浓厚。① 亭还发现他所就读学校的某班男同学,每逢10分钟下课时间,必往操场打队球(排球),因为有女同学参与其间。②

亭的说法确实有些道理,当校园中有女同学参与运动时,不仅引起男同学的好奇,也让他们有兴趣走向运动场。然而,男女学生共同运动,并不完全和谐而自在,有时还是会有冲突。我在第三章中,就举出男女学生为了共用运动场地而起争执的例子;而第四、第五章也提到,男性走向运动场不完全是为了运动,有人是带着色情的眼光去看运动场上的女性的,有人则是想借机认识异性。因此,推动男女共同运动,其实有不少问题。

图95　1932年上海高桥海滨浴场民众戏水的一幕

---

① 亭:《诱导青年运动的我见》,《大公报》,1928年5月11日,第9版。
② 亭:《诱导青年运动的我见》,《大公报》,1928年5月11日,第9版。

第六章 社会大众品评下的女子运动竞赛

　　以运动场地共用这部分来说,游泳最容易触及性别问题。在1930年代的上海,不是每一所大学都有游泳池,于是有人到公共游泳池或海水浴场游泳。有论者指出,许多人去游泳,不是去学游泳,而"一半是好玩,一半是借此机会和女子作乐罢了,因为男女是混合的"。① 1932年8月,《玲珑》在上海高桥海滨浴场拍摄到的这张照片,正捕捉住男女青年一起戏水的实景。因此,男女能否同泳的话题,始终沸沸扬扬。

　　1935年,广州和北平都有分泳的主张,但北平当局认为,游泳池是体育性质,而且常有外宾参加,与风化无关,因此并没有取缔男女同泳。② 而广州当局的态度却大为不同。由于当地气候炎热,民众对游泳运动的兴趣非常浓厚,无论私人泳池还是公共泳池,都相当多,但男女同时游泳,常发生出乎常轨的事情,于是舰队司令张之英与中区绥靖委员范德星联名请政治研究委员会明令禁止男女共同游泳,并举出四点弊病。③ 据报道,政治研究委员会经开会

---

① 《全国体育的中心:上海体育界最近鸟瞰(续)》,《大公报》,1931年6月17日,第8版。
② 《北平市并不取缔男女同泳》,《玲珑》,第5卷第23期(1935年6月26日),第1529页。
③ 四点弊病的内容如下:"男女之欲,人不能言,礼教之防,端为此设。若使两性同场游泳,漫无限制,藩篱既撤,人欲愈张,甚或偶逢潮长,黑夜流连,更属易丛污垢,是何啻为浪漫者,多开一方便之门,其弊一。又或士异狂,且女原贞洁,偶因置身此境,遽使浴溥而观,肌肤之所接触,耳目之所沾濡,我心匪石,讵能磨而不磷。人多中材,大抵见欲所动,虽未至发于其事,亦必将害于其心,败俗伤风,伊于胡底,此弊二。抑青年男女,血气未定,作为色相之诱,不无闲情之思,神经之刺激既多,体力之戕贼日盛,岂惟有伤风化,抑且危及健康。夫游泳本以强身,今结果适得其反,揆之初意,当亦怃然,其弊三。况法之良者,必予人人以可行,利之溥者不使一夫有不获。今游泳之风,虽称大盛,究以男女无别,不合吾国固有习惯,物议之起,时有所闻,自好者深恐受同流之污,尤多裹足不前,避之若浼,故虽日言倡导,而受益仍有未周,陋习不除,大效莫睹,其弊四。"《粤政研会议决限制男女同场游泳》,《东南日报》,1934年6月20日,第6版。

讨论，认为"事属确实，为维护运动真谛，破除恶劣引诱，整饬风化计，不将案件交付审查，……一致赞同照原案通过。此后各公共游泳场所，均须划分男游泳会与女游泳场，并在两场间施以隔离，使不可逾，亦不可望"。①

除了运动场地该不该共用，男女是否能够共赛更引发争论。除了正式的网球赛，在篮、排球友谊赛中，也经常出现男女共赛，远征东南亚的两江等女子篮球队，更曾和当地的男子队进行对抗。这些活动虽不是正式演出，却引起各界重视，其中篮球的男女共赛曾因怪状百出，遭到非议。②

1930年8月，《大公报》的一篇短评《净体育界》，就是针对上海先后举办的男女共泳、男女对赛篮球造成的轰动新闻提出的批评。作者认为，篮球是一种剧烈运动，活动范围又小，球员间冲突的机会甚多，稍一不慎，便滑倒或跌在一处，容易造成观众与运动员的起哄。③该文作者还提到："慎勿徒炫新奇，以斩丧青年学子之意志，并传播坏影响于一般社会。"④不久之后，"体协会"便发公告："凡于中华篮球房举行男女比赛，概行谢绝。"理由是：

> 男女体格之构造强弱迥异，对于接触猛烈之篮球比赛，势无对敌之可能，既非女子生理上所许，更不符体育提倡之本意。⑤

---

① 《广州禁止男女同池游泳》，《健康生活》，创刊号，第32页。
② 《过犹不及：男女篮球怪状百出》，《大公报》，1930年8月16日，第4版。
③ 《净体育界》，"短评"，《大公报》，1930年8月17日，第4版。
④ 《净体育界》，"短评"，《大公报》，1930年8月17日，第4版。
⑤ 《篮球：男女赛不合理》，《申报》，1930年8月26日，第12版。

第六章 社会大众品评下的女子运动竞赛

由于男女共赛并未违法,在非正式的球赛中仍可看到男女共赛,而且共赛的风气从上海流传到北平。一位署名"斯艾"(又作"艾斯")的作者,看到北平也出现这类比赛,遂以《一幕两性肉搏记》一文,描绘男女混合篮赛的尴尬场面。斯艾发现,在这场比赛中,男球员如同饿虎扑羊,而观众又极尽消遣之能事,因此他从生理、规则与事实三方面,批评男女混合篮赛的弊病。斯艾认为:篮赛是相当激烈的运动,加以男女的生理和体格不同、强弱不均,合赛时不但有害女性生理,也使男性不能切实发展球技;另外,男女球规原本不同,混合比赛不宜仅用一种;再者,男女相互肉搏作战,除了不合体统,还容易出现轻薄或卑鄙行为,这种动作姑不论是否出于有意,却会连累自爱的球员。①

事实上,认为男女共赛不合体统的论调,到处可见。第四章提到,两江女篮在浙省建设运动会之后,与厅长等人进行的一场男女会外赛,也引起反弹。虽然这场比赛纯为余兴表演,但在20分钟的比赛中,厅长率领的男子队既未打进一球,又延误了为选手举办的公宴,因此,引起与会者不满。有记者更讽刺,这场比赛不在比试球艺,而是借此作乐。②

严格而言,男女共赛有单纯的一面,许多参与共赛的男女球员,不是旧识,便是同辈,在相互切磋下,可以增长彼此的球艺,对

---

① 斯艾:《一幕两性肉搏记:对于男女混合篮球之商榷》,《北平晨报》,1932年1月22日,第9版;艾斯:《一幕两性肉搏记:对于男女混合篮球之商榷》,《北平晨报》,1932年1月24日,第9版。

② 《所谓浙省建设动运会〔运动会〕者》,《体育评论》,第14期,第1页。

起步较晚的女球队来讲,有男球队的指点,是利多过弊的。不过,一旦有社会人士介入或涉及两性有别的看法,共赛方式便被复杂化,再加上比赛时男球员不乏有调戏女球员的心态或动作,让亲睹这些场面的论者难以忍受,为声援女球员并端正球场风气,遂口诛笔伐,大力反对男女共赛。

不过,自从报刊媒体相继批评、表示反对之后,许多球队不再敢尝试男女混合篮球赛,特别是北平。在拥护男女混打的滕树毂转至上海《时报》工作之后,这一风气在北平才逐渐消失。①

小　结

清末到1937年间,女子体育进入学生生活,不但改变了女学生的身体,也经由运动竞赛为中国造就了一群社会新精英——女性运动员。面对有越来越多的女学生公开运动并参加运动竞赛这一现象,一群能够用笔墨书写的社会大众,写下他们对女子运动竞赛的看法,这群人里有现场观众、体育专家、教育家,也有女学生和女运动员。借由他们的观点,多少可以为"女子运动竞赛是否符合女子体育的初衷"这个问题寻找答案。

从女性在运动竞赛的表现意涵来看,经由清末到1930年代,尽管论者的观点不一,但可以清楚地看到,他们大体上回应了国族主义和健美的体育观。进一步说,有人在女运动员的体育表演和竞

---

① 见斋:《北平篮球界之鸟瞰》,《体育周报》,第1卷第2期,第12页。

第六章　社会大众品评下的女子运动竞赛

赛活动中,看到国家精神的体现,有人则找到健康美的表现。无疑地,这群论者以肯定、乐观的态度看待女子运动。但实际上,女子体育并不是尽善尽美的,学校的体育政策,以及新闻媒体对女运动员和观众的报道中,已经暴露一些问题。随着运动竞赛的蓬勃发展,问题更加明显,来自各界的批评也不绝于耳,这些讨论有时不完全针对女子体育,而是对体育的通盘检讨。

由于运动选手是体育竞赛的灵魂,大多数的言论都是从评论运动选手出发的。论者从运动员的产生和他们的待遇、品德发现,为了在运动表演或竞赛中获得荣誉,学校不惜强迫学生过度运动;特别因锦标主义的影响,有些学校仅培养少数运动健将,而忽视了体育应该顾及全体学生。此外,学校以挖墙脚、利诱的方式,争取明星运动员,并为他们提供优厚的待遇,导致他们趾高气昂,成为学校的特殊阶级。不过,最受诟病的莫过于运动选手成名之后在品德上的缺失,多数论者认为这些选手目中无人、不求进步,并将此归咎于社会大众的滥捧和运动员缺乏自重。但也有论者站在选手的角度,指责社会大众抱着以成败论英雄或过度期待的心态,带给运动员很大的压力。因为女选手受到的青睐在男选手之上,再加上她们具有"女运动员"和社会大众瞩目的"新女性"的双重身份,所以论者在批评女选手时,带着更多的期待,连她们的品德和打扮都会严格检视。

另外,论者对运动竞赛时的配角——观众,也有不少微词。前两章提到的记者或漫画家的描绘,在这里有延伸的讨论,多数评论集中在啦啦队的失控和观众观赛的不正当意图上。他们不但指出这些行为不利于女子体育的发展,更点出观众水准不够,不明白女

373

子运动的真谛。还有一个受到大众关心的问题,即女运动员的运动方式。虽然两性相同或两性相异的运动,都有论者提倡,其中拟男的尚武运动,更普见于清末民初的女校校园,但是当这些意见或表演落实到公开运动场合时,女学生的尚武运动就遭到批判,至于男女能否共赛或共泳,也成为论辩的焦点。

结　论

在本书进入尾声时,我对该如何做总结,竟然有些彷徨。贺萧(Gail Hershatter)撰写《危险的愉悦:20 世纪上海的娼妓问题与现代性》这本书时,试着从庞杂的史料中梳理出有条不紊的故事,但她仍鼓励读者回头翻阅这些资料,思考可能的解释,并想象史料中的知识如何产生,以及如何被记忆、再创造、再叙述。她认为,经过不同的阅读和倾听,或许读者可以明白娼妓的声音和行为。① 高彦颐也发现,随着缠足的出现,和缠足有关的文献和物质资料多得惊人,而且资料之间充满矛盾、重复;甚至在漫长的缠足历史中,人们的实际行为和所有的论辩也都相互纠缠。因此她在书中刻意摆放着一些彼此冲突的观点,没有为这本书做盖棺论定的结语,而是创

---

① Gail Hershatter, *Dangerous Pleasures: Prostitution and Modernity in Twentieth-century Shanghai* (Berkeley: University of California Press, 1997), p. 32.

造开放的空间,让读者自我思考。① 其实,在近代中国历史中出现多元、相异话题的,不光是娼妓和缠足,研究近代中国其他女性议题的学者都有同样的经验,白保罗(Paul J. Bailey)的民初女学生,许慧琦的新女性形象,连玲玲和陈欣欣(Angelina Y. Chin)的职业妇女,梅嘉乐(Barbara Mittler)、顾德曼(Bryna Goodmam)和林郁沁(Eugenia Lean)的公共论述中的女性,罗久蓉的女汉奸与女间谍,

---

① 高彦颐(Dorothy Ko):《缠足:"金莲崇拜"盛极而衰的演变》(*Cinderella's Sisters: A Revisionist History of Footbinding*),苗延威译,第327—330页。

结　论

分别透过各种女性的形象、工作性质,呈现当时的舆论如何复杂化女性。①

近代以女性为中心的议题,之所以如此百花齐放,是因为女性不再不可见。研究宋朝女性史的伊沛霞(Patricia Buckley Ebrey),试图从两幅画中寻找女性的身影。在宋朝画家张择端描绘开封街道的画里,她发现熙来攘往的人群中都是男人,唯一的女人,是一个坐在轿里往外张望的女人;而在另一幅描写汉朝才女蔡文姬被

---

① Paul J. Bailey, "'Unharnessed Fillies': Discourse on the 'Modern' Female Student in Early Twentieth- Century China," 收入罗久蓉、吕妙芬主编:《无声之声(III):近代中国的妇女与文化(1600—1950)》,第 327—357 页;许慧琦:《"娜拉"在中国:新女性形象的塑造及其演变(1900s—1930s)》,台北:政治大学历史系,2003;连玲玲:《"追求独立"或"崇尚摩登"? 近代上海女店职员的出现及其形象塑造》与 Angelina Y. Chin, "Labor Stratification and Gendered Subjectivities in the Service Industries of South China in the 1920s and 1930s: The Case of Nü Zhaodai(女招待)"这两篇文章出自《近代中国妇女史研究》,第 14 期(2006 年 12 月),第 1—50、125—178 页;Barbara Mittler, "Defy (N) ing Modernity: Women in Shanghai's Early News-Media (1872-1915)," 《近代中国妇女史研究》,第 11 期,第 215—259 页。Bryna Goodman(顾德曼)在这方面有系列研究:"The New Woman Commits Suicide: The Press, Cultural Memory and the New Republic," *The Journal of Asian Studies* 64:1 (February 2005), pp. 67- 101;《向公众呼吁:1920 年代中国报纸对情感的展示和评判》,《近代中国妇女史研究》,第 14 期,第 179—204 页;"Unvirtuous Exchanges: Women and the Corruptions of the Shanghai Stock Market in the Early Republican Era," in Mechthild Leutner and Nicola Spakowski, eds., *Women in China: The Republican Period in Historical Perspective* (Münster: LIT Verlag, 2005), pp. 351-375; Eugenia Lean, *Public Passions: The Trial of Shi Jianqiao and the Rise of Popular Sympathy in Republican China* (Berkeley: University of California Press, 2007)。罗久蓉也有系列研究:《历史叙事与文学再现:从一个女间谍之死看近代中国的性别与国族论述》,《近代中国妇女史研究》,第 11 期,第 47—98 页;《战争与妇女:从李青萍汉奸案看抗战前后的两性关系》,收入吕芳上主编:《近代中国与国家(1600—1950)》,台北:"中研院"近代史研究所,2003,第 129—164 页。

俘虏十二年返回家乡的画中,伊沛霞看到虽然有一群女人走出家门迎接蔡文姬,但这群女人仍是在陌生人不能接近的内墙里。① 这两段叙事告诉我们,传统女性是不容易被看见的,不过,相对于传统女性的难得被看见,近代女性却处处可见,但也因为无处不在的女性身影,让社会大众有机会以各种角度去诠释女性及与女性有关的各类议题,于是产生众说纷纭的现象。而近代女性的体育运动或运动竞赛,更是公开示众,留下的文字资料或图像资料超乎想象,也因此,要用这些不同来源的史料拼出完整的近代女子体育的历史,或是提出定论,是不容易的任务,即使我处理的仅是江南地区。不过,我还是通过每一章的小结,回答了导论中抛出的问题。

　　严格而言,本书称不上体育史专书,也不是一本完备的近代中国女子体育史论著,但如果这种多元视角的研究方式能扩大体育史研究的视野,那将是本书的收获。在这里,我将回到本书的基本关怀,也就是借由本书,归纳出在女性史研究中较受关注的四个议题,并进行讨论;此外,目前晚明到近代中国女性史研究尚缺乏主题连贯性的观察,但事实上,已经有越来越多的学者发现,女性的许多活动或表现方式是承续而非断裂的,因此,我也试图就这四个议题,同以前的研究成果相互对照,并寻找可以进一步思考的方向。

　　其一,我提出的是对规训的讨论。研究身体运动的学者,主要以"规训"来看待人类身体的改造,政府、学校机构成为驯化身体的

---

① Patricia Buckley Ebrey, *The Inner Quarters: Marriage and the Lives of Chinese Women in the Sung Period* (Berkeley: University of California Press, 1993), p. 21.

结　论

主导者。① 对这种说法,我并不反对,因为要让近代女性的身体达到强种、救国或美丽的目的,的确必须经过有计划、有规模的锻炼,虽然传统女性已经懂得如何强身,而靠具有武功的身体保家卫国的例子,也被记载在史传中。不过,近代女子的团体运动表演、田径或球类比赛,不能单靠个人的力量,以至于在实践的过程中,出现强制性的训练,中国近代女子体育的发源地——学校,理所当然成为规训女子体育的主要场域。

然而,规训不全然是被动的接受,透过江南地区女学生的活动,我们清楚地看到,被要求接受身体训练的女学生中,有人自我规训、有纪律地运动,有人则规训其他女同学。不少女学生自治会为了鼓吹女子体育,除了组织运动团体、举办课外运动竞赛,还订定各种运动规定,强迫同学运动,与学校的体育政策桴鼓相应。例如,为了鼓吹放胸,有自治会无视同学的感受,与学校执事者一起进入宿舍,搜查同学的私人衣物,撕毁她们的小背心。这些现象提醒我们,如果规训是权力的展现,那么对中国的女子体育来说,支配身体权力的,不完全是父权或男权,女性潜在的权力也不容小觑。

事实上,女性规范同性的例子,不是近代才有,从前由女性书写的女教书,便是由知识女性去规范其他女性的产物;而受近代教育的女性,她们掌握权力的机会和人数,远在传统女性之上,因此,她们不只通过书写,还通过组织、行动和团体的力量更彻底地规训

---

① 关于这方面的讨论基本上都是受福柯(Michel Foucault)的影响。Michel Foucault, *Discipline and Punish*: *The Birth of the Prison* (New York: Vintage Books, 1979).

同性的身体。从这里,我不禁想问:是谁赋予女性宰制同性的权力?这与男性宰制女性有何不同?

其二,是分析"观看"这个现象。传统女性打马球或摔角运动,是在众目睽睽下演出的,但那毕竟是少数,而且不常举行,观看的人也有限。近代女学生的身体运动,却是学校、地方乃至国家的例行活动,经常需要公开展示运动成果,于是运动的女性不能回避大众的眼光,包括现场观众,以及间接从报刊观看运动照片的读者,那么"观看"在她们身上,具有何种意义?和规训一样,"观看"被认为是一种权力形式,被看的人则处于弱势。有学者认为,因为"观看"的权力由男性掌握,所以在"男性凝视"(male gaze)下,女性居于"被看"的弱势位置;但也有学者指出,女性也同样在"看",她们既是"被看"的客体,也是窥视的主体。①

从清末到1930年代,近代中国女子体育所衍生的观看行为,在记者、漫画家、论评者笔下,充满各种复杂的现象。早期观赏运动会的观众并不多,观众席井然有序;到运动竞赛越来越普遍的1920年代末期,因为运动场的扩建,观众人数的激增,看台逐渐变得失序、混乱,观众闹场的事件层出不穷。这种变了调的场面,除了和比赛的竞争激烈有关,有部分原因是观众喜欢争睹女运动员的风采,于是记者、论评者和漫画家把男性观众对女运动员的凝视,用极尽讽刺的方式投射了出来。在男性凝视下,的确有女性不敢运

---

① 女性文化和女性艺术研究的学者在这方面有丰富的讨论,Annette Kuhn、John Berger 站在女性被观看或讨好男人的角度,Jackie Stacey、Kaja Silverman 则从女性观众和被看女性的反应,发现女性不全然是被观看的客体,而且她们也相互对看。李玉瑛:《女性凝视:婚纱照与自我影像之戏》,《台湾社会学刊》,第33期(2004年12月),第6—9页。

动,但有部分女性则非默默承受,大体上有两种反应。一种是女子体育正在起步的时候,女性摆出禁止观看或不愿意被看的态度,如:天津严家家塾采用男女学生轮流使用操场的方法,上海光华中学在女学生的专用操场围上篱笆,这都是为了防范男学生观看;而《女界特别现像〔象〕》这幅画的副题,写着一位在自行车上耍把戏的旗人妇女,痛骂拍掌叫好的男学生;还有上海交通大学的男女学生因为游泳池的使用,大打笔战,也是为了不让男同学观看。如果说"被看"是弱势,那么在男学生观看的过程中,光华中学的女学生从弱势转为特权拥有者,旗人妇女和交大女学生则不甘示弱,力争不被男学生观看的权力。另一种是运动竞赛变成热门活动后,运动女性逐渐能接受大众的凝视,于是由不愿意被看转成愿意被看。运动选手在运动会上刻意打扮,在摄影机下摆出健美姿态,或是提供写真照给报刊等行为一再说明,女性不全然是被观看的客体,有时她们还掌控了观看的权力。这则女校赛球的故事,正是最好的诠释:

> 正当对方把球开过来的时候,有一个女运动员很敏捷地迎着接了过去,可是因为男子们的狂叫,使这位女运动员更加花枝招展似的,以一种婀娜的态度接了过去,可是结果扑了一个空,这女运动员竟哈哈大笑起来,引逗得在场的男子更加哄然狂叫,而且竟拍起掌来。①

---

① 秋英:《有感于某校女生赛球》,"妇女界",《世界日报》,1935 年 4 月 22 日,第 6 版。

其实，观众群中的女性，也同样注意女运动员的一举一动，这则故事便出自女性手笔。因此，当男性凝视女性时，显然不能忽视女性也在一旁凝视着女性。

除此之外，在传统时期的灯会活动中，游观的人既看人，又展示自己给人看，①而近代运动会更为人们提供了"看人"和"被看"的机会。记者发现，有的男性观众竟把运动会当成择偶的场域。他们凝视的对象不仅是运动场上的女运动员，还包括观众席上的女性；而带着这种企图进入运动场的，还有女性观众，她们也试图在运动场边引起注意。至于离开运动会的一般运动场所或游泳池畔，也不乏同样情形，对女性渴望被看的心态，漫画家曾有巧妙的描绘。无疑地，观看女子运动的各种例子已明白告诉我们，"看"或"被看"的权力并不是男性独有的，而是操纵在男女手上的。

其三，析论女运动员的形象问题。随着读书、放足、就业女性的出现，清末女性形象有很大转变，特别是在高唱"救亡""保国""强种"的国族论述下，女性角色从在家相夫教子的女子，转成必须参与建国工程的女国民或"国民之母"，而在军国民思潮的弥漫下，更出现"英雌""女杰""女英雄""女志士"等名词。一时之间，女性形象充满阳刚气息，而最能够呈现这类形象的，就是通过运动改造的女性，运动为她们打造了"尚武"的身体。到了新文化运动前后，新妇女、新女性、摩登女性的形象，逐渐取代尚武女性的形象，虽然军国民思潮逐渐退场，但由于中国仍面临内忧外患，在国族意识持续笼罩下，她们也被赋予救国的责任，只不过，相较于清末民初的

---

① 陈熙远：《中国夜未眠——明清时期的元宵、夜禁与狂欢》，《"中研院"历史语言研究所集刊》，第75本第2分（2004年6月），第299页。

女性,她们有更宽阔的发展空间。以身体运动为例,这时期的体育教育讲究多元,再加上西方健美体育观的传入,时尚的健美形象自然备受青睐。

无疑地,尚武和健美形象是随着时代思潮孕育而生,并与国外接轨的。但其进入中国之后,有些部分被过度夸大或不断复制,各种与女性有关的书籍、刊物、教材、小说、戏曲、运动歌曲、广告、电影、漫画等,以植入性方式,把这两种形象带给女性。因此,清末民初的街头出现做军操的女性,1920到1930年代,游泳池或球场已有不少展现健美身体的女性穿梭其中。而被认为最能体现尚武精神和健美典范的,是运动场上的表演者或选手,许多新闻记者以全方位方式介绍这群新女性形象时,喜欢把"尚武""健美"套用在获胜的女运动员身上,因此,透过媒体,中国女性的运动形象呈现出性别交错的特质。但不可否认的是,健美形象中的"美丽"这部分得到更多的青睐,翻开《女运动员》和《女运动员名将录》这两本画册可以看到,它们不是记载女运动员的运动成果,便是展现她们的容貌或身材;即使是在国外的媒体上,看到的也是女运动员的美丽外貌。在第十一届奥林匹克运动会期间,虽然杨秀琼的游泳成绩不佳,但她的照片竟被刊登在德国和法国的两本杂志上,还被誉为"奥运美人"。

相对于其他新女性,女运动员形象的建构来源更加多元,包括评论、报道、宣传、图像、广告、艺术等;除此之外,造就女运动员的学校和女运动员的同学也参与其中。在全校师生为女运动员举办的盛大欢送会、凯旋会或啦啦队的组织中,虽然看不出他们赞赏的究竟是尚武还是健美形象,但可以看到"女运动员"这个身份,让女运动员成为师生崇拜的偶像,而且是能为学校带来荣耀的偶像。另外,张贴女运动员的照片,或把自己包装成女运动员的这些举动,也都显示出"女运动员"魅力十足。最显著的例子就是主演体育影片《体育皇后》的女主角黎莉莉,她经常穿着运动服出现在运动会上,或是进入校园,和女学生一起打球。这固然不乏替电影造势的意味,但黎莉莉结合明星和女运动员这两种新女性身份的形象,也成功获得了众多学生,甚至女运动员的仰慕。有意思的是,这和晚清的妓女打扮成女学生的心态不谋而合,都是借由新女性形象,博取大众注意。①

不能忽略的是,当我们都关注运动女性形象如何被建构的时候,被建构者其实也在不断为自己的形象创造更大的爆发力。女运动员挑战体能极限,不断打破运动纪录,就是最好的例子。另外,则是利用身体引领风骚。比如1930年代的全国运动会中不同地区女运动员在妆扮上的相互较量,比如杨秀琼一袭引人遐想的比基尼泳装,在在呈现出女运动员如何利用形象自炫。研究表明,女性对自我形象的凸显、自炫,在晚明的消费文化、晚清的都市生活中,从妓女到闺阁女子,都有迹可循。② 尽管时代不同,但当都会时尚、身体文化、商业消费和女性形象结合时,我们便得到了一条

---

① 周慧玲从1930年代美国和中国电影界发现,女明星和时尚结合,可以达到自我超越或自我转型的目的。周慧玲:《表演中国:女明星、表演文化、视觉政治,1910—1945》,第147—163页。
② 巫仁恕:《品味奢华:晚明的消费社会与士大夫》,台北:"中研院"、联经出版事业公司,2007,第135—139页;罗苏文:《都市文化的商业化与女性社会形象》,收入叶文心等合著:《上海百年风华》,台北:跃升文化事业有限公司,2001,第80—83页;罗苏文:《论清末上海都市女装的演变(1880—1910)》,收入游鉴明主编:《无声之声(Ⅱ):近代中国的妇女与社会(1600—1950)》,第118—134页。

不过,许多研究发现,早在传统时代,只要女性走出家门,进入公共领域,批评的声浪就会纷至沓来。过去是士大夫用礼教告诫这群女性;①而近代女性虽然被鼓励放足、上学和外出工作,可一旦超越性别界限,一样会受到批判。从我前面列举的学者们的研究可以看出,不管是女学生还是各行各业的新女性,她们的行为道德或穿着打扮,无不被放大讨论;而众人瞩目的女运动选手,更不曾被轻易放过。值得注意的是,当这群论者或记者合理化他/她们对女运动员形象的评价时,似乎忘了他/她们是通过窥视女性身体或进入女运动员私密空间而发声的。这种把私人问题转成公共论述的情形,在近代中国舆论界形成一种特色,而内容的夸张、复杂,令人难以想象。② 我们可以说这是民国以来中国人追求思想、身体解放的一种狂热,也可以说是公论空间提供给人们尽情宣泄的管道,

---

① 衣若兰:《三姑六婆——明代妇女与社会的探索》,台北:稻乡出版社,2002;何素花:《士大夫的妇女观——清初张伯行个案研究》,《新史学》,第15卷第3期(2004年9月),第57—69页。
② 其中婚恋问题的讨论,最为复杂。详见吕芳上:《另一种"伪组织":抗战时期婚姻与家庭问题》,《近代中国妇女史研究》,第3期,第97—121页;吕芳上:《法理与私情:五四时期罗素、勃拉克相偕来华引发婚姻问题的讨论(1920—1921)》,《近代中国妇女史研究》,第9期(2001年8月),第31—55页;吕芳上:《1920年代中国知识分子有关情爱问题的抉择与讨论》,收入吕芳上主编:《无声之声(I):近代中国的妇女与国家(1600—1950)》,台北:"中研院"近代史研究所,2003,第73—102页;游鉴明:《千山我独行? 廿世纪前半期中国有关女性独身的言论》,《近代中国妇女史研究》,第9期,第121—187页;许慧琦:《〈妇女杂志〉所反映的自由离婚思想及其实践——从性别差异谈起》,《近代中国妇女史研究》,第12期(2004年12月),第69—113页。

因此,性别议题的公私界限,几乎不复存在。①

坦白说,媒体对女运动员的批评,有时并非无的放矢。只不过,有些记者为了报刊的销路,不是紧抓女运动员的小道消息,便是制造各种新闻,重创了女运动员的形象。尽管其他国家也一样批评新女性、摩登女性,②然而,中国媒体提供的各种发表空间,让编者、读者、记者,以及形形色色的社会大众,用文字、画笔、照相机对新女性形象做各式各样的形塑、批判和揶揄,这是其他国家"望尘莫及"的。

除此之外,女性运动形象也成为消费工具、性欲对象。广告和电影的宣传,向来喜欢套用时髦话语,引人想象的"健美"形象在这两个行业的过度操弄下往往被混淆了正当性;而把女运动员当成性欲对象,更扭曲了运动论述中的女性形象。例如,四川军阀借运动会的开办,随意召见女运动员。这种比逼视、遐想更进一层的强占行为,经常发生在民国以来的部分军阀身上。他们对新女性图谋不轨,和传统土豪劣绅强夺良家妇女并没有两样,这对新女性形象的建构相当负面,更是女子体育的倡导人所始料不及者。

我之所以对运动女性形象建构,以及建构后所带来的问题长

---

① 顾德曼对这部分做了详细阐述。顾德曼:《向公众呼吁:1920年代中国报纸对情感的展示和评判》,《近代中国妇女史研究》,第14期,第179—204页。吕芳上也指出,从阅读史的角度来看,这是"五四"的另一特色。吕芳上:《1920年代中国知识分子有关情爱问题的抉择与讨论》,收入吕芳上主编:《无声之声(I):近代中国的妇女与国家(1600—1950)》,第83页。
② 1920年代,日本的摩登女性曾受到知识分子的广泛讨论,有些人认为她们展现独立性格,有些人却指责她们行为放荡。请见 Barbara Sato, *The New Japanese Woman: Modernity, Media, and Women in Interwar Japan* (Durham and London: Duke Univrsity Press, 2003), pp. 45-77.

篇大论,主要是因为有关女性形象的论著,不管在中国还是西方性别史研究中,均占很大部分。我试图从女运动员这个视角,找寻相通或不同的部分。可以确定的是,运动女性的形象受到很大的关注,而近代中国的舆论空间和部分军阀的行为,却让她们的位置游移不定。

其四,探究女性主体的问题。和女性形象一样,女性主体也是女性史研究的热门话题,过去将女性看作受压迫者的论调,因为后现代、后殖民和女性主义的影响,不断受到挑战。①对中国明清时期"才女文化"的研究便是最好的例子。在中外学者深入挖掘下,女性形象出现新的面貌,我们看到这时期受过良好教育的女性,不但创作诗文,还从事艺文交流,甚至行销自己的作品,这种积极、主动的表现,颠覆过去大家对女性的单一观感。② 除了才女研究,也有

---

① 胡晓真:《最近西方汉学界妇女文学史研究之评介》,《近代中国妇女史研究》,第 2 期(1994 年 6 月),第 271—273 页;叶汉明:《主体的追寻——中国妇女史研究析论》,香港:香港教育图书公司,1999,第 51—59 页;孙康宜:《文学的声音》,台北:三民书局股份有限公司,2001,第 73—102 页。

② 胡晓真:《才女彻夜未眠:近代中国女性叙事文学的兴起》,台北:麦田出版社,2003,第 12 页。有关这方面的研究,除了胡晓真,还有 Dorothy Ko, *Teachers of the Inner Chambers: Women and Culture in Seventeenth Century China* (Stanford: Stanford University Press, 1994); Susan Mann, *Precious Records: Women in China's Long Eighteenth Century* (Stanford: Stanford University Press, 1997) 和 *The Talented Women of the Zhang Family* (Berkeley: University of California Press, 2007);华玮:《明清妇女之戏曲创作与批评》。

学者从清代一般家庭妇女的婚姻及妓女文化中,找到女性的自主性。① 进入近代,女性的自我呈现更是无处不在,其中,通过身体运动追求自主的女性,和女作家、女学生、女权运动者或是各行各业女性的主体呈现不尽相同,她们所展现的自主性,远超过同时代的许多女性。

尽管运动女性的形象被利用、滥用,但从前面对规训、观看的讨论中,大致可以看到她们如何为自己或同性规划运动,怎么去拒绝和接受观众对自己身体运动的凝视。除此之外,对喜欢运动或经常参加运动竞赛的女学生而言,为了争取运动时间和空间,她们不分日夜地苦练,甚至不顾女性形象,夺取被男学生独占的运动场地;为了展现运动实力,她们跨越性别界限,和男学生一起运动,还向男学生挑战或接受他们的挑战,拟男运动、男女共赛往往是在这种情形下产生的。虽然有些人反对这样的运动方式,然而,她们在性别界限中找到了主体。至于有运动专长或出身体育学校的女学生,她们更勇于展现运动的身体,在各种运动竞赛中,不时有出人意表的成绩,甚至超越了男运动员。

重要的是,当女运动员不断超越自我、挑战男性的时候,社会各界也帮她们撼动了以男性为中心的社会价值。除了来自学校的

---

① 定宜庄:《从婚书契约看清代的妇女再嫁问题》,收入游鉴明主编:《无声之声(Ⅱ):近代中国的妇女与社会(1600—1950)》,第85—108页;赖惠敏:《但问旗民:清代的法律和社会》,台北:五南图书出版股份有限公司,2007; Catherine Yeh, *Shanghai Love: Courtesans, Intellectuals, and Entertainment Culture, 1850-1910* (Seattle and London: Unversity of Washington Press, 2006); Weijing Lu, *True to Her Word: The Faithful Maiden Cult in Late Imperial China* (Stanford: Stanford University Press, 2008).

各种礼遇,在华东举行的地方运动会和全国运动会中,运动员的出场顺序、领奖先后,乃至宿舍的安排,都是女性优先;而杰出的女运动员或女球队,还受邀到各地表演,甚至出国演出,享有许多男运动员没有的"特权"。无疑地,这些特殊待遇都是为了倡导女子体育,更明白地说,是为了让女运动员能替学校、地方、国家争光。就是在各界对女子运动的大力倡导下,才让女运动员在开创自主空间时,比起其他女性更加游刃有余。

从前述可知,具近代意义的女子体育,除了影响中国女性的身体运动,还连带改变了中国女性的历史、社会价值,以及中国的两性关系。那么回头审视影响中国女子体育的源头——西方女子体育,是否也冲击了西方女性的历史,带来两性问题和新的社会观呢?为与中国相关的问题相互比较,此处就"凝视"和"形象"这两部分进行分析。

虽然西方是近代女子体育的先进代表,但在女子体育推动的初期,西方各界对运动是否会影响女性形象,充满不安和焦虑。例如,应该采用何种运动方式?是否要比照男子体育?如何防范公众对女学生运动的凝视?这些都成为热门话题。

以运动方式来说,在1920、1930年代,中国才沸沸扬扬地讨论这些问题,欧美各国却早在19世纪中末期和20世纪初期,就相当关注。尽管每一个国家接受女子体育的时间不一,看法也各有差别,但相同的是,一开始各国的观念都相当保守,认为运动能保持女性身体的优美,然而学习男子运动或竞赛运动,容易造成男子气。① 还有论者不是认为女性身心不如男性,便是担心运动会造成女性不孕,法国的卫生专家甚至警告骑自行车的女性,自行车的震动容易导致处女膜破裂。② 以当今的眼光看来,这些论调或许幼稚无知,甚至充满性别歧视;不过,从另一角度看,正是因为近代体育在西方萌芽,再加上社会风气还未开放,才出现了既赞成锻炼女性身体,又害怕运动会伤害女性特质的矛盾说法。最重要的是,这类论调也给中国带来不小的影响。

除此之外,和中国一样,他们对男性观看女性运动,也做了强烈反应。1896 年,美国西部学校举行女子校际篮球赛,规定男性观众不得进入比赛大厅,结果有一位男性因为靠近窗户,引起一群女性的不悦,在她们的嘘声中,这位男性仓皇逃走。③ 1901 年,美国柏克利(Berkeley)妇女教育的赞助者,为了为女性提供不被偷窥的运动空间,还特别打造有围墙的户外篮球场。④ 另外,根据《教育报》的调查,美国女性做体操时,是不准外人参观的。⑤

至于女学生的运动服装,更让西方教育者伤透脑筋。19 世纪

---

① Allen Guttmann, *Women's Sports: A History* (New York: Columbia University Press, 1991), pp. 92–96, 118; Mary Lynn Stewart, *For Health and Beauty: Physical Culture for Frenchwomen, 1880s–1930s* (Baltimore and London: The Johns Hopkins University Press, 2001), pp. 151–156.

② Mary Lynn Stewart, *For Health and Beauty: Physical Culture for Frenchwomen, 1880s–1930s*, p. 163.

③ Allen Guttman, *Women's Sports: A History*, p. 116.

④ Sara Delamont, *Knowledgeable Women: Structuralism and the Reproduction of Elites* (London and New York: Routledge, 1989), p. 84.

⑤ 《美国女学之概要》,"调查",《教育报》,第 2 卷第 6 期(1914 年 12 月),第 87—88 页。

末的英国,只要有男性观众在场,女学生就必须全副武装,不仅穿着长裙,还得戴着手套和帽子。自行车问世后,各界对女性该不该骑车或骑车时应该穿什么服装,又有极大的争议。1890年代末期,一位高中女生因为骑自行车,引起轩然大波,不少家长为此向学校要求,凡是骑自行车的女学生,应该注意裙子的长度;之后,有一所学校——爱丽丝·奥特雷学校(Alice Ottley School)——规定,女学生骑自行车时必须穿长裙,并把靠近脚踝的裙边用松紧带套牢。① 直到20世纪,女性的运动服装才不再保守,而且日渐简单化;先是灯笼裤取代长裙,接着是短衫短裤登场。② 从女性运动服装的演变过程看来,中国和西方大体相同,都是由长而短、从繁复趋向简单;但在演变初期,女运动员过度暴露的穿着也同样引起非议。

由于西方女子体育从学校出发,为了维持这群来自中上层家庭女学生的形象,除了在运动空间和运动服装上采取保护措施,有的国家还把女性运动做了阶层区隔,比如,当自行车风靡欧洲时,有英国人提出上层女性不适合骑自行车的说法,并指出骑自行车是下层女性的运动,会让女性缺乏美感。③ 不过,英国人的这个观点在中国却遭到挑战,自行车刚在中国出现时,爱好骑自行车的女性,有女学生,也有妓女,虽然曾引来群众围观,但并没有带来阶层的论争。至于体育阶层化的问题,尽管也有中国人提出讨论,但他们却是站在国族主义的立场批评来自西方的近代体育的,他们认

---

① Sara Delamont, *Knowledgeable Women: Structuralism and the Reproduction of Elites*, p. 87.
② 董进霞主编:《女性与体育:历史的透视》,第45—46页。
③ Allen Guttmann, *Women's Sports: A History*, pp. 101-102.

为昂贵的近代体育用品或设备让体育无法深入民间,西方的近代体育只是贵族化的体育。

西方女子运动观到 1920 年代逐渐产生变化,各国的观点也出现分歧。例如德国和俄国不再反对女子参加激烈竞赛,但西方的部分学校仍然不赞成女子参加竞赛活动。以法国为例,在全世界都着迷于运动竞赛的 1930 年代,法国的部分女子中等学校却把体育课当作选修科目,而且大多数的田径赛禁止女学生参加。① 美国的一些学校则连校际球赛都不允许女学生参加,因为这些学校担心男子比赛场中的喧哗失序,会出现在女学生的比赛中,致使女学生的形象遭到破坏。② 而在意大利,不但教皇反对女子运动,连政府也禁止女性参加国际运动竞赛或赛跑的训练。③

不过,随着社会性别生态剧变、运动竞赛普及,以及女运动员不断创造佳绩,一些反对女性做剧烈运动的国家渐渐改观,不再塑造弱势的女性形象,并且强调女性的身心并不亚于男性。比如法国的富家女开始学赛车、驾船、开飞机;④ 美国的学校也在无法禁止女学生热衷运动的情况下,鼓励女学生参与竞赛活动,史密斯学院便是其中之一。⑤ 只不过,尽管西方国家逐渐认同女性在运动场上的能力,但多数人并不希望女运动员男性化。法国的新闻界对女

---

① Mary Lynn Stewart, *For Health and Beauty*: *Physical Culture for Frenchwomen*, *1880s–1930s*, pp. 160–161.
② Allen Guttmarm, *Women's Sports*: *A History*, pp. 135–142.
③ 《意禁女子运动》,"女界新闻",《女铎》,第 22 卷第 9 期(1934 年 2 月),第 68 页。
④ Mary Lynn Stewart, *For Health and Beauty*: *Physical Culture for Frenchwomen*, *1880s–1930s*, pp. 168–170.
⑤ Allen Guttmann, *Women's Sports*: *A History*, pp. 114–115.

运动员的报道还是偏向优雅美丽、有女人味的一面;①在美国,身材魁梧、动作像男孩子的女运动员则经常受到记者揶揄;②而相当重视女子田径运动的德国,除了反女性主义者认为男性化的女人违反健康美的自然规范,女性主义者也主张以适度运动,展现女性的健美。③ 反观中国,记者打造的女运动员形象,虽然也和西方一样,强调健康美或女性特质,但并没有忽略具有男子气的女运动员。

无论如何,体育运动为西方的女性改写了历史,过去被遮遮掩掩的女性,可以公开露面,运动杰出的女性更受到各界仰慕,被视为社会典范,而女子运动则成为商业广告的热门卖点。例如,1905年,美国可口可乐公司以手持高尔夫球杆的男性和拿着网球拍的女性为背景,在 Harper(《哈泼》)这本杂志刊登广告。④ 1933年,美国纽约联合新闻社发起从全国女运动员中选举"运动皇后"的活动;⑤1934年,美国网球界更票选出一位"体育皇后"。⑥ 这些现象,也同样出现在中国,促使中国社会性别观念发生了改变。

严格来说,以上只是概括分析,因为西方各国不但对女子体育的训练方式或接受程度不尽相同,而且每所学校的运动策略也有

---

① Mary Lynn Stewart, *For Health and Beauty*: *Physical Culture for Frenchwomen*, *1880s – 1930s*, p. 169.
② Allen Guttmann, *Women's Sports*: *A History*, pp. 143–153.
③ Michael Hau, *The Cult of Health and Beauty in Germany*: *A Social History（1890–1930）*（Chicago and London: The University of Chicago Press, 2003）, pp. 57–75.
④ Allen Guttmann, *Women's Sports*: *A History*, p. 127.
⑤ 《美国女运动员投票选举运动皇后》,《女铎》,第 21 卷第 12 期(1933 年 5 月),第 82—83 页。
⑥ 《海伦杰谷白女士当选为美国体育皇后》,"女界新闻",《女铎》,第 22 卷第 9 期,第 78—79 页。

差别。然而,通过对这些片段的比较可以看到,无论中国还是西方,关于新女性形象的建立,在不少方面是非常相似的。换句话说,在近代女性历史发展过程中,中国和西方有着共同经验。不过,我们也不能过于乐观地下断语,因为在相同经验的背后,其实存在着许多差异,这些复杂的差异现象,我虽然略有提及,但仍有待进一步探讨。

罗梅君(Mechthild Leutner)曾对两本中国近代史研究的西文巨著提出质疑,因为她发现这两本书的作者费正清(John K. Fairbank)和费约翰(John Fitzgerald)都在书中提到妇女历史,论述却相当不足,或只是轻描淡写。① 伊沛霞在她的书中则写道:

> 最好的妇女史不只是告诉我们过去的女人,而是能够让我们重新审视我们对历史和历史进程的理解。②

因此,在近代江南地区的女子体育和性别史研究对话之外,我也试图将其和近代中国史相互参照。更何况,女子体育的倡导、实践和公开演出,都是属于公领域的事情,和当时的历史演进相扶相依,更不能逸离近代中国史的脉络。在此,我提出三个观察。

---

① 罗梅君提及的这两本书分别是 *New History* (1998) 和 *Awakening China: Politics, Culture, and Class in the Nationalist Revlution* (1996). Mechthild Leutner, "Women's Gender and Mainstream Studies on Republican China: Problems in Theory and Research," in Mechthild Leutner and Nicola Spakowski, eds., *Women in China: The Republican Period in Historical Perspective* (Münster: LIT Verlag, 2005), pp. 74-80.
② Patricia Buckley Ebrey, *The Inner Quarters: Marriage and the Lives of Chinese Women in the Sumg Period*, p. 270.

结　论

　　第一,中央与地方的问题,一直存在于中国历史上。清代中叶以后,地域主义不断扩大,到 1920 年代初期,中国西南各省倡议联省自治,在联邦言论与实际政治运动两相激荡下,地域主义达到极致,也因此衍生出军阀林立的局面;1925 年之后,因北方军阀的火拼,以及国民政府的建立,军阀的势力才逐渐削弱。① 然而,尽管因地域主义产生的政治分割不再那么盛行,但地域主义的观念并没有从中国人的生活里退出,中国人的语言及各种人际关系都和各自居住的地域紧密相系,这种情形在全国运动会中显露无遗。

　　由于全运会是由各省市派代表参加的,所以运动员的出场、竞赛或活动充满了地方性,记者们的运动会报道或会外侧写都注意到地方特性,不少记者就特别留意各地女运动员的服装、妆扮或生活习性。运动员语言的差异也相当普遍,导致第五届全运会的游泳比赛曾发生必须用双语解说的情形。更重要的是,本书探究的江南地区,向来体育风气发达,因此,呈现了体育蓬勃发展的一面;然而,环顾全中国的运动观念和体育活动,其实各地之间还存在较大差距。例如,李森到上海读书之前,曾在一个偏僻小县担任体育教师,因为穿着运动服装上街,被当地公安当局认为"有伤风化",要求罚洋十元,李森只好"挂冠求去"。② 而即使是江南地区,各地也出现不同的运动风气,第二章提到的邵梦兰,在上海读书时,曾陪同女同学到海边游泳,但她回忆在浙江淳安老家河边游泳的,都

---

① 张玉法:《中国现代史》,上册,第 177—181、237 页;李达嘉:《寻找立国方针:梁启超的联邦与反联邦论述》,收入《走向近代》编辑小组编:《走向近代:国史发展与区域动向》,第 191—192 页。
② 惕:《湖南健儿:李森小姐的一幕趣剧》,《中央日报》,1935 年 10 月 19 日,第 3 张,第 4 版。

是男人,没有女人。① 不过,运动会也带来区域间的文化交流,减少了彼此的差异,最显著的是,促进了不同地区运动员的语言沟通。1936年,李森在前往奥运途中,给《时报》的信里便提到,她与同房的杨秀琼原本言语不通,后来渐渐有了改善。②

这些因女子运动带来的地方差异,虽然只是小插曲,却提醒我们,研究中央与地方关系或是地域问题时,如果能在着重于政治、外交事件之外,增加女子体育或其他与社会、文化有关的议题,应该会有新的发现。

第二,我在《导言》一开头便讨论"运动到底是为谁",而"为了国家"这句话,从一百多年前就高挂在中国人的口中。事实上,为了国家而运动,不是中国独创,几乎每一个国家都把体育和民族主义紧密结合,即使是当今的国际性运动会或球赛,也没有不标榜国族主义的。中国人之所以把运动和国家紧密结合起来,主要是因为战争和动荡不安的政局。清末民初,中国就陷入反满、反帝制的政治波澜中,而民国以来的军阀内战、1920年代的反帝国主义事件,以及1930年代日本侵华、经济萧条等内外在干扰,都使得"体育救国"的观念不断被宣扬,学校教育也一再强化体育教育。进一步说,战争和政局让中国人的身体和国家意识发生了重大的改变,包括向来被认为和救国没有太大关系的女性。只不过,既然体育是为了救国,那国家有没有提供相对完善的体育环境呢?

其实,晚清以降,即使在女子教育和体育运动最发达的江南地

---

① 游鉴明访问,黄铭明等记录:《春蚕到死丝方尽:邵梦兰女士访问纪录》,第65—66页。
② 李森:《李森来信》,《时报》,1936年7月13日,第7版。

区,也早就出现了师资缺乏和运动空间、体育场地不足的问题。其中的原因,有部分固然与学校对女子体育的推动不够尽力有关,然而在倡导体育活动和体育人才的培育上,国家难辞其咎。以全国性的体育活动为例,在国民政府定都南京之前,这类活动多由非官方的体育单位或地方政府推动。此后,虽然由国民政府统筹规划全运会,南京和上海也分别建造大型运动场,但可以彰显国家对具有民族气魄的运动人才培育的行为,却多出自私人办理的体育学校。

不过,换一个角度看,从清末到第二次中日战争前,颓唐不振的国势刺激了中国人,促使其以体育来救国,但这时期的各种政治事件和经济问题,也造成体育倡导和实际作为背道而驰的情况,许多地区或学校,纷纷出现体育教育无法持续发展的问题。因此,相对于这时期其他国家和地区的女子体育,包括与日本殖民统治下的中国台湾的女子体育比较时,我们需要有更多的同理心。因为和许多同时期正在与世界接轨的各种具有现代性指标意义的事业一样,中国女子体育的推动,无论是为了谁,都不能脱离这背后沉重的历史因素。

第三,对于1928年到1937年间的国民政府,学者有正反两面的看法。其中,主导国民政府的蒋介石到底以何种态度、策略掌握这十年的政权,以及这段时期的蒋介石是否统一了中国,都是沸沸扬扬地被讨论着的,直到当前,还是热热闹闹的研究课题。① 在这

---

① 有关蒋介石和他政权的分析,艾凯曾做了精辟分析。详见艾凯(Guy Alitto):《西方史学论著中的蒋介石》(*Chiang Kai-shek in Western Historiography*),台北:谷风出版社,1987。

里,我无意也没有能力加入这些论辩,我只想根据本书的一些发现去思考:面对女子体育时,被认为具有威权性的国民政府,究竟抱持何种态度,是否可以借此重新审视国民政府的性质。

从当时女性的运动图像可以看出,1930年代的女性不但十分活泼、开放,有些人的穿着打扮还相当大胆、前卫。虽然这只是部分都会女性的时尚表现,但1934年国民政府提出的新生活运动,曾严格取缔女性的奇装异服或过度暴露的服饰,故而又何以对女运动员裸露手臂、大腿的穿着没有限制;① 而由国民政府大力推动的三届全运会,经常发生运动员斗殴、观众脱序的情况,也不见政府出面管理;媒体对女子体育的描写、对女运动员公私领域的报道,更是前所未有的缤纷多元。如果说国民政府拥有强大的权力,又何以任凭运动女性肆意暴露,运动员和观众目无法纪,媒体浮夸轻佻呢?

就拿本书偶尔参照比较的同时期台湾地区为例,殖民者对运动会场的管理十分严格,要求观众谨守秩序,而啦啦队失序、夸张的场面,更不曾出现。另外,殖民当局对报刊的内容,向来控制严格,读者看不到记者任情恣意的报道,只能看到沉闷的比赛过程,遑论对女运动员私领域的窥视。② 然而,不管我们对这时期紊乱的体育现象多么不解,或是感到精彩有趣,都不能忽略国民政府在体

---

① 1934年12月,"南京政府取缔妇女奇装异服办法"第二条第八项,规定"不得露腿、赤足,得从事劳动工作者,不在此限",这项办法取缔的对象,包括了女运动员。丁光昌编:《警察法规》,上海:大东书局,1946,第270页。

② 游鉴明:《日本統治期における台湾新女性のコロニアル・モダニティについて》,收入早川纪代等编:《东アジアの国民国家形成とジエソダ——女性像めぐって》,东京:青木书店,2007,第370页。

育文化和媒体管理上,容许一个自主空间存在的事实。其实,在许多被认为专制、集权、保守的时代里,有时还是存在一个让民众宣泄的空间的。① 因此,观察1930年代国民政府的作为时,如果从女子运动的角度出发,或许可以给国民政府不同的评价。

综括来说,近代女子体育是西方的产物,中国在这一时期的女子体育在训练方法、运动观念、竞赛精神、比赛规则、性别区隔和宣传手法上,与西方相差不大,但受中国自身文化和地方特性的影响,有关媒体报道、观众态度、广告内容、女运动员行为等方面,还是有许多差异。另外,中国的女子体育是站在救亡图存的宏大国家论述下出发的,但当女子运动出现在公共场所时,不管是在学校操场、公共运动场、游泳池畔,还是在各式球场上,女性的运动都不只是为了国家,其中呈现的复杂现象,让女子体育的意涵有很大的诠释空间,这也就是研究该议题有趣的地方。

---

① 一般认为,18世纪的中国受到专制皇权和礼教论述钳制,而李孝悌从当时的社会、文化中,找到一个宽阔的私密领域。李孝悌:《昨日到城市:近世中国的逸乐与宗教》,台北:联经出版事业公司,2008,第224页。

征引书目

一、中日文书目

(一) 档案资料

《凤藻》,第 16 期,1936,上海档案馆藏,档号 Q235-3-139。

《教育部社会局关于中等学校应定期报送表册、学校迅速恢复常态等的训令及社会局关于保送愿入两江女子体育师范学校名籍表的公函》,1935 年 5 月—1936 年 2 月,北京市档案馆藏,档号 J002-003-00557。

《控告两江女子体育师范》,上海档案馆藏,档号 Q235-1-915。

《启秀年刊》,1939,上海档案馆藏,档号 Q235-3-108。

《启秀女学校校友会杂志》,第 1 期,1920,上海档案馆藏,档号 Q235-3-110。

《清心女学》,1936,上海档案馆藏,档号 Q235-3-121。

《私立江南体育师范立案》,上海档案馆藏,档号 Q235-1-914。

《私立中华女子体师立案》,上海档案馆藏,档号 Q235-1-912。

《苏州振华女校级刊》,1931,苏州档案馆藏,档号 J6-1-10。

《振华女学校刊》,1933,苏州档案馆藏,档号甲 5-1-419。

《振华女学校四十年纪念刊》,1946,上海档案馆藏,档号Q235-3-151。

《中国女子体育专门学校二十周年纪念册》,1929,上海档案馆藏,档号 Q235-3-324。

Porterfield、Kinnon、张德苑编:《圣玛利亚女校五十周纪念特刊》,1931,上海档案馆藏,档号 Q235-3-138。

(二) 史料汇编、年鉴

丁光昌编:《警察法规》,上海:大东书局,1946。

江苏省教育厅编:《江苏教育概览(民国二十一年)》,第 1 册,收入吴湘湘、刘绍唐主编:《民国史料丛刊》,第 1 辑第 7 种,台北:传记文学出版社,1971。

李又宁、张玉法主编:《近代中国女权运动史料(1842—1911)》,台北:传记文学社,1975。

璩鑫圭、唐良炎编:《中国近代教育史资料汇编——学制演变》,上海:上海教育出版社,2007。

上海体育志编辑委员会编:《上海体育志》,上海:上海社会科学院,1996。

十洲古籍书画社编:《中国近代教育史料汇编(晚清卷)》,第 1 册,北京:全国图书馆文献缩微复制中心,2006。

体育文史资料编审委员会编:《体育史料》,第 1—7 辑,北京:人民体育出版社,1980—1982。

中国第二历史档案馆编:《中华民国史档案资料汇编》,第 3 辑,南京:江苏古籍出版社,1991。

《中国第一次教育年鉴》,收入教育部《中国教育年鉴》编纂委员会编:《中国教育年鉴》,台北:宗青图书出版公司,据第一次与第二次《中国教育年鉴》原刊本影印,1981。

中国电影资料馆编:《中国影片大典:故事片、戏曲片(1931—1949.9)》,北京:中国电影出版社,2005。

中国人民政治协商会议北京市委员会文史资料研究委员会编:《文史资料选编》,第 15 辑,北京:北京出版社,1982。

中国人民政治协商会议北京市委员会文史资料研究委员会编:《文史资料选编》,第 18 辑,北京:北京出版社,1983。

中国人民政治协商会议上海市委员会文史资料工作委员会编:《上海文史资料选辑》,第 42 辑,上海:上海人民出版社,1983。

中国人民政治协商会议浙江省桐乡县委员会文史资料工作委员会编:《桐乡文史资料》,第 6 辑,桐乡:出版机构不详,1987。

(三)报告书

编者不详:《浙江省第五届全省运动会大会秩序册》,出版地、机构不详,1937。

编者不详:《浙江中等学校第二次联合运动会报告》,出版地、机构不详,1918。

编者不详:《浙江中等学校第一次联合运动会会场纪要》,上海:商务印书馆,1916。

第六届全国运动大会筹备委员会编:《第六届全国运动大会报告》,上海:第六届全国运动大会筹备委员会,1937。

民国二十二年全国运动大会筹备委员会编:《二十二年全国运动大会总报告书》,上海:中华书局,1934。

(四)学校出版品

《爱国女学校年刊》,上海:爱国女学校,1924。

《安庆女中校刊》(后改名为《安庆女中月刊》),安庆:安徽省立安庆女子中学校,1934—1937。

《辟才杂志》,北京:女子高等师范附属中学校校友会,1922—1923。

《大夏周报》,上海:大夏大学大夏周报社,1929—1949。

《德音半月刊》,上海:上海崇德女子中学事务处,1932—1935。

《福湘二十周年纪念特刊》,长沙:长沙福湘中学校旬刊社,1933。

《福湘旬刊》,长沙:长沙福湘中学校旬刊社,1934—1937。

《复旦旬刊》,上海:复旦大学学生会,1927。

《湖郡》,吴兴:湖郡女子中学学生自治会,1933—1937。

《江苏省立第二女子师范学校校友汇刊》,苏州:江苏省立第二女子师范学校,1915—1918。

《金陵女子文理学院校刊》,南京:金陵女子文理学院,1933—1948。

《明宪校刊》,湖南:湖南明宪女子中学校,1933—1947。

《墨梯》,上海:上海中西女子学校年刊部,1917—1919。

《南昌女中》,南昌:江西省立南昌女中学生自治会,1934—1937。

《南大周刊副刊》,天津:南开大学出版社,1932—1933。

《清华女学校章程》,南汇:清华女学校,1907。

《上海女中校刊》,上海:上海女子中学校刊编辑部,1935。

《上海县立务本女子中学校第二届毕业纪念录》,上海:务本女子中学,1920。

《嵊县爱华女学校章程》,嵊县:爱华女学校,出版时间不详。

《松江女中校刊》,松江:中央大学区立松江女子中学校,1929—1934。

《苏州女子中学月刊》,苏州:苏州女子中学校,1928—1930。

《体育界汇刊》,上海:中国体操学校校友会,1917。

《毓德校刊》,毓德:厦门私立毓德女子中学校出版部发行,1936—1939。

《浙江省立杭州高级中学体育概况》,杭州:浙江省立杭州高级中学,1934。

《浙江省立杭州女子中学五周纪念刊》,杭州:浙江省立杭州女子中学,1936。

《振华女学校三十年纪念刊》,苏州:振华女学校,1936。

《振华生活》,苏州:振华女学校,1934。

《中华女中校刊》,南京:中华女中事务处,1929—1935。

《竹荫女学校杂志》,苏州:竹荫女学校,1913。

《竹洲》,宁波:鄞县女中学生自治会编,1931—1936、1940。

(五) 报纸、期刊

《安徽俗话报》(安庆),1904—1905。

《半角漫画》(广州),1929—1935。

《北京白话画图日报》(北京),(1909—1910年原刊;北京:全国图书馆文献缩微复制中心,2003年重刊)。

《北京报》(北京),(宣统年间原刊;北京:全国图书馆文献缩微复制中心,2003年重刊)。

《晨报》(北平),1930—1937。

《晨报》(上海),1932—1936。

《晨报副镌》(北平),1921—1928。

《大公报》(天津),1902—1937。

《大晚报》(上海),1932—1937。

《点石斋画报》(上海),1884—1898。

《东方杂志》(上海),1904—1937。

《东华》(上海),1933。

《东南日报》(杭州),1934—1937。

《方舟》(天津),1934—1937。

《妇女共鸣》(重庆、南京),1929—1937。

《妇女日报》(天津),1924。

《妇女时报》(上海),1911—1917。

《妇女世界》(广州),1937—1938。

《妇女新生活月刊》(南京),1936—1937。

《妇女与儿童》(杭州),1935—1936。

《妇女月报》(上海),1935—1937。

《妇女杂志》(上海),1915—1931。

《国民体育汇刊》(上海),1936。

《国民体育季刊》(重庆),1941—1942。

《号角》(上海),1932—1933。

《家庭良友》(上海),1937。

《家庭周刊》(天津),1931—1937。

《健康家庭》(上海),1937。

《健康生活》(上海),1934。

《教育报》(山东),1914—1915。

《教育杂志》(上海),1909—1937。

《教育周报》(杭州),1913—1919。

《京师教育画报》(北京),(光绪年间原刊;北京:全国图书馆文献缩微复制中心,2003年重刊)。

《晶报》(上海),1919—1940。

《警钟日报》(上海),1904—1905。

《觉民》(上海),1903—1904。

《康健杂志》(上海),1933—1939。

《科学的中国》(南京),1933—1937。

《良友》(上海),1926—1937。

《玲珑》(上海),1931—1937。

《民国日报》(上海),1916—1937。

《民呼日报图画》(上海),(1909年原刊;北京:全国图书馆文献缩微复制中心,2001年重刊)。

《民吁日报》(上海),1909。

《民众生活》(上海),1930—1931。

《女铎》(上海),1912—1937。

《女光》(上海),1930。

《女青年月刊》(上海),1928—1936。

《女声》(上海),1932—1937。

《女学报》(上海),1903。

《女子世界》(上海),1903—1907。

《女子月刊》(上海),1933—1937。

《女子杂志》(上海),1915。

《浅说画报》(北京),(1909—1912年原刊;北京:全国图书馆文献缩微复制中心,2003年重刊)。

《勤奋体育月报》(上海),1933—1937。

《上海画报》(上海),1925—1933。

《上海教育界》(上海),1933—1934。

《上海漫画》(上海),1936—1937。

《上海体育》(上海),1937。

《社会日报》(上海),1929—1937。

《申报》(上海),1872—1949。

《生活周刊》(上海),1925—1933。

《时报》(上海),1909—1937。

《时代教育》(北平),1934。

《时代漫画》(上海),1934—1937。

《时事新报》(上海),1911—1937。

《世界日报》(北平),1926—1937。

《顺天时报》(北平),1904—1930。

《台湾民报》(台北),1927。

《台湾日日新报》(台北),1898—1937。

《体育半月刊》(杭州),1933。

《体育季刊》(上海),1935—1937。

《体育界》(上海),1919。

《体育评论》(上海),1933—1934。

《体育研究与通讯》(镇江),1932—1937。

《体育杂志》(上海),1914。

《体育周报》(天津),1932—1933。

《体育周刊》(上海),1931。

《图画日报》(上海),(1909—1910年原刊;上海:上海古籍出版社,1999年重刊)

《吴县日报》(苏州),1929—1937。

《现代学生》(上海),1930—1934。

《现代学校生活》(上海),1935。

《香艳杂志》(上海),1914—1915。

《新家庭》(上海),1931—1933。

《新江苏报》(镇江),1928—1937。

《新民丛报》(横滨),1902—1907。

《新青年》(上海),1915—1925。

《新生活运动周报》(福州),1934—1935。

《新体育》(北平),1930。

《新学生》(上海),1931—1932。

《星期三》(上海),1933。

《血汤》(上海),1930—1931。

《娱乐周报》(上海),1935—1936。

《宇宙风》(上海),1935—1937。

《浙江民报画报》(《浙江民报画刊》,杭州),1916—1925(武林印书馆铅印石印)。

《浙江体育半月刊》(杭州),1931—1933。

《浙江体育月刊》(杭州),1933—1936。

《中国新女界杂志》(东京),(1907年2—6月原刊;台北:幼狮文化事业公司,1977年重刊)。

《中华妇女界》(上海),1915—1916。

《中学生》(上海),1930—1945。

《中央日报》(南京),1928—1937。

(六)专书

艾凯(Guy Alitto):《西方史学论著中的蒋介石》(*Chiang Kai-shek in Western Historiography*),台北:谷风出版社,1987。

坂元ひろ子:《中国民族主義の神話——人種・身体・ジェンダー》,东京:岩波书店,2004。

毕克官:《中国漫画史话》,天津:百花文艺出版社,2005。

毕克官、黄远林:《中国漫画史》,北京:新华书店,1986。

马国亮编:《全国运动会图画专刊》,上海:良友图书印刷公司,1930。

陈青之:《中国教育史》,长沙:商务印书馆,1938。

成都体育学院体育史研究室编:《中国近代体育史简编》,北京:人民体育出版社,1981。

崔乐泉:《中国近代体育史话》,北京:中华书局,1998。

董进霞主编:《女性与体育:历史的透视》,北京:北京体育大学出版社,2005。

范伯群编:《冰心研究资料》,北京:北京出版社,1984。

高彦颐(Dorothy Ko):《缠足:"金莲崇拜"盛极而衰的演变》(*Cinderella's Sister: A Revisionist History of Footbinding*),苗延威译,台北:左岸文化出版社,2007。

郭建英绘,陈子善编:《摩登上海:三十年代的洋场百景》,桂林:广西师范大学出版社,2001。

国家体委体育文史工作委员会、中国体育史学会编:《中国近代体育史》,北京:北京体育学院出版社,1989。

胡晓真:《才女彻夜未眠:近代中国女性叙事文学的兴起》,台北:麦田出版社,2003。

华玮:《明清妇女之戏曲创作与批评》,台北:"中研院"中国文哲研究所,2003。

黄金麟:《历史、身体、国家:近代中国的身体形成(1895—1937)》,台北:联经出版事业公司,2001。

黄金麟:《政体与身体:苏维埃的革命与身体,1928—1937》,台北:联经出版事业公司,2005。

黄锦珠:《晚清小说中的"新女性"研究》,台北:文津出版有限公司,2005。

教育杂志社编:《女子教育之问题及现状》,上海:商务印书馆,1925。

金一:《女界钟》,上海:大同书局,1903。

赖惠敏:《但问旗民:清代的法律和社会》,台北:五南图书出版股份有限公司,2007。

郎净:《近代体育在上海:1840—1937》,上海:上海社会科学院出版社,2006。

雷君彦编:《女学国文成绩》(又名《最新女学国文成绩选粹》),上海:扫叶山房,1916石印。

李孝悌:《清末的下层社会启蒙运动,1901—1911》,台北:"中研院"近代史研究所,1992。

李孝悌:《昨日到城市:近世中国的逸乐与宗教》,台北:联经出版事业公司,2008。

林乐知辑:《全地五大洲女俗通考》,任保罗译,上海:广学会,1903。

刘秉果:《插图本中国体育史》,上海:上海古籍出版社,2003。

刘秉果:《中国古代体育史话》,北京:文物出版社,1987。

刘乃慈:《第二/现代性:五四女性小说研究》,台北:台湾学生书局,2004。

刘绮著,夏静志注:《详注女子高等尺牍》,上海:上海小说丛报社,1918。

罗家伦:《新人生观》,上海:商务印书馆,1946。

罗时铭:《奥运来到中国》,北京:清华大学出版社,2007。

罗志田:《乱世潜流:民族主义与民国政治》,上海:上海古籍出版社,2001。

罗志田:《民族主义与近代中国思想》,台北:东大图书公司,1998。

裴顺元、沈镇潮编:《女运动员》,上海:上海体育书报社,1935。

钱仁康:《学堂乐歌考源》,上海:上海音乐出版社,2001。

乔克勤、关文明:《中国体育思想史》,兰州:甘肃民族出版社,1993。

勤奋书局编译所编:《女运动员名将录》,上海:勤奋书局,1936。

任白涛辑译:《近代恋爱名论》,上海:亚东图书馆,1927。

十日谈旬刊社编:《学校生活特辑》,上海:第一出版社,1934。

苏竞存编:《中国近代学校体育史》,北京:人民教育出版社,1994。

孙季叔:《女学生书信》,上海:北新书局,1933。

孙康宜:《文学的声音》,台北:三民书局股份有限公司,2001。

汤铭新编译:《奥运百周年发展史》,台北:中华台北奥林匹克委员会,1996。

陶希圣:《中国社会现象拾零》,上海:新生命书局,1931。

笹岛恒辅:《近代中国体育スポーツ史》,收入竹内虎士等编:《新体育学讲座》,第43卷,东京:逍遥书院,1970。

王剑鸣:《美人鱼杨秀琼》,上海:光华书局,1935。

王振亚:《旧中国体育见闻》,北京:人民体育出版社,1987。

巫仁恕:《品味奢华:晚明的消费社会与士大夫》,台北:"中研院"、联经出版事业公司,2007。

吴芳:《中华女英杰》,武昌:武汉大学出版社,1991。

吴文忠:《中国近百年体育史》,台北:台湾商务印书馆,1967。

吴友如著,孙继林编:《晚清社会风俗百图》,上海:学林出版社,1996。

无锡城南公学堂编:《学校唱歌集》,上海:文明书局,1906。

夏晓虹:《晚清女性与近代中国》,北京:北京大学出版社,2004。

须藤瑞代:《中国"女権"概念の変容:清末民初の人権とジェンダー》,东京:研文出版,2007。

徐元民:《体育史》,台北:品度股份有限公司,2005。

徐元民:《中国近代运动竞赛》,桃园:台湾体育学院,1996。

徐元民:《中国近代知识份子对体育思想之传播》,台北:师大书苑有限公司,1999。

许慧琦:《"娜拉"在中国:新女性形象的塑造及其演变(1900s—1930s)》,台北:政治大学历史系,2003。

许义雄等:《中国近代体育思想》,台北:启英文化事业有限公司,1996。

叶汉明:《主体的追寻——中国妇女史研究析论》,香港:香港教育图书公司,1999。

衣若兰:《三姑六婆——明代妇女与社会的探索》,台北:稻乡出版社,2002。

游鉴明:《近代中国女子的运动图像——1937年前的历史照片和漫画》,台北:博雅书屋有限公司,2008。

曾迺敦:《女学生生活素描》,上海:女子书店,1935。

翟志成:《冯友兰学思生命前传(1895—1945)》,台北:"中研院"近代史研究所,2007。

张玉法:《中国现代史》,台北:东华书局,1977。

赵琛:《中国近代广告文化》,台北:台湾形象策略联盟,2002。

中国人民政治协商会议上海市委员会文史资料委员会、上海市体育运动委员会文史委员会编:《体坛先锋》,上海:上海人民出版社,1990。

中华全国妇女联合会编:《中国妇女运动史(新民主主义时期)》,北京:春秋出版社,1989。

周慧玲:《表演中国:女明星、表演文化、视觉政治,1910—1945》,台北:麦田出版社,2004。

(七)传记、人物志、回忆录、文集、日记、小说

冰心:《冰心文集》,第6卷,上海:上海文艺出版社,1993。

陈笑梅:《新女性的日记》,上海:希望出版社,1937。

郝更生:《郝更生回忆录》,台北:传记文学出版社,1969。

金安平:《合肥四姊妹——一段历史》,郑至慧译,台北:时报文化出版企业股份有限公司,2005。

梁启超:《饮冰室文集》,台北:台湾中华书局,1960。

罗兰:《蓟运河畔:岁月沉沙第一部》,台北:联经出版事业公司,1997。

吕云章:《吕云章回忆录》,收入张玉法、张瑞德主编:《中国现代自传丛书》,第2辑(9),台北:龙文出版社股份有限公司,1990。

毛彦文著,罗久芳、罗久蓉校订:《往事》,天津:百花文艺出版社,2007。

沈亦云:《亦云回忆》,收入传记文学杂志社编:《传记文学丛刊》(11),台北:传记文学出版社,1968。

思绮斋:《女子权》,上海:作新社,1907。

苏平:《蔡畅传》,北京:中国妇女出版社,1990。

温曼英:《吴舜文传:中国最有影响力的女企业家》,台北:天下文化出版股份有限公司,1993。

谢冰莹:《女兵自传》,台北:东大图书股份有限公司,1992。

严复:《严几道文钞》,台北:世界书局,1971。

杨步伟:《一个女人的自传》,台北:传记文学出版社,1967。

杨千鹤:《人生的三棱镜》,张良泽、林智美译,台北:前卫出版社,1995。

杨子烈:《往事如烟》,香港:自联出版社,1970。

喻血轮:《女学生秘密日记》,上海:大东书局,1918。

曾宝荪:《曾宝荪回忆录》,收入张玉法、张瑞德主编:《中国现代自传丛书》,第1辑(7),台北:龙文出版社股份有限公司,1989。

张春帆:《九尾龟》,收入王孝廉等编:《晚清小说大系》,台北:广雅出版有限公司,1984。

中共中央党校出版社等编:《恽代英日记》,北京:中共中央党校出版社,1981。

中国妇女出版社编:《妇女运动的先驱——蔡畅》,北京:中国妇女出版社,1983。

(八) 访问记录

陈三井访问,李郁青记录:《熊丸先生访问纪录》,台北:"中研院"近代史研究所,1998。

罗久蓉、游鉴明等访问,罗久蓉等记录:《烽火岁月下的中国妇女访问纪录》,台北:"中研院"近代史研究所,2004。

许雪姬等访问,曾金兰记录:《陈湄泉先生访问纪录》,台北:"中研院"近代史研究所,1996。

游鉴明访问,黄铭明等记录:《春蚕到死丝方尽:邵梦兰女士访问纪录》,台北:"中研院"近代史研究所,2005。

张力、曾金兰访问、记录:《池孟彬先生访问纪录》,台北:"中研院"近代史研究所,1998。

张朋园等访问,陈三井记录:《袁同畴先生访问纪录》,台北:"中研院"近代史研究所,1988。

(九)论文

陈净野:《从〈国学唱歌集〉到〈音乐小杂志〉——李叔同音乐事业的起步与升华》,《浙江树人大学学报》,第6卷第6期,2006年11月,第127—131页。

陈平原:《流动的风景与凝视的历史——晚清北京画报中的女学》,收入梅家玲主编:《文化启蒙与知识生产:跨领域的视野》,台北:麦田出版社,2006,第15—80页。

陈熙远:《中国夜未眠——明清时期的元宵、夜禁与狂欢》,《"中研院"历史语言研究所集刊》,第75本第2分,2004年6月,第283—329页。

村田雄二郎:《近代中国"国民"的诞生》,收入林振江等主编:《全球化与中国、日本》,北京:新华出版社,2000,第80—98页。

戴伟谦:《民族精神教育之体育思想》,收入许义雄等:《中国近代体育思想》,台北:启英文化事业有限公司,1996,第575—653页。

定宜庄:《从婚书契约看清代的妇女再嫁问题》,收入游鉴明主编:《无声之声(Ⅱ):近代中国的妇女与社会(1600—1950)》,台北:"中研院"近代史研究所,2003,第85—108页。

顾德曼(Bryna Goodman):《向公众呼吁:1920年代中国报纸对情感的展示和评判》,《近代中国妇女史研究》,第14期,2006年12月,第179—204页。

何素花:《士大夫的妇女观——清初张伯行个案研究》,《新史学》,第 15 卷第 3 期,2004 年 9 月,第 47—100 页。

胡晓真:《最近西方汉学界妇女文学史研究之评介》,《近代中国妇女史研究》,第 2 期,1994 年 6 月,第 271—289 页。

李达嘉:《寻找立国方针:梁启超的联邦与反联邦论述》,收入《走向近代》编辑小组编:《走向近代:国史发展与区域动向》,台北:东华书局,2004,第 191—231 页。

李国祁:《甲午战后至抗战以前我国民族主义的发展(1895—1936)》,收入《中华民国建国史讨论集》编辑委员会编:《中华民国建国史讨论集》,第 2 册,台北:本书讨论会编辑委员会,1981,第 2—30 页。

李又宁:《中国新女界杂志重刊序》,收入燕斌编:《重刊中国新女界杂志》,台北:幼狮文化事业公司,1977,第 1—66 页。

李玉瑛:《女性凝视:婚纱照与自我影像之戏》,《台湾社会学刊》,第 33 期,2004 年 12 月,第 1—49 页。

连玲玲:《"追求独立"或"崇尚摩登"?近代上海女店职员的出现及其形象塑造》,《近代中国妇女史研究》,第 14 期,2006 年 12 月,第 1—50 页。

林玫君:《实学、健康与教化——日治时期台湾公学校登山活动的论述分析》,《人文社会学报》,第 5 期,2006 年 12 月,第 69—91 页。

罗久蓉:《历史叙事与文学再现:从一个女间谍之死看近代中国的性别与国族论述》,《近代中国妇女史研究》,第 11 期,2003 年 12 月,第 47—98 页。

罗久蓉:《战争与妇女:从李青萍汉奸案看抗战前后的两性关系》,收入吕芳上主编:《无声之声(Ⅰ):近代中国的妇女与国家(1600—1950)》,台北:"中研院"近代史研究所,2003,第129—164页。

罗苏文:《都市文化的商业化与女性社会形象》,收入叶文心等:《上海百年风华》,台北:跃升文化事业有限公司,2001,第55—110页。

罗苏文:《论清末上海都市女装的演变(1880—1910)》,收入游鉴明主编:《无声之声(Ⅱ):近代中国的妇女与社会(1600—1950)》,台北:"中研院"近代史研究所,2003,第109—140页。

吕芳上:《"好女要当兵":中央军事政治学校武汉分校女生队的创设(1927)》,收入鲍家麟编:《中国妇女史论集》,第8集,台北:稻乡出版社,2008,第311—338页。

吕芳上:《1920年代中国知识分子有关情爱问题的抉择与讨论》,收入吕芳上主编:《无声之声(Ⅰ):近代中国的妇女与国家(1600—1950)》,台北:"中研院"近代史研究所,2003,第73—102页。

吕芳上:《法理与私情:五四时期罗素、勃拉克相偕来华引发婚姻问题的讨论(1920—1921)》,《近代中国妇女史研究》,第9期,2001年8月,第31—55页。

吕芳上:《另一种"伪组织":抗战时期婚姻与家庭问题》,《近代中国妇女史研究》,第3期,1995年8月,第97—121页。

吕芳上:《五四时期的妇女运动》,收入陈三井主编:《近代中国妇女运动史》,台北:近代中国出版社,2000,第157—254页。

牟正蕴:《解构"妇女":旧词新论》,《近代中国妇女史研究》,第 6 期,1998 年 8 月,第 129—139 页。

彭小妍:《五四的"新性道德"——女性情欲论述与建构民族国家》,《近代中国妇女史研究》,第 3 期,1995 年 8 月,第 77—96 页。

齐允喜:《男女两性的差异与运动》,《致理学报》,第 2 期,1982 年 11 月,第 60—77 页。

沈松侨:《国权与民权:晚清的"国民"论述,1895—1911》,《"中研院"历史语言研究所集刊》,第 73 本第 4 分,2002 年 12 月,第 685—734 页。

沈松侨:《江山如此多娇——1930 年代的西北旅行书写与国族想象》,《台大历史学报》,第 37 期,2006 年 6 月,第 145—216 页。

沈松侨:《近代中国民族主义的发展——兼论民族主义的两个问题》,《政治与社会哲学评论》,第 3 期,2002 年 12 月,第 49—119 页。

沈松侨:《我以我血荐轩辕——黄帝神话与晚清的国族建构》,《台湾社会研究》,第 28 期,1997 年 12 月,第 1—77 页。

沈松侨:《召唤沉默的亡者:我们需要怎样的国族历史?》,《台湾社会研究》,第 57 期,2005 年 3 月,第 241—246 页。

沈松侨:《振大汉之天声——民族英雄系谱与晚清的国族想象》,《"中研院"近代史研究所集刊》,第 33 期,2000 年 6 月,第 77—158 页。

王惠姬:《二十世纪前期女子留学生与中国体育的拓展(1900—1937)》,收入《走向近代》编辑小组编:《走向近代:国史发展与区域动向》,台北:东华书局,2004,第 253—299 页。

吴方正:《裸的理由——二十世纪初期中国人体写生问题的讨论》,《新史学》,第15卷第2期,2004年6月,第55—114页。

夏晓虹:《晚清女报中的乐歌》,《中山大学学报(社会科学版)》,第48卷第2期,2008年3月,第1—33页。

许慧琦:《〈妇女杂志〉所反映的自由离婚思想及其实践——从性别差异谈起》,《近代中国妇女史研究》,第12期,2004年12月,第69—113页。

许燕耿:《近代的女子体育》,《体育文化月刊》,第4期,1994,第29页。

许义雄:《近代中国民族主义体育思想之特质》,收入许义雄等:《中国近代体育思想》,台北:启英文化事业有限公司,1996,第1—35页。

杨念群:《从科学话语到国家控制:对女子缠足由"美"变"丑"历史进程的多元分析》,收入汪民安主编:《身体的文化政治学》,开封:河南大学出版社,2004,第1—50页。

杨瑞松:《想象民族耻辱:近代中国思想文化史上的"东亚病夫"》,《政治大学历史学报》,第23期,2005年5月,第1—44页。

游鉴明:《近代华东地区的女球员(1927—1937):以报刊杂志为主的讨论》,《"中研院"近代史研究所集刊》,第32期,1999年12月,第57—122页。

游鉴明:《近代中国女子健美的论述(1920年代—1940年代)》,收入游鉴明主编:《无声之声(Ⅱ):近代中国的妇女与社会(1600—1950)》,台北:"中研院"近代史研究所,2003,第141—172页。

游鉴明:《近代中国女子体育观初探》,《新史学》,第 7 卷第 4 期,1996 年 12 月,第 119—158 页。

游鉴明:《千山我独行? 廿世纪前半期中国有关女性独身的言论》,《近代中国妇女史研究》,第 9 期,2001 年 8 月,第 121—187 页。

游鉴明:《日本统治期における台湾新女性のコロニアル・モダニティについて》,收入早川纪代等编:《东アジアの国民国家形成とジエソダ——女性像めぐって》,东京:青木书店,2007,第 335—376 页。

游鉴明:《日治时期台湾学校女子体育的发展》,《"中研院"近代史研究所集刊》,第 33 期,2000 年 6 月,第 1—75 页。

游鉴明:《是补充历史抑或改写历史? 近廿五年来台湾地区的近代中国与台湾妇女史研究》,《近代中国妇女史研究》,第 13 期,2005 年 12 月,第 65—105 页。

游鉴明:《中国国民党改组后的妇女运动》,《台湾师范大学历史学报》,第 18 期,1990 年 6 月,第 343—398 页。

俞庆棠:《三十五年来中国之女子教育》,收入庄俞等编:《最近三十五年之中国教育》,上海:商务印书馆,1931,第 175—214 页。

张江义:《从女子学堂乐歌看知识女性主体意识的唤醒》,《中华女子学院山东分院学报》,第 77 期,2007 年 4 月,第 51—54 页。

张天白:《中国女子体育专业教育始于何时》,《体育文史》,第 2 期,1991 年 2 月,第 28—30 页。

郑永福、吕美颐:《关于近代中国"女国民"观念的历史考察》,《山西师大学报(社会科学版)》,第 32 卷第 4 期,2005 年 7 月,第

58—63页。

郑志林:《略论我国女子近代体育的兴起》,收入体育学会体育史专业委员会等编:《中国近代体育史文集》,杭州:浙江教育出版社,1992,第75—84页。

(十)学位论文

孔令芝:《从〈玲珑〉杂志看1930年代上海现代女性形象的塑造》,南投:暨南国际大学历史研究所硕士学位论文,2006。

廖秀真:《清末的女子教育(1897—1911)》,台北:台湾大学历史研究所近代史组硕士学位论文,1980。

二、英文书目

(一)专书

Brownell, Susan. *Training the Body for China: Sports in the Moral Order of the People's Republic*. Chicago and London: University of Chicago Press, 1995.

Delamont, Sara. *Knowledgeable Women: Structuralism and the Reproduction of Elites*. London and New York: Routledge, 1989.

Dong, Jinxia. *Women, Sport and Society in Modern China: Holding up More than Half the Sky*. Portland: Frank Cass, 2003.

Ebrey, Patricia Buckley. *The Inner Quarters: Marriage and the Lives of Chinese Women in the Sung Period*. Berkeley: University of California, 1993.

Fan, Hong. *Footbinding, Feminism and Freedom: The Liberation of Women's Bodies in Modern China*. Portland: Frank Cass, 1997.

Foucault, Michel. *Discipline and Punish: The Birth of the Prison.* New York: Vintage Books, 1979.

Guttmann, Allen. *Women's Sports: A History.* New York: Columbia University Press, 1991.

Hau, Michael. *The Cult of Health and Beauty in Germany: A Social History (1890-1930).* Chicago and London: The University of Chicago Press, 2003.

Hershatter, Gail. *Dangerous Pleasures: Prostitution and Modernity in Twentieth-century Shanghai.* Berkeley: University of California, 1997.

Judge, Joan. *The Precious Raft of History: The Past, the West, and the Woman Question in China.* Stanford: Stanford University Press, 2008.

Ko, Dorothy. *Teachers of the Inner Chambers: Women and Culture in Seventeenth Century China.* Stanford: Stanford University Press, 1994.

Lean, Eugenia. *Public Passions: The Trial of Shi Jianqiao and the Rise of Popular Sympathy in Republican China.* Berkeley: University of California Press, 2007.

Lee, Leo Ou-fan. *Shanghai Modern: The Flowering of a New Urban Culture in China, 1930-1945.* Massachusetts: Harvard University Press, 1999.

Lowe, Margaret A. . *Looking Good: College Women and Body Image, 1875-1930.* London: The Johns Hopkins University Press, 2003.

Lu, Weijing. *True to Her Word: The Faithful Maiden Cult in Late Imperial China.* Stanford: Stanford University Press, 2008.

Mann, Susan. *Precious Records: Women in China's Long Eighteenth Century.* Stanford: Stanford University Press, 1997.

Mann, Susan. *The Talented Women of the Zhang Family.* Berkeley: University of California Press, 2007.

Morris, Andrew D. . *Marrow of the Nation: A History of Sport and Physical Culture in Republican China.* Berkeley: University of California Press, 2004.

Sato, Barbara. *The New Japanese Woman: Modernity, Media, and Women in Interwar Japan.* Durham and London: Duke University Press, 2003.

Stewart, Mary Lynn. *For Health and Beauty: Physical Culture for Frenchwomen, 1880s–1930s.* Baltimore and London: The Johns Hopkins University Press, 2001.

Yeh, Catherine. *Shanghai Love: Courtesans, Intellectuals, and Entertainment Culture, 1850–1910.* Seattle and London: University of Washington Press, 2006.

(二)论文

Bailey, Paul J. . " 'Unharnessed Fillies': Discourse on the 'Modern' Female Student in Early Twentieth-Century China." 收入罗久蓉、吕妙芬主编:《无声之声(Ⅲ):近代中国的妇女与文化(1600—1950)》,台北:"中研院"近代史研究所,2003,第327—357页。

Barlow, Tani F. ."Wanting Some: Commodity Desire and the Eugenic Modem Giri." In Mechthild Leutner and Nikola Spakowski, eds.,

Women in China: The Republican Period in Historical Perspective. Münster: LIT Verlag, 2005, pp. 331-333.

Chin, Angelina Y. ."Labor Stratification and Gendered Subjectivities in the Service Industries of South China in the 1920s and 1930s: The Case *of Nü Zhaodai*(女招待)."《近代中国妇女史研究》,第 14 期,2006 年 12 月,第 125—178 页。

Gao, Yunxiang. "Nationalist and Feminist Discourses on Jianmei (Robust Beauty) during China's 'National Crisis' in the 1930s." *Gender & History* 18:3, November 2006, pp. 546-573.

Gimpel, Denise. "Freeing the Mind Through the Body: Women's Thoughts on Physical Education in Late Qing and Early Republican China." *Nan Nü* 8, September 2006, pp. 316-358.

Gimpel, Denise. "Exercising Women's Rights: Debates on Physical Culture since the Late Nineteenth Century." In Kai-wing Chow, ed., *Beyond the May Fourth Paradigm: In Search of Chinese Modernity*. Lanham: Lexington Books/Rowman & Littlefield, 2008, pp. 95-130.

Goodman, Bryna. "The New Woman Commits Suicide: The Press, Cultural Memory and the New Republic." *The Journal of Asian Studies* 64:1, February 2005, pp. 67-101.

Goodman, Bryna. "Unvirtuous Exchanges: Women and the Corruptions of the Shanghai Stock Market in the Early Republican Era." In Mechthild Leutner and Nicola Spakowski, eds., *Women in China: The Republican Period in Historical Perspective*. Münster: LIT Verlag,

2005, pp. 351-375.

Graham, Gael. "Exercising Control: Sports and Physical Education in American Protestant Mission Schools in China, 1880-1930." *Signs* 20:1, Autumn 1994, pp. 23-48.

Judge, Joan. "Beyond Nationalism: Gender and the Chinese Student Experience in Japan in the Early 20th Century." 收入罗久蓉、吕妙芬主编:《无声之声(Ⅲ):近代中国的妇女与文化(1600—1950)》,台北:"中研院"近代史研究所,2003,第359—393页。

Judge, Joan. "Blended Wish Images: Chinese and Western Exemplary Women at the Turn of the Twentieth Century." In Grace S. Fong et al., eds., *Beyond Tradition & Modernity: Gender, Genre, and Cosmopolitanism in Late Qing China.* Leiden, Boston: Brill, 2004, pp. 102-135.

Judge, Joan. "Expanding the Feminine/National Imaginary: Social and Martial Heroines in Late Qing Women's Journals."《近代中国妇女史研究》,第15期,2007年12月,第1—33页。

Leutner, Mechthild. "Women's Gender and Mainstream Studies on Republican China: Problems in Theory and Research." In Mechthild Leutner and Nicola Spakowski, eds., *Women in China: The Republican Period in Historical Perspective.* Münster: LIT Verlag, 2005, pp. 74-87.

Littell-Lamb, Elizabeth A. ."Gospel of the Body, Temple of the Nation: The YWCA Movement and Women's Physical Culture in China, 1915-1925."《近代中国妇女史研究》,第16期,2008年12

月,第167—207页。

Mittler, Barbara. "Defy(N)ing Modernity: Women in Shanghai's Early News-Media (1872-1915)."《近代中国妇女史研究》,第11期,2003年12月,第215—259页。

Yu, Chien-ming. "Female Physical Education and the Media in Modern China." In Mechthild Leutner and Nicola Spakowski, eds., *Women in China: The Republican Period in Historical Perspective*, Münster: LIT Verlag, 2005, pp. 482-506.

图片来源

图1:《妇女杂志》,第13卷第8期,1927年8月,未编页码。

图2:《妇女新生活月刊》,第7期,1937年6月,未编页码。

图3:《摩登上海:三十年代洋场百景》,2001,第63页。

图4:《摩登上海:三十年代洋场百景》,2001,第36页。

图5:《全地五大洲女俗通考》,下卷,1903,第39页。

图6:《竹荫女学校杂志》,第1期,1913,未编页码。

图7:《竹荫女学校杂志》,第1期,1913,未编页码。

图8:《教育杂志》,第5卷第5号,1913年5月,未编页码。

图9:《教育杂志》,第7卷第8号,1915年8月,未编页码。

图10:《上海县立务本女子中学校第二届毕业纪念录》,1920,未编页码。

图11:《妇女杂志》,第7卷第9号,1921年10月,未编页码。

图12:《勤奋体育月报》,第2卷第3期,1934年12月,封面。

图13:《妇女杂志》,第5卷第9期,1919年9月,未编页码。

图片来源

图 14:《玲珑》,第 1 卷第 25 期,1931 年 9 月 2 日,第 926 页。

图 15:《玲珑》,第 3 卷第 19 期,1933 年 6 月 14 日,第 899 页。

图 16:《玲珑》,第 5 卷第 8 期,1935 年 3 月 6 日,第 479 页。

图 17:《妇女杂志》,第 14 卷第 2 期,1928 年 2 月,未编页码。

图 18:《玲珑》,第 4 卷第 37 期,1934 年 11 月 28 日,第 2382 页。

图 19:《良友画报》,第 6 期,1926 年 7 月,第 6 页。

图 20:《二十二年全国运动大会总报告书》,第二编,1934,未编页码。

图 21:《妇女杂志》,第 9 卷第 7 期,1923 年 7 月,未编页码。

图 22:《妇女杂志》,第 9 卷第 7 期,1923 年 7 月,未编页码。

图 23:《体育史料》,第 3 辑,1981 年 2 月,第 40 页。

图 24:《勤奋体育月报》,第 2 卷第 10 期,1935 年 7 月,未编页码。

图 25:《玲珑》,第 1 卷第 30 期,1931 年 10 月 10 日,第 1152 页。

图 26:《第六届全国运动大会报告》,1935,未编页码。

图 27:《二十二年全国运动大会总报告书》,第二编,1934,未编页码。

图 28:《第六届全国运动大会报告》,1935,未编页码。

图 29:《二十二年全国运动大会总报告书》,第二编,1934,未编页码。

图 30:《二十二年全国运动大会总报告书》,第二编,1934,未编页码。

图 31:《玲珑》,第 1 卷第 28 期,1931 年 9 月 23 日,第 1025 页。

图 32:《玲珑》,第 4 卷第 27 期,1934 年 9 月 12 日,第 1747 页。

图 33:《女运动员》,1935,未编页码。

图 34:《女运动员》,1935,未编页码。

图 35:《女运动员》,1935,未编页码。

图 36:《玲珑》,第 2 卷第 58 期,1932 年 7 月 13 日,第 358 页。

图 37:《玲珑》,第 3 卷第 38 期,1933 年 11 月 1 日,第 2054 页。

图 38:《玲珑》,第 3 卷第 37 期,1933 年 10 月 25 日,第 1990 页。

图 39:《二十二年全国运动大会总报告书》,第二编,1934,未编页码。

图 40:《第六届全国运动大会报告》,1935,未编页码。

图 41:《玲珑》,第 6 卷第 25 期,1936 年 7 月 1 日,第 1960 页。

图 42:《第六届全国运动大会报告》,1935,未编页码。

图 43:《玲珑》,第 4 卷第 3 期,1934 年 1 月 17 日,第 157 页。

图 44:《玲珑》,第 4 卷第 3 期,1934 年 1 月 17 日,第 158 页。

图 45:《玲珑》,第 4 卷第 3 期,1934 年 1 月 17 日,第 159 页。

图 46:《时报》,1935 年 10 月 16 日,第 9 版。

图 47:《良友》,第 53 期,1931 年 1 月,第 32 页。

图 48:《第六届全国运动大会报告》,1935,未编页码。

图 49:《教育杂志》,第 9 卷第 6 号,1917 年 6 月,第 34 页。

图 50:《申报》,1925 年 11 月 13 日,第 7 版。

图 51:《申报》,1922 年 5 月 23 日,第 11 版。

图 52:《时报》,1936 年 4 月 24 日,第 8 版。

图 53:《时报》,1936 年 8 月 9 日,第 1 版。

图 54:《申报》,1928 年 9 月 9 日,第 22 版。

图 55:《申报》,1931 年 10 月 10 日,第 20 版。

图 56:《申报》,1935 年 1 月 18 日,第 11 版。

图 57:《浙江民报画报》,第 138 号,1925 年 8 月 18 日,未编页码。

图 58:《申报》,1925 年 5 月 2 日,第 17 版。

图 59:《京师教育画报》,第 168 期,民国初年,第 5 版。

图 60:《图画日报》,第 105 号,10 页。

图 61:《图画日报》,第 168 号,12 页。

图 62:《图画日报》,第 139 号,11 页。

图 63:《号角》,第 12 期,1933 年 5 月,未编页码。

图片来源

图 64:《半角漫画》,第 74 期,1932 年 11 月,未编页码。

图 65:《体育周报》,第 1 卷第 9 期,1932 年 4 月 2 日,第 8 页。

图 66:《体育周报》,第 1 卷第 9 期,1932 年 4 月 2 日,第 9 页。

图 67:《时代漫画》,第 22 期,1935 年 10 月,未编页码。

图 68:《时代漫画》,第 22 期,1935 年 10 月,未编页码。

图 69:《时代漫画》,第 22 期,1935 年 10 月,未编页码。

图 70:《时代漫画》,第 22 期,1935 年 10 月,未编页码。

图 71:《上海漫画》,第 5 期,1936 年 9 月,未编页码。

图 72:《民呼日报图画》,1909,第 34 页。

图 73:《时代漫画》,第 1 卷第 22 期,1935 年 10 月,未编页码。

图 74:《体育周报》,第 22 期,1932 年 7 月 2 日,第 12 页。

图 75:《大晚报》,1935 年 6 月 15 日,第 6 版。

图 76:《大晚报》,1935 年 6 月 20 日,第 6 版。

图 77:《图画日报》,第 104 号,第 7 页。

图 78:《浅说画报》,第 903 号,1911 年 6 月 17 日(宣统三年五月廿一日),未编页码。

图 79:《北京白话画图日报》,第 230 号,1909 年 5 月 5 日,第 2 页。

图 80:《浙江民报画报》,第 141 号,1916 年 12 月 19 日(武林印书馆铅印石印),未编页码。

图 81:《北京报》,宣统年间,第 3 张。

图 82:《北京白话画图日报》,第 248 号,1909 年 5 月 25 日,第 1 页。

图 83:《晚清社会风俗百图》,图 23。

图 84:《家庭周刊》,第 117 期,1936 年 11 月,第 41 页。

图 85:《时代漫画》,第 2 期,1934 年 2 月,未编页码。

图 86:《申报》,1933 年 12 月 6 日,本埠增刊,第 10 版。

431

图87:《申报》,1934年3月31日,本埠增刊,第8版。

图88:《申报》,1934年11月15日,第1版。

图89:《申报》,1934年5月8日,本埠增刊,第11版。

图90:《体育皇后》,1934,联华影业公司。

图91:《小玩意》,1933,联华影业公司。

图92:《玲珑》,第3卷第14期,1933年5月10日,第608页。

图93:《玲珑》,第3卷第14期,1933年5月10日,第601页。

图94:《玲珑》,第1卷第28期,1931年9月23日,第1028页。

图95:《玲珑》,第2卷第65期,1932年8月31日,第696—697页。

索 引

爱德女学校/90

爱国女学校(爱国女中)/12.118. 124—126. 128. 133. 157. 183. 187.199.203.319

爱华女学校/85.86

爱丽丝·奥特雷学校(Alice Ottley School)/391

矮克发/268

安庆女中/102

奥林匹克运动会(Olympic Games) /10.163.164.383

八段锦/40

八国联军/25

巴黎和会/35

保国强种(强国保种)/25.29.30. 35.36.39.41.42.44.52.55.61.78. 167.315

《北京白话画图日报》/291

《北京报》/290

北京女学界联合会/38

北京女子文理学院体育专修班/12

北京译艺女学堂/86

《北平晨报》/331

北平女子文理学院/232

《北洋画报》/229

北洋政府/39.79

贝满女中/94

扁瓶霜/263.265

兵式体操/31.33.59.86.87.94.95.
　136.198
病态美/45—48.51.52.54.78
才女文化/387
蔡畅/93
蔡锷（奋翮生）/31
蔡文姬/377.378
蔡元培/32.124
长沙福湘女中/140
长沙省立第一女子师范/107
常州小学/243
陈白雪/174.334
陈果夫/321
陈嘉庚/233
陈剑翛/332.356
陈聚才/227.228.334
陈湄泉/173.217.222
陈佩桃/342
陈荣明/162.227.228.230.238.239
陈荣棠/162.230.240.241
陈淑贤/201
陈向元/238
陈撷芬/34
陈学昭/53
陈英梅/121

陈咏声/131
陈云明/334
陈韵兰/66.131
《晨报》/358
成烈体育专门学校/12.128
程登科/41.322.332
池孟彬/182.185
持志大学/184
《冲》/154
崇德女中/167.201
褚民谊/238
《春季运动会歌》/313
《春郊赛跑》/307
《春之姿态美》/293.294
慈禧太后/86
崔亚兰/131
大东钢窗公司/266
大东书局/257
《大公报》/167.214.370
《大陆报》/200
大通学堂/123
大同大学/151
大同女学/243
《大晚报》/217.258.285.321
大夏大学/97.104.106.111.143.171.

203.206.305
戴格勒斯（Marjorie Jane Douglous）/50
戴季陶/41
当归儿/260
邓银娇/162.223.230
地方主义/356
第五次全国教育联合会/35
第一次全国体育会议/59
第一次世界大战/35.62
《东华》/266
东陵女子小学/81
东南女子体育师范学校/131.133—135
东南女子体专/165.201.222.224.225.234
《东南日报》/187.233
东吴大学/147.148.159.203
东亚体育专科学校（东亚体专）/12.113.133.134.165.173.233.319.335.342
兜安氏保肾丸/269
杜隆元/131
范德星/369
放胸/66.67.69.70.106—108.379

费孝通/82
丰子恺/93
冯发兰/342
凤鸣茶园/287
《福湘旬刊》/140
福州女子师范学校/93
妇好/9
《妇女新生活月刊》/49
"妇人研究体操"/291.292
复旦大学/144.153.156.183.187.188.192.201.203.226.229.353
傅森（Fuson）/85
傅淑云/164
高桥海滨浴场/368.369
高廷芳/126
高兆烈/229.334
高梓/60.64.115.131
葛恩（Muriel A. Gunn）/349
共产党/6.36.38.40
顾学裘/53
观音阁女学堂/93
光华女中/305
光华中学/151.155.381
广东女子体育学校/12
广生行/267

435

广西梧州省立二中/54
广肇(小学)/225
规训/96.100.106.136.138.145.
　　378.379.380.388
桂格麦片/258.259
桂云桥/150
郭建英/54.68.293
国父诞辰纪念日运动会/190
国民党/36.38
《国民体育法》/95
国民政府/14.36.40.59.79.95.99.
　　136.141.162.233.395.397—399
国民之母/2.27—29.32—34.36.40—
　　42.382
海星(女排球队)/204
杭州女子师范附属小学/88.89
杭州女子中学/103.108.109
好莱坞/56.228
郝更生/40.132—134.147
河北女子师范学校/109
河北通县女子师范学校/113
红线/32
虹口游泳池/359.360
侯鸿鉴/94.242.362
胡适/37.212.308

湖北不缠足会第一女学堂/90
湖南省立中学/234
湖南益阳信义女校/183
蝴蝶牌卜〔葡〕萄汁/259
沪江女子体育学校/12.162.190
沪江中学/153
花木兰/32.313.314
华北运动会/158.159.356
华东八大学体育联合会/158.159
华东六大学体育联合会/158.159
华福麦乳精/269
华豪吾/122
华君武/282
华中运动会/159
皇后霜/266
黄寄萍/174
黄丽明/131
黄任之/280
黄淑华/334
黄树芳/341
黄炎培/121
慧灵女中/202
霍尔姆(Eleanor Holm)/236
吉林大赉县女子高等学校/86
暨南大学/182.223.336

《家庭体育用书》/257

《家庭周刊》/293

《健儿歌》/308

健康美(健美)/3.6.8.10.13.14.
18.44.45.47—58.66.70.71.
75—78.183.207.208.259—262.
270.295.297—299.301.303.
304.306.315.316.322—324.
347.350.357.372.373.381.383.
386.393

健美宝/260

《健美的女性》/43.56.295.296

《健美运动》(Search for Beauty)/
57.221.297—299

《健美运动》(上海有声影片公司
出产)/300

江南大学体育联合会/159

江南体育专门学校/334

江淑昭/81

《江苏教育概览》/100

江苏省立第二女子师范学校/242.
317.361.363

江苏省立第一女子师范/139

江苏省立第一师范附属小学校
/328

江苏省立学校联合运动会/243

江苏省第三届省运会/220

江浙教育考察团/113

蒋百里/31

蒋介石/397

交通大学/150.155.181.303.381

《教育报》/390

《教育杂志》/88.199.256

《教育周报》/141

金陵女子大学(金陵女子文理学
院)/12.96.121.131.140.190

金一(又名金天翮、金松岑)/
26—29.32.33

锦标主义/10.64.112.303.305.373

《近代恋爱名论》/72.73

靳佩芬(笔名罗兰)/109

《京师教育画报》/271

竞志女学/94

《九尾龟》/286

"九一八"事变/36.40.62.112.
149.232

救亡图存/25.28.30.35.36.43.78.
399

军阀/95.127.251.386.387.395.396

军国民/31.35.40.77.274.306.311.

437

317.318.360.361.364.382

军国民教育/32.35.86.88.136.362

《开会志盛》/271.272

开明女校/116

康奈尔(Cornell)大学/156

柯酉生/310

科达西药厂/259

可口可乐(Coca-Cola)/285

啦啦队/137.185—189.194.203.353—355.373.383.398

《篮球场女选手的活跃》/278

兰陵女学/243

劳动大学/149

劳动中学/154.156

冷蝶霜/264.265

黎莉莉/217.219.220.223.302.304.305.384

黎明晖/219

李惠堂/182

李立贤/351

李森/162.164.184.230.234—236.342.395.396

李叔同/307

李颂唐/127

李媛芬/162.230

丽则女校/144

联华影业公司/64.302.303

《良友》/57

良友书店/217

梁红玉/9.313

梁丽芳/223.224

梁启超/25.26.30.31.61

两江女子体育师范学校(两江女子体育专门学校)/12.122.126.127.130—135.143.162.165—168.170.174.224.227.244.261.319.322.334.335

《玲珑》/6.154.179.213.216—218.230.232.238—240.250.305.322.349.369

凌琬瑜/342

刘长春/346

刘桂珍/236

刘蘅静/114

刘清荣/309

刘雪松/229

刘乙新/9

刘玉华/164

陆礼华/123.130.132.166.335

鹿港女子公学校/191

吕云章/113

罗家伦/46.48.332

罗兰夫人(Marie-Jeanne Roland)/32

洛阳中央军官学校/178

《马华女选手服装三部曲》/278.279

马骥/162.230.238—240

马甲/67.68.70.71

麦克乐(C. H. McColy)/39.363

美国春田大学/40

美国可口可乐公司/393

美国威斯康星大学/115

美人鱼/56.236.237.346

美以美会/84

孟健丽/213.322

《民呼日报图画》/282

民立女中/151.171.206.225

《民吁日报》/119

民族主义/1.2.24.25.35.36.40.44.126.317.396

明宪女中/143.145

明星花露香水/262.263

摩登女性/36—38.40.69.348.352.382.386

《木马》/307

《慕尼黑画报》(*Münchner Illustrierte Presse*)/237

南丁格尔(Florence Nightingale)/32

南华体育会/235

南京女子体育师范学校/12.131

南京女子中学/114

南京省立第一女子师范学校/176

南京市立考棚小学/113

南京政府取缔妇女奇装异服办法/398

南京中华女中/104

南京中央大运动场/209

南开大学/352.354

南开女中/349

《南强报》/238

南浔女学校/361

南洋大学/187

拟男/18.228.360.361.364.374.388

聂其炜/213

聂隐娘/32

凝视(gaze)/281.380—382.388.389

《女光》/319

女国民/2.27—29.32.36.40.207.311.314.382

女界宝/260.261

《女界特别现像〔象〕》/288.381

《女界钟》/26.32

《女声》/344

《女学生入学歌》/311

《女运动员》/226.228.306.383

《女运动员临阵以前》/73

《女运动员名将录》/226.383

女子蚕桑学校/312

《女子蚕校同学体育团歌》/312

女子蚕业学校/363

《女子唱歌》/312

《女子权》/252

《女子世界》/28.32—34

《女子体操》(又名《体操》)/311

女子体操传习会/116

女子体操传习所/117

女子体操学校/118

女子体操游戏讲习会/117

女子体格将来的进化/276

女子体育师范学校/120—122

《女子月刊》/348

潘公展/43.295

潘光旦/71.144

潘梦/334

潘瀛初/162.230

旁氏白玉霜/263.264

蓬莱(女校)/274

批茶夫人(斯托夫人,Harriet Beecher Stowe)/32

平阳公主/9

普成女校/123

崎峰小学/81

启秀女中/139.142.143

钱行素/162.165.222.230.232—235.342

钱幼竹/81

《浅说画报》/286

《钦定学堂章程》/31

秦良玉/9.32.313

《勤奋体育月报》/73.224.342

清华大学/153

清华女学校/85.86

《江苏南汇清华女学校运动会》/282

清心女学校/147.191

全国运动会/9.12.15.41.95.112.150.157.161.165.205.209.212.

226.234.235.253.258.303.306.
309.320.384.389.395
《全国运动会歌》/309
《全国运动会图画专刊》/218
人见绢枝/73
日本大森体操学校/117
日本殖民统治/147.149.189.397
如意膏/260
阮蔚村/74—76
沙琴特(Dudley Sargent)/65
山东省莱阳师范/73
商务印书馆/256.362
《上操时马华女〔选〕手的阵容》
/278.279
上海大光明戏院/298
上海女青年会/121.122.199
上海女中/105.107.186
上海青年会/13
《上海曲院之现象:金谷香尘走
钿车》/286
《上海社会之现象:妇女亦乘脚
踏车之敏捷》/286.287
上海市第一体育场/225
上海市立体育专科学校/127
上海市(第二届、第三届)中学联
合运动会/160.322.323
上海体育书报社/305.306
上海五洲药房/261
上海张家花园/286
上海制造局/92
上海中学/100.101.149
上海宗孟女学堂/94
上海总商会/186
尚武/18.31—35.40.61.62.86.88.
92.94.136.157.185.198—200.
207.274.291.303.306—313.
316—320.322.339.360.361.
363.364.374.382.383
邵锦英(邵谨英)/227.229.335
邵梦兰/103.104.108.395
《申报》/116.117.131.143.152.172.
174.183.186.199.208.212.214.
226.245—247.255.263.299.320
沈从文/182.183
沈心工/306.307.310.311
沈亦云/93
沈云英/32.313.314
《生活周刊》/55
省港大罢工/35
盛履谦/154

441

圣玛利亚女校/83.99.140.145.187

圣女贞德(Joan of Arc)/32

圣约翰大学/187

石水霞/334

《时报》/90.172.203.210.220.221.
　　226.235.241.299.305.372.396

《时代漫画》/278

《实行健美运动者》/48.49

史密斯学院(Smith College)/156.
　　392

使馆牌/268

《世界映镜》(Le Miroir du Monde)
　　/237

寿成云/123

舒鸿/128

束胸/66—70.106—108.350.351

"双虎牌"牛肉汁("Double Tigers"
　　Meat Juice)/260

双妹嚜白鞋帽粉/267

双妹嚜超等牙膏/267

私立中华女子体师/126

斯巴达/33.61.312

四川女子体育学校/12

四大金刚/203

松江女中/100.101.105.106.139.
147—149.180.190.226.357

苏东坡/9

苏菲亚(Sophia)/32

苏苏女学/243

苏州女中/70

苏州女子初级师范学堂/117

苏州中学/100.101

孙桂云/150.162.230—233.320.341.
　　342.345

孙和宾/342

孙淑铨/329.330

孙辣/277.350

孙瑜/302

《她入场之前》/277

《他入场之前》/277

台湾/147—149.189.191.340.397.
　　398

《潭腿十二路》/120

汤剑娥/119

陶立华/131

陶希圣/342

滕树毅/372

《体操》(辛亥革命后改名为《男
　　儿第一志气高》)/306.310

《体育馆前的女选手与鹄候在女

宿舍门房内的男宾朋》/278

《体育皇后》/64.217.302—305.
　315.384

体育救国/35.36.39.40.42.44.55.
　62.78.80.167.168.185.309.310.
　322.396

《体育评论》/135.229

《体育杂志》/50

《体育周报》/110.284.335.350

天乳/67.68

《天演论》/30

天足/289

《图画日报》/286

徒手体操/86.88.136.275

万国女子篮球赛/13.188

万国运动会/233.235

王复旦/334.335

王怀琪/128

王世杰/41

王文琴/213

王志新/201

王壮飞/127

王子平/128

网球赛/10.370

《网球赛》/282.283

威古龙丸(Vigoron Tablets)/259

维他赐保命/260

维新派/30

维新运动/25.30

卫斯理(Wellesley)女子大学/98

无锡竞志女学/94

吴澂/50.62.64.332

吴梅仙/192.226.342

吴舜文/97.184

吴铁城/127

《吴县日报》/219.220.249.356

吴蕴瑞/114.134.332

吴志骞/107

"五卅"惨案/35.38.159

"五四"新文化运动("五四")/4.
　36.38.43.106.113.179.270.347.
　386

武备学堂/30

武昌女子师范学校/106

武进女子师范附属小学/88.89

武问梅/123

务本女塾(务本女中、务本女校)/90.
　91.116.117.151.173.312

务本女子体操传习会/116

戊戌变法/30

443

西河女校/81

西青篮球会/320

西青女子篮球会/320.365

西青排球会/320

冼夫人/9

厦门毓德女中/313

先施(百货公司)/217

《详注女子高等尺牍》/318

萧美英/131

萧忠国/43.62

小背心/107.379

《小玩意》/304

孝鸿九/73

谢冰莹/107.183.228

谢似颜/70.72

谢婉莹(冰心)/9.93—95

辛亥革命/118.306

新妇女/36—38.40.382

新感觉派/54

《新家庭》/257

新女性/36—38.40.47.70.212.213.
　　269.293.325.326.348.352.373.
　　376.382—386.394

《新女性的日记》/175

新亚药厂/260

星华篮球总会/246

兄弟球鞋/257

熊丸/336.337

徐傅霖(徐筑岩、木鸡)/72.73.
　　119

徐锡麟/123

徐一冰/117—120

徐振坤/342

徐志摩/40.70

学生自治会(学生自治组织)/107.
　　138.139.141.143.145.147.149.
　　180.190.193.316.379

荀灌/32

严复/30

阎锡山/108

颜秀容/238—240

晏摩氏女学堂/200

燕斌(笔名炼石)/25.26

燕京大学/146

《燕燕》/307

杨步伟/27

杨千鹤/340

杨森/334

杨士猷/288

杨效让/367

杨杏佛/209

杨秀琼/162.164.217.222.223.235—238.263.323.342.345—348.358.359.383.384.396

杨子烈/106.108

洋务运动/30

义和团事件/25

《音乐小杂志》/307

鄞县女中/183

英雌/228.312.339.382

永安(百货公司)/217

俞粲/307

俞庆棠/12

《娱乐周报》/220

育贤(女校)/274

豫教女学堂/86

原恒瑞/162.230

《原强》/30

袁佩娴/352

袁世凯/32

袁同畴/92

远东运动会(Far East Games)/13.91.163—165.197.212.232.308.320.337.341

《约观运动会》/318

月月红/260.261

云南私立南菁学校/351

《运动歌》/312

《运动会歌》/313

《运动员十不要与十要》/170

恽代英/40

曾宝荪/92.183

翟涟源/164

张伯苓/354—356

张华珍/334

张汇兰/59.60.64.115.131

张洁琼/162.230

张然犀/289

张世鎏/362.363

张元和/203

张择端/377

张兆和/182.183.353

张之江/42.62

张之英/369

赵汝功/110

赵元任/27.309

浙江第五届省运动会/310

浙江嘉兴女中/105

浙江建设运动会/207

《浙江民报画报》(《浙江民报画

445

刊》)/288

浙江省立杭州高中/105

《浙江省立杭州女子中学五周纪念刊》/103

浙江中等学校第一次联合运动会/200

浙江中学/151

浙省建设运动会/371

振华女校(浙江)/81.93

振华女学校(江苏)/82.98.100.145.202

镇江女塾/84.85

争存女校/117

《争球的一幕》/275

正行女子职业学校/43

之江大学/229.337

直隶第二师范学校/319

直隶女学校/319

中公中学/183.188.353

中国大学联合会/158.159

中国公学/118.172

中国华美烟公司/305.306

中国女子体操学校/12.118—121.125.199.271.273

《中国女子体操学校举行毕业/272

中国女子体育师范学校/122.133

中国女子体育专门学校/132

中国女子体育学校/12.128

《中国世运选手争光归国图》/280.281

中国体操学校/118.119

《中国新女界杂志》(《重刊中国新女界杂志》)/25

中华篮球房/370

中华女子篮球会/165.169

中华女子神学院/42

中华全国体育协进会/13

中华书局/258

中西女中(中西女塾)/97.99.142.184

中央大学/114.115.266.332

周贤言/182

周作人(式芬)/177.178

朱了洲/128

朱晓初/178

竹荫女学校/81.87.88

妆饰美/47

《自行车将来大兴》/286.288

《奏定学堂章程》/31

大学问，广西师范大学出版社学术图书出版品牌，以"始于问而终于明"为理念，以"守望学术的视界"为宗旨，致力于以文史哲为主体的学术图书出版，倡导以问题意识为核心，弘扬学术情怀与人文精神。品牌名取自王阳明的作品《〈大学〉问》，亦以展现学术研究与大学出版社的初心使命。我们希望：以学术出版推进学术研究，关怀历史与现实；以营销宣传推广学术研究，沟通中国与世界。

截至目前，大学问品牌已推出《现代中国的形成（1600—1949）》《中华帝国晚期的性、法律与社会》等80多种图书，涵盖思想、文化、历史、政治、法学、社会、经济等人文社会科学领域的学术作品，力图在普及大众的同时，保证其文化内蕴。

"大学问"品牌书目

大学问·学术名家作品系列
朱孝远《学史之道》
朱孝远《宗教改革与德国近代化道路》
池田知久《问道：〈老子〉思想细读》
赵冬梅《大宋之变，1063—1086》
黄宗智《中国的新型正义体系：实践与理论》
黄宗智《中国的新型小农经济：实践与理论》
黄宗智《中国的新型非正规经济：实践与理论》
夏明方《文明的"双相"：灾害与历史的缠绕》
王向远《宏观比较文学19讲》
张闻玉《铜器历日研究》
张闻玉《西周王年论稿》
谢天佑《专制主义统治下的臣民心理》
王向远《比较文学系谱学》
王向远《比较文学构造论》
刘彦君　廖　奔《中外戏剧史》（第三版）
干春松《儒学的近代转型》
王瑞来《士人走向民间：宋元变革与社会转型》

大学问·国文名师课系列
龚鹏程《文心雕龙讲记》
张闻玉《古代天文历法讲座》
刘　强《四书通讲》
刘　强《论语新识》
王兆鹏《唐宋词小讲》
徐晋如《国文课：中国文脉十五讲》
胡大雷《岁月忽已晚：古诗十九首里的东汉世情》
龚　斌《魏晋清谈史》

大学问·明清以来文史研究系列
周绚隆《易代：侯岐曾和他的亲友们》(修订本)
巫仁恕《劫后"天堂"：抗战沦陷后的苏州城市生活》
台静农《亡明讲史》
张艺曦《结社的艺术：16—18世纪东亚世界的文人社集》
何冠彪《生与死：明季士大夫的抉择》
李孝悌《恋恋红尘：明清江南的城市、欲望和生活》
李孝悌《琐言赘语：明清以来的文化、城市与启蒙》
孙竞昊《经营地方：明清时期济宁的士绅与社会》
范金民《明清江南商业的发展》
方志远《明代国家权力结构及运行机制》
严志雄《钱谦益的诗文、生命与身后名》
严志雄《钱谦益〈病榻消寒杂咏〉论释》

大学问·哲思系列
罗伯特·S.韦斯特曼《哥白尼问题：占星预言、怀疑主义与天体秩序》
罗伯特·斯特恩《黑格尔的〈精神现象学〉》
A.D.史密斯《胡塞尔与〈笛卡尔式的沉思〉》
约翰·利皮特《克尔凯郭尔的〈恐惧与颤栗〉》
迈克尔·莫里斯《维特根斯坦与〈逻辑哲学论〉》
M.麦金《维特根斯坦的〈哲学研究〉》
G·哈特费尔德《笛卡尔的〈第一哲学的沉思〉》

罗杰·F.库克《后电影视觉：运动影像媒介与观众的共同进化》
苏珊·沃尔夫《生活中的意义》
王　浩《从数学到哲学》
布鲁诺·拉图尔　尼古拉·张《栖居于大地之上》

大学问·名人传记与思想系列
孙德鹏《乡下人：沈从文与近代中国（1902—1947）》
黄克武《笔醒山河：中国近代启蒙人严复》
黄克武《文字奇功：梁启超与中国学术思想的现代诠释》
王　锐《革命儒生：章太炎传》
保罗·约翰逊《苏格拉底：我们的同时代人》
方志远《何处不归鸿：苏轼传》

大学问·实践社会科学系列
胡宗绮《意欲何为：清代以来刑事法律中的意图谱系》
黄宗智《实践社会科学研究指南》
黄宗智《国家与社会的二元合一》
黄宗智《华北的小农经济与社会变迁》
黄宗智《长江三角洲的小农家庭与乡村发展》
白德瑞《爪牙：清代县衙的书吏与差役》
赵刘洋《妇女、家庭与法律实践：清代以来的法律社会史》
李怀印《现代中国的形成（1600—1949）》
苏成捷《中华帝国晚期的性、法律与社会》
黄宗智《实践社会科学的方法、理论与前瞻》
黄宗智　周黎安《黄宗智对话周黎安：实践社会科学》
黄宗智《实践与理论：中国社会经济史与法律史研究》
黄宗智《经验与理论：中国社会经济与法律的实践历史研究》
黄宗智《清代的法律、社会与文化：民法的表达与实践》
黄宗智《法典、习俗与司法实践：清代与民国的比较》
白　凯《中国的妇女与财产（960—1949）》

大学问·雅理系列
拉里·西登托普《发明个体：人在古典时代与中世纪的地位》

玛吉·伯格等《慢教授》
菲利普·范·帕里斯等《全民基本收入：实现自由社会与健全经济的方案》
田　雷《继往以为序章：中国宪法的制度展开》
寺田浩明《清代传统法秩序》

大学问·桂子山史学丛书
张固也《先秦诸子与简帛研究》
田　彤《生产关系、社会结构与阶级：民国时期劳资关系研究》
承红磊《"社会"的发现：晚清民初"社会"概念研究》

其他重点单品
郑荣华《城市的兴衰：基于经济、社会、制度的逻辑》
郑荣华《经济的兴衰：基于地缘经济、城市增长、产业转型的研究》
王　锐《中国现代思想史十讲》
简·赫斯菲尔德《十扇窗：伟大的诗歌如何改变世界》
北鬼三郎《大清宪法案》
屈小玲《晚清西南社会与近代变迁：法国人来华考察笔记研究（1892—1910）》
徐鼎鼎《春秋时期齐、卫、晋、秦交通路线考论》
苏俊林《身份与秩序：走马楼吴简中的孙吴基层社会》
周玉波《庶民之声：近现代民歌与社会文化嬗递》
蔡万进等《里耶秦简编年考证（第一卷）》
张　城《文明与革命：中国道路的内生性逻辑》
蔡　斐《1903：上海苏报案与清末司法转型》
洪朝辉《适度经济学导论》
秦　涛《洞穴公案：中华法系的思想实验》
李竞恒等《爱有差等：先秦儒家与华夏制度文明的构建》
傅　正《从东方到中亚——19世纪的英俄"冷战"（1821—1907）》